鸡毛蒜皮

潮白新闻时评精选之三

田东江◎著

南方日报出版社
NANFANG DAILY PRESS

图书在版编目（CIP）数据

鸡毛蒜皮 ：潮白新闻时评精选之三 / 田东江著. -- 广州 ：南方日报出版社，2011.4
ISBN 978-7-5491-0205-1

Ⅰ. ①鸡… Ⅱ. ①田… Ⅲ. ①时事评论－作品集－中国－当代 Ⅳ. ①I253

中国版本图书馆 CIP 数据核字(2011)第 068491 号

鸡毛蒜皮——潮白新闻时评精选之三　　田东江 著

出版发行：南方日报出版社
地　　址：广州市广州大道中 289 号
电　　话：（020）83000502
经　　销：全国新华书店
印　　刷：广州市怡升印刷有限公司
开　　本：889mm×1194mm　1/16
印　　张：10.5
字　　数：300 千字
版　　次：2011 年 5 月第 1 版
印　　次：2011 年 5 月第 1 次印刷
定　　价：20.00 元

投稿热线：（020）83000503　读者热线：（020）83000502

网址：http://nf.nfdaily.cn/press/

目 录

第一部分 民以食为天

《汉书》载，郦食其为楚汉相争之中的刘邦画策：“王者以民为天，而民以食为天。”这是劝刘邦不要计较一城一地的得失，应该夺取并守住粮仓。唐代司马贞指出，此语出自《管子》。总之，这后半句早成经典。然彼“食”非此“食”，彼时强调的是粮食数量的重要，今天则是强调食品质量、安全性的重要。

第二部分　多歧路，今安在？

行，不在百姓开门七件事之列，但同样与百姓生活须臾不可或分。那些行之载体，曾经勃兴的自行车已经被排挤出历史舞台（在“绿道”上如何是另一回事），方兴未艾的汽车已经或正在并且还将继续酿成严重问题，火车、飞机则每因服务质量而成焦点……

第三部分　公众素质，老调不断重弹

我们的公众素质如何是众所周知的，我们提升公众素质的手段如何也是众所周知的：通过某个“契机”，借助“运动式”。当然，效果如何同样众所周知。下一拨“运动”来的时候，还是从不要随地吐痰等最基本的要求抓起。

第四部分　一地鸡毛

刘震云的小说《一地鸡毛》、《单位》，描写了小林夫妇作为小公务员同时也是小市民的真实生活。所谓真实生活，就是每天面对鸡毛蒜皮的卑微事情。然诚如论刘著者所言，小事后虽没有什么大道理，但是却给人留下很大想象空间。

第五部分 “黄金周”似是畸形儿

所谓“黄金周”，就是把原本三天的公共假期前拉后拽双休日，硬生生地凑足七天。原来有三个：春节、五一、国庆。在一片反对声中，五一那个被取消了；取消了，马上又被怀念了。“黄金周”到来之前，对长假的调整方式往往首先引来诟病；到来之时，人山人海往往引来诸多抱怨；过了之后，则每每伴随检讨。“黄金周”不仅属于鸡肋，而且似乎就是畸形儿。

第一部分

民以食为天

《汉书》载，郦食其为楚汉相争之中的刘邦画策："王者以民为天，而民以食为天。"这是劝刘邦不要计较一城一地的得失，应该夺取并守住粮仓。唐代司马贞指出，此语出自《管子》。总之，这后半句早成经典。然彼"食"非此"食"，彼时强调的是粮食数量的重要，今天则是强调食品质量、安全性的重要。

别总让市民当专家

年关将至，专家提醒市民买年货要注意什么的声音更多了，比如不要购买颜色过白的面粉、颜色偏红的猪肉呀，要通过看、闻、捏来鉴别年货的质量呀，等等。

这种提醒当然很有必要。当前市场经济秩序存在的种种事关民生的问题，务必使市民认识到严重性之所在，提高警惕，有备无患。但是，让市民变身“专家”，掌握各种辨识的技能，终究使人产生一种怪怪的滋味。

首先，市民无论如何都不该成为“专家”。根据《消费者权益保护法》，国家保护消费者的合法权益不受侵害。不买到伪劣商品，正是这样一种权益，鉴别的职责应该交给相关部门。百官之设在于各有所司。肩负市场管理的职能部门，理应而且必须让伪劣年货无立锥之地。让市民变身“专家”，则是一种角色错位。

其次，让市民变身“专家”，也是不可能的事。比方通过看、闻、捏来鉴别年货的质量，就是一门比较高深的学问。猪肉过白或偏红，源自对“正宗”货品品质的谙熟，在专家看来可能不是什么难事，一如对病人的“望闻问切”，在华佗那里是小菜一碟，而不要说在病人那里，就是在大量的普通医生那里，往往也是望而不知所以。市民的生活用品涉及到米面油盐的方方面面，即便此一门类的专家也未必能够鉴别彼一门类的伪劣商品，市民又怎么可能成为“通才”？

再者说来，作为市民，也并非愿意去当“专家”，不过是事关自家的身心健康乃至生命安危，不得已而为之罢了。那么，就算有些市民真的具备了专家的本事，其实也是生活质量不高的一种表现。在小摊小档也就罢了，如果在一干知名的超市里，购买年货也成了提心吊胆的事，有何生活质量可言？

有人也许要说，这只是权宜之计。我们承认有关部门对伪劣商品的打击力度和工作成效，在当前，做不到对年货质量的全面保证，打扫出几块净土应该是可能的。因而我们更愿意看到在提醒的同时，有切实的措施保证市民买东西绝对可以放心大胆。不仅过个放心年，而且也能放心地过好每一天，这也是全面小康社会的题中之义吧。

（2003 年 1 月 17 日）

不必迁怒动物

有关研究日前证实，在果子狸等动物身上发现了非典病毒。这就让人不免担心，一些人会把对非典疫魔的恐慌扩大化，迁怒于动物，不仅仅是野生动物。

我们知道，在此之前，也就是在未经证实期间，一些地方和一些人，已经开始了他们的迁怒行动，尽管有关专家一再表明，非典病毒与家禽、宠物无关。有的城市专门出台了所谓的“打狗令”，搞“紧急屠狗”行动，电视画面上执法人员拖狗、杀狗的场面毫不含糊。某地一居民因为怀疑家中的宠物狗患有非典，竟然把小狗从 6 楼直接扔下，小狗侥幸没死，接着又把它活埋。一篇打狗的报道甚至有“一枪未死，乱棍齐下”的描述，真叫人毛骨悚然……

这种迁怒于动物，必欲诛杀之而后快的做法首先没有任何科学依据；其次，这也是对动物和对社会都不负责任的行为。根据有关规定，即便是病死的宠物，也不能胡乱丢弃或者埋葬，这样才不会导致疾病的传染。其实，对宠物的不信任乃至虐杀，反映出一部分公民的非理性和科学意识的缺乏，同时也从一定程度反映出，我们对动物的关爱仍然是薄弱的，还没有达到和谐相处的境界，仍然是一种“利用”的关系。

在一个文明的社会，无论发生了什么事情，人们都应该保持理智。如果动物果真带有非典病毒，一定要毁灭，也还要讲究一点方式方法，体现出人道精神来。动物是人类的朋友，人类在非常时期因为猜测和惊慌而抛弃自己的朋友，是极端自私的行为。现在，纠正这种自私并不难。果子狸如果带有病毒，它们自己当然不会也没有能力去找原因，一味地迁怒无济于事。动物有病，同样需要医治，前段时间，我们不是就为一头老虎做了白内障切除手术吗？

动物也是鲜活的生命。善待动物，就是善待生命。

（2003 年 5 月 27 日）

改变陋习的契机

日前提交省十届人大常委会审议的《广东省爱国卫生工作条例(草案)》，增加了“不吃野生动物”条款。如果该条款获得通过并在实施中得到切实遵守的话，可以说是改变广东人好吃野生动物陋习的契机。

会吃、敢吃，一向是广东人骄傲的资本。举凡天上飞的、地上跑的动物，没吃过的都要尝一尝；尝出了甜头的，或者片面地以为具有滋补之效的，更加大张旗鼓。时下，全国最大的野生动物交易市场不就在广州吗？经营的野生禽畜超过 100 种，年营业额过亿元。研究显示，许多病毒不仅来自野生动物，而且通过野生动物能够引起人群疾病传播。那么，从科学的角度来看，所谓“敢”吃已经成为一种陋习，颇有点儿逞匹夫之勇的味道，到了该革除的时候了。“食在广州”是一个美誉，粤菜也享有盛名，然而这美誉和盛名的得来不会是因为什么都敢吃，保持下去也不可能凭借越吃越偏。

按照正常的推论，被查出带有 SARS 病毒的果子狸、蛇、猴等，可能会在一段时间内无人问津，但是如果转而对其他野生动物继续虎视眈眈，则说明人们对于野生动物的认识还没有根本改观。自然界中有自己的食物链法则，生物间相互制约、相互依存形成了食物网络关系，既对立统一，又自然和谐，共同维持着生物圈的正常功能。食物链的任何一个环节出现问题，都意味着灾难的降临。人类嗜食野生动物，无异于是在这条食物链上制造终端。而人类不可能超自然而存在，保护生态平衡，实际上也是在保护人类自己。

非典的到来给了我们很多教训，也提供了改变进食野生动物这种陋习的契机。从目前来看，停止进食野生动物，是要切断传播疾病的途径，纯粹出于被迫，还是从“人”的角度考虑问题。但这已经是一个进步。如果有一天，广东的食客们从“动物”的角度考虑问题，把不吃变为自觉，那就真正算是观念上的飞跃了。

（2003 年 5 月 28 日）

监管部门在干什么？

最近发生的几件事，足令广东百姓胆战心惊。一则是翁源县查获一个原料全为死猪的地下肉类加工厂。据估计，在其非法存在的 3 个月期间，至少已加工上百吨死猪肉销往珠三角地区。另一则关于奶牛，广州市白云区云燕奶牛场里的 630 头奶牛中，有 70%患有结核病，但每日仍有两吨多从病牛身上挤下的奶供应广州市场！比较地看，前段时间广州超市暴露出的熟食品卫生问题，竟成“小巫”一个了。

上面那两起恶性事件的本质不言而喻，那就是严重危害人民群众的身心健康。如果说二者还有那么一点点区别的话，只在于它们的存在方式：一个是非法的，偷偷摸摸的；一个则是堂而皇之地挂着招牌的，敢于大做广告张扬自己是哪里的奶源供应基地。非法的与合法的，居然殊途同归，耐人寻味，至少暴露了当前食品安全监管的乏力和作为相当有限，还远远不能令百姓放心。在翁源的黑窝点被端掉之前，哪里的市场上查出了死猪肉制品？云燕奶牛场的黑幕，又是监管部门主动揭开的吗？

非法生产的窝点，为牟取利益而丧失人性，尚可以“理解”，因为那正是他们的本性暴露；而执照上合法的生产厂家，同样地把百姓健康不当一回事，就有些不可理喻，因为赚钱毕竟不应该是他们的唯一目的。其实，不论是对于前者还是后者，尽管他们自己可以悄悄地拨动毫无人性的算盘，但是相应的约束和打击本该令其望而生畏，或者根本不能得逞。但是他们这样干了，而且还可以延续一段时间。非法的那里，居然得逞了 3 个月，炮制了上百吨的所谓“食品”；合法的这里，早在 1999 年他们的奶牛场就发现有奶牛感染肺结核，并且无法控制其蔓延了，居然也“安然”了 4 年之久。在这么长的时间里，食品安全监管部门在干什么？真的到了检测不出什么的地步吗？就是对前者，我们也可以追问一句：死猪肉流入的地方，是怎么顺利地通过检验而上市的？

本来，我们的行业质量标准与人家已有相当大的差距。2001 年农业部出台的无公害农产品质量标准，仅仅涉及 62 种化学污染物，而联合国的相关限制标准则有 2522 项，美国更多达 4000 多项。因为种种原因，标准暂时定得较低，多少带有无奈的意味，但随着时间的推移和技术上的进步，也要逐步改善。然而如同上述两种有意的甚至是恶意的行为，相应的职能部门如果真正履行了自己的职责，是理应把得住质量的最后关口的。“云燕”的问题暴露之后，防疫部门在花都区的多个牛场进行定期之外的检疫，不是就查出了从未发现过的、足以致人不孕不育的布氏杆菌吗？可见，就我们现有的机构而言，尽职尽责的话，还是可以让百姓放心的。

非法的那边触犯了刑律已是不争的事实，那么，合法的这边呢？明明知道奶牛患有结核病，还源源不断地向外输出牛奶，这种行为又该怎样定性？关闭奶牛场是必须的，但仅仅付出经济上的代价又是远远不够的。与此同时，有关监管部门如果不承担责任的话，非法的与合法的，继续殊途同归的现象就难以杜绝，百姓的消费信心也会始终悬在半空，放不下来。

（2003年7月25日）

待怎样才能放心

从4月1日开始，市场上的五类食品——米、面粉、植物油、酱油、食醋，需要加贴（印）QS标志。有了QS标志，证明产品经过了“验明证身”，人们可以放心。可以说，QS从此走入了百姓生活。国家质检总局已在全国启动了对肉制品、乳制品、饮料、调味品、方便面、饼干、罐头、冷冻食品、速冻米面食品和膨化食品10类食品实行质量安全市场准入制度的实施工作，并逐步把茶叶、豆制品等纳入这一管理体系，计划用3－5年时间使我国的食品质量安全保障程度得到较大幅度的提高。

然而仅仅几天的工夫，许多百姓还没来得及见识QS是什么模样呢，问题就已经来了。检查发现，在广州市的一些超市，五类当有QS标志的食品不仅没有，不该有的倒弄巧成拙地贴着；有些有标志的，轻轻一揭便可完整揭下，被怀疑属于擅自加贴。最可怕的情形还在于，只要给钱，一些印刷店可以随意印刷QS标志，一毛钱就能印一张，而且印刷“质量很好”。

谁都知道，食品是一种特殊商品，它最直接地关系到每一个消费者的身体健康和生命安全。为了确保食品安全，国家想了很多办法，采取了许多措施。但是，正所谓“道高一尺，魔高一丈”，好像无论什么措施，都硬是拿那些造假的家伙、那些坑蒙消费者的家伙奈何不得。对上述五类食品，没贴QS的，固然让人放心不得；可是贴了的又怎么样？刚刚感到可以放心的食品又变成了不放心，究竟待怎样才能放心呢？

渐渐地，央视又有了一个新的品牌栏目——《每周质量报告》，它的口号是“共同打造有质量的生活”。什么是有质量的生活？应当是一种不用担心的生活。去市场买肉，不用担心那是带病家禽的肉；买腊肠，不用担心那诱人的颜色是用有毒色素染出来的；买酱油，不用担心那里面有人的毛发；买鱼翅、开心果，不用担心那是用工业双氧水浸泡漂白的。总之，不用担心所买的食品是用不该用的东西、不能用的手段生产出来的，不用在社会分工已经越来越精细的今天还得把自己训练成为无所不能的鉴别专家。对一日三餐的基本用料毫无顾虑，才可以称得上是有质量的生活。

但老实讲，《每周质量报告》是一个让人想看有时却不大敢看的节目。想看，是因为迫切地想要知道什么东西吃不得或者碰不得；不大敢看，是因为很担心那些东西已经吃了或已经碰了。节目所揭露的事实实在太触目惊心了，一如他们的广告词所说：“你看到的，是你想不到的。”的确，如果不是记者偷拍的画面清清楚楚地映在眼前，我们无论如何也想象不到有那么多的人采用那么丧尽天良的手段生产所谓食品，甚至形成了不少“专业村”！可怪的是，这些光天化日之下的卑劣行径，长途跋涉的记者一抓一个准，而当地有关部门往往视而不见，甚至有意无意地充当着“保护伞”。

那么，待怎样才能放心？答案其实不言而喻，要待到各级官员各个职能部门尽职尽责，把假冒伪劣的东西消灭在自己的辖区范围之内。如同广州市质监局一样，QS标志执行得怎样，要走进市场认真检查，履行司职的使命。从现在的事实看来，真正做到人尽其责，这条路还漫长得很！因此，我们还离不开《每周质量报告》，要依靠它甚至还要感谢它，毕竟是它给我们“慧眼”。但有一点可以肯定，“有质量的生活”达到之时，当是《每周质量报告》退出历史舞台之际。

（2004年4月9日）

让丧尽天良者付出代价

阜阳“奶粉杀人”事件震惊全国。伪劣食品酿成的恶性事故，这几年我们见得很多，但是什么都比不上看那些未曾开放即凋零的生命、比不上看那些营养不良造成的“大头娃娃”更令人揪心裂肺。他们还未谙世事啊！

如今，案件受到国家领导人的高度重视，总理批示要严查，各地都纷纷行动起来，检查当地市场的奶粉有没有问题。于是乎，我们发现各地的问题原来都已程度不同地存在。但我对这套事后屡见不鲜的“惯例”行动不大明白的是：为什么总是在恶性事故发生之后，有关职能部门才能引起“高度重视”，才能忽然间发现问题的严重性？在事发之前，他们每天都具体干些什么？得过且过还是在侥幸心理的驱使下熟视无睹？宋人云：“州县久不治，因循苟简，亦曰无事，忽遇能吏，百弊纷然。”古人的话，是否在今天仍然一语中的呢？我们不敢说今天缺少“能吏”，但敢说今天缺少具有强烈责任意识的官员！

我同样不大明白的，还有商品进入市场的过程究竟是怎么样一个程序。以阜阳市场上销售的奶粉为例，截至 4 月 21 日，竟然查出 46 个厂家 55 个品种的奶粉不合格！是不是厂家提供什么，市场就接纳什么？有没有一道“安检”的程序？血淋淋的事实告诉我们，如果没有，现在要补上；如果有，那么这些劣质奶粉成为漏网之鱼，就要有人负责。13 个婴儿的生命、“大批量”出现的大脑和内脏发育受损的“大头娃娃”，即便相关当事人自己厚着脸皮不肯引咎，难道不足以褫夺他们头上的“乌纱帽”吗？

综合各种事实来看，我们现在丝毫也不怀疑，社会上有相当一部分人，他们的良心坏了。他们制假、贩假，到了丧尽天良的地步。但我们必须让他们认识到：良心有价。那些坏了良心的人，以及那些让坏了良心的人能够得逞的人，都必须要为此付出代价！非如此，不足以给这两种人以警戒，也就遏制不了此类恶性事件的此起彼伏。

（2004 年 4 月 24 日）

引咎辞职不仅适用伤亡事故

普宁、揭西两地部分凉果加工企业因为使用化工产品炮制“情人梅”、“相思梅”等蜜饯，上了央视《每周质量报告》的“黑名单”。工人戴着防毒面罩生产凉果的情形，真是令人骇然。报道播出后，惯例是省有关部门已经立即行动，查封了被曝光的那些企业，但我由此却想到了引咎辞职问题。

在已有的引咎辞职中，我们看到的更多是重大安全事故，川东钻探公司井喷事件、密云县迎春灯会踩踏事件、吉林市中百商厦火灾等等，那些引咎辞职都是因为事故“特大”，人员伤亡众多。作为问责制度化的开端，引咎辞职由“特大”来切入，有其震撼性的一面，但是，它的适用范围显然不仅局限于此。在《党政领导干部选拔任用工作条例》中，引咎辞职的定义为：“是指党政领导干部因工作严重失误、失职造成重大损失或者恶劣影响，或者对重大事故负有重要领导责任，不宜再担任现职，由本人主动提出辞去现任领导职务。”

因此，引咎辞职概念的核心应该在于那个“咎”字。不管出于什么原因，一名政府的公务员对应当做好的本职工作没有做好，造成了损失和负面影响，那就是他的“咎”之所在。作为一种自责行为，它与免职、撤职等行政处分不同，是出于公务员承担责任的自觉，在并没有构成法律责任的情况下，承担道义和政治责任而主动请辞。但它得以实施的前提，显然是当事人要认识到自己的“咎”，然后才谈得上主动承担。

戴着防毒面具生产食品，普宁、揭西的凉果事件不可谓影响不恶劣。这当中该不该有人引咎辞职呢？应该。举一个例子说，据初步调查，被查处的、完全不符合卫生标准的普宁市里湖爱民凉果厂，竟然持有当地卫生部门颁发的卫生许可证！该厂大量生产蜜饯凉果已经多年，产品畅销各地。这样一种记者曝光一抓一个准，厂家毫不刻意掩饰的恶劣行径，当地的卫生部门这么多年是怎么给予“许可”的，是怎样司职其责的？其负责人难道还不引起自责、还不知道引咎吗？

我们知道，引咎辞职制度的实施并不是目的，而只是一种手段，它是要让各级官员们明白：当什么官就要负什么责；当多大的官，就要负多大的责，再来那种得过且过、碌碌无为，一副事不关己的态度是不行的。

（2004 年 8 月 10 日）

让丧尽天良者回归人性

商务部部长助理、全国三绿工程工作办公室主任黄海日前在北京说，目前国内食品安全面临的形势依然严峻，食品卫生平均不合格率仍达 8%左右，蔬菜农药残留超标率约为 7%，据调查，消费者对任何一类食品安全性的信任度均低于 50%。

这可不是一个好消息，说明食品行业正面临着全面的信任危机。从这几年的情形看，食品行业真的要感谢其“先天优势”。百姓开门七件事，柴米油盐酱醋茶。居家过日子，谁都离不开一个“吃”字，不吃不行，否则，这个行业早就无人问津，全面崩溃、蒸发于世间也说不定。

可能——仅仅是我的主观推测——食品安全问题的状况并没到恶化到无一品种幸免的地步，但百姓“对任何一类食品安全性的信任度”都到了“低于 50%”的程度，应了“惊弓之鸟”这个成语。按《现代汉语词典》的释义，惊弓之鸟乃是被弓箭吓怕了的鸟，比喻受过惊恐见到一点动静就特别害怕的人。当前，再不关心时事的人，对国内的食品安全状况也会有所耳闻。远的就别提了，看最近的：碘超标、苏丹红，用废旧皮鞋当原料制造“牛奶”……前几天，杭州查处了几个豆芽加工黑窝点，那张工人戴着防毒面罩生产的照片，何等触目惊心！这个不合格，那个有严重问题，坏消息太多，百姓受到的惊恐不是“一点动静”，而是一片雷声，还不足以撼动他们的心理承受能力使之成为惊弓之鸟吗？

看上去，食品安全问题不是没有人管，怎么样严把“入口关”以让老百姓吃得安心、保障食品安全如何作为工作的重中之重，无论哪个地方，决心、措施、制度都叠床架屋，多得不得了。但是为什么没有丝毫好转的征兆呢？恐怕得“唯心”了，在我看来，部分国人的良心确实坏了，见利忘义，已是无所不用其极。食品生产在一定程度上可以看作是良心买卖，生产者首先要有良心，负责把关的质检部门、工商部门乃至政府也得有或者说更要有良心。从各种报道来看，不少成规模的黑作坊乃是长时间的存在，属于“公开的秘密”，但有关方面只有到了纸包不住火的时候才去“查处”，这种所谓把关还能有什么指望呢？健全食品安全体系当然是要强调的，但在这个体系中，法律建设和道德约束无疑是一对互补关系，或者说，道德自律是体系的内在要求。倘若有一部分造假者和管理者良心坏了的话，任这个体系再完善，开出的终究是空头支票。怎样让丧尽天良者回归人性，显然是解决食品安全的一个前提性问题。

重新建立百姓对食品安全的信任度，非常艰难，但是却必须如此。“民以食为天”，这句古训实际上正是在告诉各级官员，一定要把老百姓吃饭这件事当作头等大事。从当前有害食品对人民身体健康的潜在威胁来看，这还是关系到民族体质走向的一件大事。

（2005 年 7 月 20 日）

市场需要“如来佛”

本埠媒体报道说，现在广州市场上99%的阳澄湖大闸蟹是假冒的，价格每只8元—400元不等，令广州市民真假难分，皂白莫辨。买呢，怕上当，不买呢，又实在诱人，很有点儿无所适从。

“秋风起，蟹脚痒；菊花开，闻蟹来。”现在正是吃螃蟹的季节。前些天在秦皇岛探亲，笔者曾经大快朵颐了一番，那里的蟹当然也有名字，但终究不及阳澄湖的大闸蟹那么有名。如同去秦皇岛不远的山海关城楼被称为“天下第一关”，阳澄湖大闸蟹历来被称为蟹中之冠，因而号称“天下第一蟹”。古人说过：“未识阳澄愧对目，不食螃蟹辜负腹。”章太炎夫人、民国才女汤国梨女士更有诗曰：“不是阳澄湖蟹好，此生何必住苏州。”不过，享有盛名的尤其是独占“第一”的东西，往往免不了被“攀龙附凤”。因此我们见到，与“天下第一关”相近，号称“天下第一雄关”的还有嘉峪关和居庸关，且不知从何时起，剑门关也加入了进来，大有要分一杯羹的意味。

“天下第一蟹”的名分大约是没有什么争议，或者别的蟹种尚不能够影响到它的声名吧，人们就本能地想到了假冒。弄点锅灰把脸涂黑，拎两把斧子，就可以权当黑旋风李逵，当然，那是非常浅层次的假冒。而但凡假冒的货色，往往也气壮如牛，假李鬼即使面对真李逵，也还要他站稳了听他报上姓名呢！何况广州市场上的“阳澄湖大闸蟹”，在佐证自己“真”的方面动足了脑筋：有的在蟹身贴上防伪标签，有的仅花3毛钱就在蟹壳上用激光刻出很是煞有介事的“阳澄湖”商标，有的给它戴上今年最流行的防伪“蟹扣”。如同《西游记》里那个冒充孙行者的六耳猕猴，如此惟妙惟肖，以至于只有到了如来佛那里才能真相大白。

其实，别说文学作品里面的假冒了，现实中从古到今，假冒什么的没有？元末的小明王韩林儿，八竿子打不着就打了九竿子——说自己是宋徽宗的九世孙，所以他被刘福通拥立为帝时，国号干脆也定为宋，以显示自己的正统而非僭越。明朝崇祯皇帝死难之后，各地哗啦啦地钻出了不少假太子和假皇妃。清末的时候，皇宫里有个伶人干脆跑到武昌张之洞那里冒充光绪皇帝驾临。那么，让“六耳猕猴”现形，光叫“唐僧师徒”辨认无济于事，正需要“如来佛”一类的人物。让假的阳澄湖大闸蟹现形，在大家都束手无策之际，这个“如来佛”就是市场管理者，他们应当具备这个能力和义务。

广州市场上的“盗版”阳澄湖大闸蟹，无疑是国人淡漠的知识产权意识在食品领域的一个投影。与六耳猕猴不同的是，假冒的阳澄湖大闸蟹是无辜的，是不法之人操纵的道具，蟹也可能是好蟹。假冒造成的鱼目混珠，造成的“乱”，折射的是市场管理的乱。唯其“市民着实摸不着头脑”，更需要管理市场的“如来佛”发挥作用；不过，你可千万别两手一摊耸耸肩：我们也毫无办法。

（2005 年 10 月 20 日）

病从口入，常识问题不常识

广州管圆线虫病，是一个十几天前对普通百姓而言还陌生无比的名词。现在，它一下子钻进人们的视野，不熟悉也得熟悉。先是在北京，一些人因为吃凉拌福寿螺肉而纷纷感到不适，入院一查，是此病在作祟；然后是在广东江门，也出现了疑似感染个案，稍有不同的是，患者吃的是东风螺。截止到 8 月 23 日晚上，北京市的总发病人数已达到 87 人。这么多的人被小小的包着硬壳的软体动物击倒，不能不令人们谈螺色变。

“福寿”与“东风”，此螺与彼螺，还有导致“华佗无奈小虫何”的那种，究竟存在什么样的生物区别，是需要专业人士回答的问题。

但从业已发生的堪称触目惊心的案例来看，饮食健康到了必须引起高度重视、从观念上更新的时候了，不仅是饮食市场管理者，而且包括食客本身。有人可能认为别那么大惊小怪，祖祖辈辈吃了那么多年，不是也没事吗？不是也就这些天才出这么大的事吗？江门的患者小文，为治疗自己的严重失眠而吃，遵循的还可能是民间偏方；偏方不是屡试不爽的传统经验的累积吗？错了。不用说别的，生物依存的山水看似依旧，细思之已是有区别的了。寄生虫的传播固然有它们的渠道，现今的空气、土壤也跟从前的大不一样，虽然各地都在亡羊补牢，但还没有到可以乐观的程度。

“病从口入”，一个曾经的常识问题再次回归到了常识。广州管圆线虫病的重症患者可能留下头疼、痴呆等后遗症，尽管如此，也没必要草木皆兵。专家告诉我们，如果把螺肉煮熟、加热、加工得当，是不会对人产生威胁的。就是说，无论传统怎样吃螺、那样吃怎样美味，现在依赖不得了，要依赖，就得依赖科学。不仅螺类如此，极易引发食源性寄生虫病的食品，诸如生鱼片、生鱼粥、生鱼佐酒、醉虾蟹、未经彻底加热的涮锅、烧烤的水生动植物等，同样如此。此外，在食源性寄生虫中，除了广州管圆线虫外，还有华枝睾吸虫（又称肝吸虫）等我们叫不出名字的好几种。在知识经济时代，不相信科学结论不行，任何人都切不可心存侥幸。

苏东坡因为爱吃河豚，就拼命渲染河豚的味道如何鲜美，甚至说出“值那一死”的话。当时就有人说他不负责任，劝大家“勿为苏家口语所误，悔之无及”，不要为了一时口快而把命搭进去。况且，“世间多美味，舍此一物不为少”。看起来，借“福寿”刮起的“东风”，改变一下国人的若干传统饮食习惯，正其时也。

（2006 年 8 月 25 日）

多宝鱼的命运取决于理性认识

多宝鱼究竟含不含“可疑致癌物”？前一阵子舆论闹得沸沸扬扬，结论似乎是有。不过这两天，以中国工程院院士、享有“中国多宝鱼之父”美誉的中国水产科学院黄海水产研究所研究员雷霁霖为代表的观点，则认为言过其实。至于多宝鱼体内为什么会残留违禁药物，雷院士并不讳言，而且从几个方面分析了原因，比如“即便是养殖多宝鱼的禁用药，目前在临床上仍为人用处方药，如硝基呋喃类药物，就是人们常用的痢特灵的主要成分”。详细情况，关心此事的人们可以找来看看，此处不赘。由此事引发出的一个思考是，对待食品安全我们需要一种理性和科学的态度。

食品安全问题一时间已成众矢之的。不容否认，一些良心坏透了的商家、养殖户，为了一己私利以种种见不得人甚至令人发指的手段进行的所谓生产和经营，给人民群众的身心健康造成了严重危害，而且涉及的食物品种、恶劣程度均有扩大的趋势。但是同样不容否认的是，也有一些属于杯弓蛇影，这当然怪不得人们的心理脆弱，食品安全的声名实在不佳，“一朝被蛇咬，十年怕井绳”，不必苛求。然而，越是在所谓“宁可信其有”的心态盛行、感性成分足以左右人们的思维意识之时，理性、科学的声音就越显得格外重要。但在各类并非人为蓄意而是“成分”出了问题的食品及用品安全事件中，我们比较遗憾地看到，这种声音还太弱，弱得几乎可以忽略不计；相反，更多的是一种渲染，带有刻意成分的渲染。其结果，除了加重人们的恐慌感，除了对食品或用品实施“封杀”，别无其他。

雷院士说，有关方面抽检出本地市场上销售的多宝鱼药物残留超标，其检测标准是什么，到现在还模糊不清；其检测出的残留药物代谢物是哪个环节造成的，养殖、运输还是销售环节，也都没向消费者发布。那么，“如果不加分析地恶炒多宝鱼药残事件，对多宝鱼产业发展而言，是不公正的，也是极其不负责任的!”我们当然不是要以雷院士的是非为是非，而且按通常的理解，雷院士作为“圈中人”，为自己的领域说话属于人之常情。但是我们不是还有那么多从事相关研究的科学家吗？他们可以站出来呀，赞成就赞成，反驳就反驳。总之，雷院士的说法是不是理性和科学，完全可以辩论，也是可以越辩越明的。如果一味地就是恐慌当头，一棍子打将下去以求“保险”，就势必株连无辜。如雷院士所说：“要迅速制定市场准入标准，该禁的禁，该放的放，不该让那些为数更多的、达标的优质多宝鱼‘白白牺牲’。”

禽流感的时候，不少地方的官员都曾带头吃鸡；为了证实多宝鱼不会致癌，雷院士也曾在最近一次用餐时特意点了清蒸多宝鱼。“带头吃”是给他人信心的一个举动，但更必要的，是今后在披露食品安全的信息之时，多一点理性和科学的阐释。现在，关于多宝鱼的负面消息铺天盖地，这个产业向何处去，正取决于舆论持哪一种态度。

（2006 年 12 月 14 日）

多宝鱼重返市场之慨

在广州禁售一个多月后，多宝鱼现在已经开禁并上市销售。有消息说面对首批解禁的多宝鱼，市场反应冷淡，这非常容易理解。多宝鱼“致癌”说之来势汹汹，市民们不可能不“心有戚戚焉”。但从恢复了销售的多宝鱼经过多个环节严格把关的程序看，消费者的上述心态似大可不必，产地关、检测关，还有上市后的抽检关，这几个“关卡”如果确实发挥作用，应该是可以放心食用的。

多宝鱼一度成为“多事之鱼”，在于它的“致癌”说：产地山东的多宝鱼在上海被检测出含有致癌药物残留。虽然包括中国疾控中心在内的一干专家旋即指出此说不确，而且在上海多宝鱼事件发生后，山东省海洋与渔业厅紧急组织了一次监督抽查，分两批抽取了32家企业的56个样品，证明山东多宝鱼大部分是合格的，但是这种声音在被食品安全扰攘得心惊肉跳的百姓面前实在微不足道。于是，形象地说，一条鱼危及了以之为龙头的产业链——占全国多宝鱼产量70%的山东省，出现了大面积滞销的情况，不少养殖户面临破产的风险。显然，发生这一切怪不得消费者。

现在，当多宝鱼重返市场之际，类似“一个品种出事摧毁整个产业”的现象值得我们深思。保证人民的身心健康绝对是必要的，这是在任何时候都必须坚持的重要原则。关键的问题是，我们需要什么样的食品安全信息发布。就问题论问题，还是主观地由此及彼，放出耸听之语？曾几何时，有个什么国际组织呼天喊地，先是在北京市场上“发现”了19种婴儿食品含有非法转基因稻米成分，接着又在广州几大超市的蔬菜和水果中“发现”超过85%含有农药残留。一时间满城风雨，人心惶惶。然而未几，该组织的说法就被一一推翻。有一点我们不能忽视：在许多领域——当然不局限于食品——我们和发达国家执行的标准都并不一样，这是因为囿于各种因素限制，我们的标准暂时达不到那么高；然而，这并不表明我们的物品就一定对人体有害，不过是质的方面亟待提高而已。

百姓开门七件事，柴米油盐酱醋茶。在日常生活中，没有什么问题比食品安全更重要的了。不容否认，一些职能部门的失于监管，使当下的食品安全问题呈现漏洞百出的态势。在这种情况下，发布食品安全信息更要本着负责任的态度，既要对百姓负责，也要对产业负责。两种负责缺一不可。在多宝鱼问题上，我们却窥见了株连无辜的影子。

（2007年1月9日）

拼死吃河豚只是匹夫之勇

有报道说，江苏年内有望出台《江苏省河豚鱼市场专营管理办法》，这可能是全国范围内首次对食用河豚给予有限开禁。消息传出，广州市食品安全办负责人提醒消费者，食用河豚是高危险的行为；并且表示，目前广州还不具备食用河豚的程序和技术条件，广州所有饭店加工河豚都是非法的。

广东人一向以敢吃而闻名全国，外地人惊讶于广东人的杂食，广东人自己也引以为傲。现在广州市对人家可能有限开禁了的美味“无动于衷”，反而重申吃河豚可能造成的后果，应当说多少有点出人意料。在我们看来，这并不意味着广东人敢吃的胆子变“小”了，而是在食品安全问题上表现出了理性的态度，这种态度值得嘉许。

河豚可能是一种非常好吃的东西，偷偷吃过的人往往不都是赞不绝口吗？当年，才高八斗的苏东坡先生也特别喜欢吃，他在形容河豚味道之美的时候，甚至说出死了也值的话。他那首脍炙人口的“竹外桃花三两枝，春江水暖鸭先知。蒌蒿满地芦芽短，正是河豚欲上时”，据钱锺书先生考证，后一句纯粹是东坡即景生情的联想。宋朝吃河豚是与蒌蒿、芦芽同煮，所以他看见蒌蒿们长出来了，脑袋里就游出了河豚。但是自古至今人们都知道，河豚的肝脏、生殖腺及血液都含有剧毒，所以民间早就有“拼死吃河豚”之说。跟苏东坡同一时代的大诗人梅尧臣用诗化的语言表述为：“炮煎苟失所，入喉为镆铘。”也就是说，一旦加工不当，吃河豚就容易致命。

禁止出售和食用河豚，国家有明确的规定。不过，禁止的东西不等于能够遵守，不等于没有人敢去尝试，不等于没有人敢去“拼死”。这是很正常的，那么多作奸犯科方面的禁令都不大奏效，不要说生命主要是由个人负责的吃河豚了。从媒体的曝光来看，珠三角的很多百姓都喜欢吃河豚，哪个哪个酒店有得吃，哪个哪个村有得吃，几乎是公开的秘密，甚至是那里的招牌菜。完全可以想见，越是在吃河豚"繁荣昌盛"的地方，越是管理缺位的地方。禁止河豚在市场上流通，不应该只是卫生部门的事，最重要的应该是人们管住自己的嘴。梅尧臣的诗中还说："皆言美无度，谁谓死如麻。"这决不是危言耸听，吃河豚致人于死地，从来就不能算是新闻。所以古人早就说过："世间多美味，省此一物不为少。"为了大快朵颐而拿生命冒险，实在没那个必要。

检索相关新闻发现，所谓江苏年内有望有限开禁河豚的说法，根本不是权威的消息，不过是某培训班主办者的一厢情愿而已。江苏省烹饪协会最近在华西举办了一期河豚烹饪培训班，就是由那个培训班主办者放出的风声；而江苏省卫生监督部门相关人士随即予以否定，声称江苏不会开禁。其实，在这个讲文化的时代，会吃，才可以视作饮食文化的内涵；而敢吃，折射出的只是匹夫之勇，没有什么可以炫耀的资本。河豚开禁，面临技术关和程序关的检验。据悉，上海水产大学食品安全研究中心将启动"关于河豚鱼安全食用规范与准入标准"的研究，为试食提供技术支持。在结果明确之前，希望广州能够坚守住不要放开的底线。

（2007 年 4 月 13 日）

食用野生动物是一种陋习

从 7 月 21 日起到 7 月 26 日止，广东将用一周的时间在全省范围内紧急开展一次查处非法经营田鼠、果子狸等野生动物的专项整治工作。其中，"野味店"等字样将再次被重申严禁出现在店名或牌匾中。不用说，像 2003 年非典肆虐之时，果子狸被视为传播病毒的元凶遭到清算时一样，这回的行动应该是由传说中的"田鼠南下"所引发。

有一点似乎早成定论，那就是广东人什么都敢吃，天上飞的、地上跑的，没有什么野生动物进不了广东人的餐馆，上不了广东人的餐桌。在广东人自身，更每每以此自豪。这应该是一项文化传统。先秦之际或更早，百越人即有杂食的习惯，到今天已经经历了多少个世代？不过，也早就有专家指出，吃野生动物存在着卫生隐患，科学上不仅证实野生动物的营养价值并不比日常家禽高，而且野生动物身上带有很多不知名的病毒，令屠宰者或食用者有感染危险。然而，即便是科学得出的结论，在累积的经验面前，也丝毫不能占据上风。相当多的人对野生动物照吃不误，越是不让吃的，越要偷偷地吃；吃成了的，洋洋自得，以为能事。因而，嗜食野生动物如果在过去可能可以跟“胆量”关联，在今天则只能称之为“陋习”了，尤其在明了危害前提下表现“胆量”，充其量是匹夫之勇。

广东有过一次改变“陋习”的契机，那就是非典期间果子狸的“发难”。一时间，人们真的是谈“狸”色变。可惜，未几有个研究证明果子狸无辜，大家又立刻欢呼雀跃。此后，果子狸一会儿与非典有关，一会儿无关，好像存心在跟食客们开玩笑。然而，即便果子狸的确是非典的元凶，寄托于某种野生动物染上了致命病毒才能阻遏人们食之的欲望，显然也不是解决问题的根本办法。试想，这样一来我们的周遭得平添多少病毒？而一旦那么多野生动物都成为“元凶”，我们赖以生存的自然界又该有多么可怕？何况，一些人对真正“元凶”的危害也是估计过低。现在田鼠当前，众所周知，鼠类是很多疾病发生和流行的传播媒介，能传播鼠疫、流行性出血热和钩端螺旋体病等30多种疾病，甚至吃了被田鼠污染的食物也可能染病。即便如此，禁吃田鼠仍然不能成为自觉，仍然需要靠强力推动，这种饮食风俗的“陋习”一面更加暴露无遗了。

这次为期一周的阶段性专项行动，相信会取得一定成效。不过，有两点需要提醒行动者注意。其一，“店招”只是一种表面的现象，清查起来要容易得多，不让它用“野味店”，它可以用“挂羊头卖狗肉”，用别的什么来代替，使食客同样一望而知。前些天，有的酒家不就“别出心裁”地在菜牌上把田鼠肉写成“天鹿肉”吗？其二，饮食文化观念经历了多少世代积累而成，不是讲讲道理就能办到的，尽管那道理不乏科学的成分；扭转之，必须从观念上解决问题，而要把人们心里的观念变更过来，不能操之过急，同样需要漫长的过程。因此，指望通过一个或几个专项行动就能杜绝食用野生动物，基本上不大可能。

（2007 年 7 月 23 日）

但愿多一点儿摊主“悔过”

一个在福州销售臭豆腐多年的摊主日前致信《海峡都市报》，曝光街边臭豆腐制作时的种种恶心内幕。这个摊主在信的开篇就呼吁：“孩子们，别再吃榕城街边的臭豆腐了。”因为，“福州街边的臭豆腐，大都是用腐肉、死田螺、臭鸡蛋、潲水和硼砂、硫化铁等有毒原料泡出来的”。

福州的这种事情想来在其他地方具有共性。看过央视《每周质量报告》节目的人就会知道，干出这种伤天害理勾当的人，不分地域，不分男女老幼，也不拘食品的品种，只要什么能鼓起他们的荷包就干什么。这个摊主署名“良心的呐喊”，其自曝之举也证明他的确良心未泯。这是很有勇气的，也是值得嘉奖的。“黑”的食品，无论是什么，无论出现在街边还是店铺，所以出笼，归结为一点就是生产者的心黑了，导致他们的行为完全是一种动物性行为，不齿于人类。在这样的从事生产、销售的人群中，还有那么一点儿良心甚至还有那么一丝人性的，应该说凤毛麟角；反过来足以证明，但凡还有一丝人性，也不至于为了自己弄两个钱赔上他人的健康乃至性命。饶是凤毛麟角，我们还是寄希望于多一点儿摊主良心发现，及时悔过。

如果能多有一点儿摊主悔过，就等于对“黑食品”来了个釜底抽薪，悔过的摊主越多，其生产源就断绝得越多，直至达到断绝其根本——虽然没有达到这种理想状态的可能，但理论上毕竟存在。如果能多有一点儿摊主悔过，就不劳《每周质量报告》等类似栏目的记者奔波劳顿，这种曝光更多的时候不仅力不从心，还要冒着各种各样的风险——黑恶势力的以及地方保护主义的阻挠。关键是，从内部攻破的堡垒，破得会更加彻底，破得无法收拾。如果能多有一点儿摊主悔过，就可以像“良心的呐喊”一样，把他们的龌龊行为一一晾晒于阳光之下。谁都知道那些食品会“黑”，但未必知道它们怎么“黑”，“黑”到什么程度，一旦如此，就不免心存侥幸，以为尝一尝不见得就会怎么样。当我们充分了解了制作的黑幕之后，还有理智的人就一定会敬鬼神而远之了。

“良心的呐喊”是因为眼看自己上小学三年级的儿子时常也在校园周边吃几串臭豆腐，才萌生一种愧疚感。当然，多一点儿摊主幡然悔悟，靠他们的自觉不免失之于幻想，法律的威慑固然是一个重要方面，但另一方面，更需要“良心的呐喊”这类典型进行示范。不记得是哪部外国影片了，一个作恶多端的坏蛋最后干了一件拯救列车的好事，但他的那句旁白记得很清楚：“禽兽是没有人性的；我有半点人性，所以我不是禽兽。”“良心的呐喊”以行动证明了自己，我们对别的人也有期待的理由。《水浒传》里，那个以前专卖人肉包子的孙二娘不是尚且可以改邪归正吗？

《食品安全法（草案）》的全文已于日前向全社会公布，征求人们的意见，其中“法律责任”被辟为专门的一章。对公众而言，如何惩处黑作坊的摊主有了一个建言献策的好时机；对黑作坊的摊主而言，“放下屠刀，立地成佛”，及早悔过，则可能是他们面临着的好时机。

（2008 年 4 月 24 日）

还有多少类似免检的“制度”应当废止?

添加三聚氰胺的三鹿牌婴幼儿配方奶粉，酿成了重大食品安全事故。作为国家免检食品，三鹿令免检制度蒙了羞。9 月 17 日，国家质检总局发布公告，对《产品免于质量监督检查管理办法》予以废止。也就是停止所有食品类生产企业获得的国家免检产品资格，产品和印制的包装上已使用的国家免检标志不再有效。

“三鹿事件”的教训不可谓不深刻。所谓免检食品，是说该种食品在免检有效期内免于各级政府部门的质量监督检查，本质上意味着信誉。免检制度设立的出发点，该是对那些信誉良好的企业免去不必要的重复检查。有报道说，截至目前共有 1489 家企业申报的产品获得国家免检资格，这些企业每年减少检验费用支出近 1 亿元。至于什么样的企业可以免检，当然设置了严格的程序认定。很遗憾，食品免检制度虽然具有良好的初衷，但在当下中国，在社会诚信还相当欠缺、在“公关”基本上能够搞定一切、在食品安全问题此起彼伏的大背景下，它还是大大超前了，甚至于异化，异化成一些企业利用这种信誉从事不法勾当。免检食品此前即已频频出事。

免检食品既然不能让人放心，免检制度退出历史舞台就是得其所哉了。当公众的生命健康因为必须入口的食品受到威胁时，公众需要政府为食品安全把关，而不需要政府为食品企业做“担保”，更不需要企业把政府的“担保”当成刀枪不入的“护身符”。停止所有食品类生产企业获得的国家免检产品资格，诚乃顺应民心之举。由此不由得想到荣誉称号的授予。二者看起来风马牛不相及，实有本质共通之处。报纸上经常整版整版地刊登“先进”人物或单位的名单，一评了之，有没有什么部门想到要“排查”一下有多少名副其实?各种先进评比能否产生预想的激励作用?不少落马的贪官，都背负着显赫的荣誉称号。其对人们精神层面的戕害，只是没有食品安全的危害那么直接、那么触目惊心罢了。

前几年，因为“孙志刚事件”，废止了收容遣送制度；现在，因为“三鹿事件”，又废止了食品免检制度。当废则废，这一点毫无疑义。但我们想追问一句的是，还有多少仅仅在理论上成立而实际行之则伤害公众利益的“制度”，需要血淋淋的教训才能废止？也来个“排查”吧，这个“排查”与排查食品是否添加有害物质同等重要。

（2008 年 9 月 19 日）

食品生产厂家该“放下屠刀”了

苏联电影《两个人的车站》看过好多年了，对里面的一组镜头仍然印象尤深：钢琴家因为没有赶上火车而滞留车站，和车站餐厅的女服务员始而怒目相视，继而化干戈为玉帛。钢琴家要请女服务员吃饭，就在车站餐厅，于是，有趣的一幕发生了：女服务员每点一样菜，都交代同伴里面不要掺什么什么。也就是说，那个车站餐厅很有一点“黑”。轮到钢琴家点完菜，他幽默地补充一句：“不要添不该添的东西。”

电影中的这一幕，先前还可以当作是艺术表现，但在我们的生活中早已不知不觉地上演了。现在的我们与食品厂家，正像这两名男女主人公，厂家相当于女服务员，他们很清楚自己在生产的食品中究竟添加了什么；而我们则相当于钢琴家，知道他们肯定做了手脚，但不知做了什么，做到了什么程度。所不同的是，因为我们与厂家无缘建立起钢琴家和女服务员的那种亲密关系，所以只能被动地等待媒体告知我们，什么东西又“出事”了，吃不得了。像“三聚氰胺”这种生僻的化学名词，本该与我们的生活远离十万八千里，却不幸被我们所熟悉，而且越来越熟悉。三鹿集团造下的孽还没得到彻底清算，相继有几个地方生产的鸡蛋里又被检测出这东西来了。专业人士认为，鸡饲料是造成问题鸡蛋的罪魁祸首。不对，罪魁祸首是人！看“业内人士”透露的消息多可怕：豆粕、骨粉是目前鸡食用的两种主要饲料，衡量两类饲料是否合格的主要标准是“蛋白质”含量和钙的含量，所以无良生产者可能会在饲料中添加三聚氰胺以提高蛋白质含量，形成“合格”产品。这样，每吨饲料成本可以从八九千元降低到5000元左右……

以前写过一篇《莫不是国人的良心坏了?》，现在看来，的确坏了，因为除此之外，我们找不出问题食品此起彼伏的根本原因，找不出所谓生产者丧尽天良的动力所在。可怜的终究是芸芸众生，以前要求他们成为鉴定专家，买一样东西，要仔细辨别一下颜色，要认真闻一闻气味。而如今，非高科技检测而无以鉴别，叫他们如何是好？不仅因不知该吃什么东西日益成为惊弓之鸟，而且对每天吃进去了什么有害的东西懵然无知，毫无安全感可言，这跟将就着活着又有什么区别呢?

语云“放下屠刀，立地成佛”，生产问题食品，与赤裸裸地直接杀人没有本质区别，该放下“屠刀”了。如果食品生产厂家的良心尚存，现在也还有“成佛”的机会，那就是像电影里的那个女服务员一样，不要等着检测，把自己的问题食品主动地交代出来，问题在哪里，添加了什么不该添加的东西。假的就是假的，在问题食品“老鼠过街，人人喊打”的态势下，暴露是迟早的，蒙混过关是不可能的。奶粉“三鹿”的前车可鉴，鸡蛋“××”的覆辙也很快显现，食品生产厂家难道非要见了棺材才掉泪吗?

（2008年10月29日）

问题蛋奶是否只有销毁之一途

在奶粉、饲料中恶意添加三聚氰胺，不仅极大地导致了公众的身心受害，严重地浪费了宝贵的原材料资源，现在看来，连如何处理它们都成了难题。比如，大量不合格液态奶在广州石井潭村垃圾压缩站销毁，致使没经任何处理的牛奶直泻石井河，竟然把河面染成了白色，以至于广州市环保局表示，将对该压缩站的违法排污行为进行严厉处罚，最高罚款额将达 20 万元。

那个垃圾压缩站冤枉不冤枉，我不太清楚，但从报道中我们都知道，三聚氰胺致广州问题奶、问题蛋积压数量猛增，却没有一个统一销毁的“特设机构”；而且，无害处理又费用过高，销毁一吨液态奶要花 2500 元左右。这么一来，手上有存货的，不偷偷处理才怪，连我们这些不会做生意的人都不会干这种“赔了夫人又折兵”的买卖。中国的许多事情都是这样，有关方面每天不知道都在忙些什么，既缺乏“先见之明”，善后的本领也不堪一提。出了这么大的产品质量问题，肯定要回收、处理大量的东西，一纸规定，然后就守株待兔吗？

几天前看到一个数据，光是全国回收的三鹿奶粉就接近万吨之巨，全要销毁，生产厂家真是造孽啊！除了人为添加的三聚氰胺，都是好端端的东西；原本好端端的东西现在居然连当垃圾处理都不行，这笔孽债留下的教训何其深刻。不过，出了事情，我们动辄喜欢说把损失降到最低，具体到问题奶与蛋上，有没有降低的可能？或者说，有没有人想到过要降低、可以降低？问题蛋、奶是否只有销毁之一途？我总觉得，一旦不能入口，奶粉与鸡蛋的命运也不该是马上就下地狱。它们不可能没有丝毫利用的价值，不能吃还不能用吗？抬杠地说，人们赞美从前的建筑坚固，其中大抵就有鸡蛋的贡献。比如客家人在建造土楼时，夯墙采用的就是有着特殊配方的三合土，也就是把红壤土、瓦砾土、田岬泥在一起搅拌发酵成熟，再加入红糖、蛋清和糯米。我忽然想，如今不是流行仿古建筑吗？把鸡蛋权且留起来，等哪里再仿的时候派上用场，仿得实质上似模似样一点儿好不好？当然，这种纯粹的书生之见当不得真，不过是要开启一个思路而已。而且，想必你也看得出，我这实在是心痛那些被糟蹋了的东西。

悲观地看，食品生产领域的这种造孽并没有造到尽头。谁敢认为，揪出了问题蛋、奶，天下就从此太平？仅仅在几个月前，有多少人知道三聚氰胺是个什么东西？现在却已然人人谈之色变。同样，接下来也没人敢保证别的什么化工词语会在一夜之间令公众稔熟于胸，又有什么东西吃不得了、碰不得了。那么，我们现在对问题蛋、奶的处理束手无策尚情有可原，从持久战的心理和物质准备来看，虽然我们一百个不情愿，也得想些“处理”的办法了。

珠江河面上倾倒出来的“白色”，不亚于前段时间珠江上同样因为污染而制造出的“黑色”；不知怎的，忽然又想到了文学作品里描述血流成河时的“红色”。三种颜色虽然泾渭分明，但性质何其相似乃尔！

（2008 年 11 月 3 日）

处置三鹿还谈不上“阶段性成果”

石家庄市代市长艾文礼日前在一次新闻发布会说，三鹿集团非核心企业已陆续开工，核心企业恢复生产、重组新生正在积极运作之中。所以如此，在于“三鹿奶粉事件的应急处置工作取得了阶段性成果”吧。

三鹿奶粉事件终有尘埃落定的一天，这是可以肯定的，但不知现在这个“阶段性”究竟何指。从报道中推测，应当是通过开展主题教育活动，大家的认识提高了，“患儿诊治”这一重点、“奶农合法利益”这一难点、“企业重组新生”这一核心，都被攻克得七七八八了。那么，这个“阶段性”包不包括赔偿呢？在三鹿事件中，究竟谁该对受害者负责、如何负责，有没有厘清呢？显然还没有。10 月 29 日，三鹿受害者代理律师季成陪同来自山东、河南、福建等地区的 9 名三鹿婴幼儿奶粉受害患儿童家属，将 9 份起诉三鹿的诉状递交至石家庄新华区法院要求索赔；法院当场回应：暂不立案。理由正是需要等待政府的赔偿方案。11 月 4 日，三鹿集团法律事务部律师李凯亮也向《中国新闻周刊》记者表示，目前的并购谈判还没有涉及具体的赔偿问题。

三鹿的直接受害者是它的消费者，倘若消费者的赔偿问题还没有踪影，这个最根本问题还没有眉目的话，我以为其他所谓应急处置的成果，就还谈不上什么“阶段性”。

还有一点令人狐疑的是，恢复生产后的三鹿，产品究竟是“贴牌”，还是“行不更名，坐不改姓”？如果是前者，则由哪个品牌来授权就需要给消费者一个交代，以避鱼目混珠之嫌；如果是后者，则不免使人为其市场前景捏一把汗。远的不说，新近重庆一家食品厂老板给自己生产的小食品取名为“范跑跑”，并将范氏逃命的漫画印在包装上，满以为可以取一回巧，却不料销量并不好，只好无趣收手。无他，“范跑跑”声名着实不佳也。所以，即便三鹿要重振旗鼓，怕也要“城头变幻大王旗”才行了。“人从宋后罕名桧”，不承认是不行的。有些时候，坏事就是坏事，其与好事之间决不存在必然的转换关系。而且，如果说三鹿奶粉事件对石家庄奶业乃至整个食品行业是一场灾难，但也是一次新生机遇的话，则我们宁可不要这样血淋淋的机遇！

石家庄市这次开展的主题教育活动，核心是教育，旨在使干部群众思想真正受到触动。其实，我们中国人根本不是不懂道理，而是过于、过于、过于欠缺践行。三鹿事件岂是偶然？当下食品安全问题走向极端的一个反映罢了；至于此事件是否标志着达到了颠峰，就此可以好转，恐怕任何人都不敢拍胸脯。这是体制机制的缺陷所综合作用的结果，三鹿成为其中的一分子而已，就像马克思在《评普鲁士最近的书报检查令》中说的，“事物的本质所引起的愤恨变成了对某些人的愤恨”。因此，食品安全的体制机制如何健全、何时健全，对将来更起决定作用。而且，企业家身体里究竟流淌着什么血液，显然也不是一次活动就能改变得了的。

（2008 年 11 月 14 日）

“早产奶”果真质量合格吗？

“香满楼”刚刚被广州市质监局曝出封存货值约 10 万元“早产奶”产品的问题，旋即又由广州市质监局宣布：“香满楼”产品质量合格。这或许不是自相矛盾吧，但吊诡的是，21CN 财经从广州市质监局网站上发现“查处”的消息未几，该条消息却突然从网站上“消失”了，等到重新亮相的时候，消息换了个面目；再后来，就是产品合格的“最新消息”。

有律师认为，职能部门信息公布后又删除，不仅有滥用职权的嫌疑，而且“会引发市民对此行为存在猫腻的猜测”。是否滥用，要由专业人士凭借法律条文说话；在笔者，正属于被引发了猜测的一类。鲁迅先生当年说过，他向来是不惮以最坏的恶意来揣测国人的。伟人尚且如此，何况我们呢！又何况食品安全已令大家成为惊弓之鸟、一些食品生产从业者的确丧尽天良的今天呢！显然，避免市民多方猜测的最好办法，就是广州市质监局对消息的前后变化给出一个合理的解释。央视《新闻联播》报道高考第一天的道路交通状况时拿出去年的画面滥竽充数，还发了致歉声明呢，虽然落款“2008 年 6 月 9 日”弄了个“错上加错”，是否再致歉一次还不知道，但总归人家对主要问题作了交代，对何以如此给出了相应的解释。

“早产奶”与“质量合格”，我在本文开头说或许不是自相矛盾，当然是有前提的。6月2日检查，发现了生产于6月3日的产品，是之谓“早产奶”。“早产”之时可能是合格的，但像任何食品一样，“香满楼”产品自然是有保质期的，不论保质期是多少天，“早产”多少天，保质期肯定就会提前多少天。现在是早产一天，也完全可以断言，标注保质期与实际保质期之间的那一天，“香满楼”质量肯定是不合格的。这是逻辑推导出的必然结果。所以，广州市质监局的“合格”说，恐怕欠一点儿严谨。须知在食品安全问题上，正是一个较真的地方，一个完全应该“吹毛求疵”的地方。

“香满楼”作为一个知名品牌，此番“违法事实清楚，证据确凿，情节严重”（广州市质监局网站原用语）的“早产”教训可谓极其深刻。从改头换面前的那则消息还得知，广州市质监局天河区局是针对乳制品行业“早产奶”潜规则，“对6家乳制品企业实施专项突击检查”而发现“香满楼”问题的。这就是说，“早产”不是“香满楼”的独家做法。那么，日后就有必要通过更加“突击检查”的方式方法，检验或印证一下这是否确是行业潜规则。否则，单单揪住“香满楼”不放，其他厂家势必会暗自窃喜，弹冠相庆，不能从根本上解决食品安全问题。

《食品安全法》已于月初生效，“香满楼”问题正是广州市质监局首次运用该法、展示其效力的一个良好例证。因而这件事具有相当的标本意义。现在，如何善始善终，成为我们的良好期待。

（2009年6月10日）

由两则消息看“食在广州”

广州市经贸委传来的消息说，去年广州人均年餐饮消费达到5063元，是全国平均水平的4倍以上，位居国内各大城市的首位。几天前还有另一条与餐饮相关的消息：美国著名杂志《福布斯》公布了“世界十大美食名城”排名，中国香港、上海、北京入围，而素有“食在广州”美誉的广州却名落孙山。两条新闻联系起来看是有点儿意思的。前一个消息反映出来的是“数量”，而后一个反映出来的则是“质量”；前一个值得沾沾自喜，后一个心里不是滋味。“食在广州”，一如“生在苏州”或“玩在杭州”，不是吹出来的，用业界人士的话说，这一称号已经享有近200年的历史，那么，提及中国的美食，哪有落下广州的道理？

国产的排行榜早已信誉全无，货真价实的也难免受到株连，以至于榜单一出，乐意看的就全当看个热闹，切记，在你当真的同时可能也就意味着上当的开始。国外的排行榜信誉又如何？咱不了解情况，不好说。但《福布斯》这个排名显然是片面的，是根据2009年全球最具魅力城市评选衍生而出，亦即前提是从比较有影响力的世界名城中选取，所以入选的城市基本都是国家的首都。再看他们对各个获选城市评选的理由，更让人哑然失笑，不外是这个城市有自己的“拿手菜”而已。比如他们说：“上海有著名的大闸蟹，中国首都有北京烤鸭，而香港则有口味独特的点心。”这就是他们的见识短浅了，广州的“拿手菜”是什么？笔者不该乱下结论，业界人士肯定能如数家珍。把他们评选的两个主要理由比对一下，可知广州人对落选还真不用去较那个真。

但《福布斯》的这个榜单，多少也能让我们窥见自己的不足，并借此进行针对性的反思。就全国这个宏观层面来说，香港、上海、北京虽然入围前十，在各国中占据最大比重，但毕竟没有入围前五，说明我们一向以为独步天下的中华饮食文化，还不为来自于不同大洲20多个国家的那10000名评选者所高度评价。顺便扯一句，也更凸显出前一阵子故宫开餐厅弘扬“拉面文化”的气魄之小。现在那餐厅或许经受不了全国人民的口诛笔伐而暂时关门了，倘若再开的话，再打着弘扬旗号的话，真得找准发力点，至少该是能够代表中国的“拿手菜”吧。就广州这个微观层面而言，这个榜单则于饮食之外有一定的鞭策功能。广州早就致力于建设国际大都市，取得了辉煌成就也是毋庸置疑的，然其影响力与“世界视野”显然还存在不小的距离。明年的亚运会无疑将是真正检验广州国际形象的时机，那时要看广州的真功夫了。

广州人均年餐饮消费是全国平均水平的4倍以上，一定程度上证明了“食在广州”的“食”是属于大众的、平民的。从这个角度看，广州人更没必要对《福布斯》的榜单耿耿于怀。“食在广州”的成色，不会因为一个排名而黯淡，但广州庶几也要避免自我陶醉，突出会吃，淡化敢吃，就十分必要。如此，不仅在人均消费“数量”上拔得头筹，而且在“质量”上也能让人心悦诚服。

（2009年8月19日）

禁食猫狗肉属于“灵机一动”

一则眼球新闻说，“禁食猫狗肉”写进了《反虐待动物法（专家建议稿)》，据此，“违法食用犬、猫或者销售犬、猫肉，将对个人处5000元以下罚款并处15日以下拘留，并责令具结悔过”云云。有人据此认为，老广“有难”了。实际上，这部建议稿一旦定稿并实施的话，“有难”的是所有有着吃猫尤其是吃狗这种饮食传统的人群。这样的人群显然远远不止老广。

饮食传统，实际上也是一种文化传统。秦末追随刘邦打天下的樊哙，《史记》说他的出身就是“以屠狗为事”。张守节注释道：“时人食狗，亦与羊豕同，固哙专屠以卖之。”因为樊哙在“鸿门宴”上尽显英雄本色，“屠狗”一词还成了后世对位卑豪杰之士的指代。食狗的历史不仅悠久，今天也仍然是个普遍存在。多少年来都是那么自然而然，一下子被定性为虐待动物，多数人心理上恐怕接受不了。老广诚然有“滥吃”的嫌疑，前面说了，文化使然，就算认为这属不良饮食文化，若要改变之，也须引导，而引导又须循序渐进。保护动物不能吃、不准吃，大家明白道理了，就不吃了——有“本事”的人还能吃到是另外一回事。不管你是否愿意承认，任何一种文化传统都具有相当的“顽固性”。不准吃狗的征兆先前一点儿都没有，可能凭借一部横空出世的法律就戛然而止吗？

清人福格的笔记《听雨丛谈》里有一则“禁止服饰”，说清初有个时侯“欲将官员军民服用，一概加以禁约”，什么人准穿什么布料、什么颜色、什么款式的衣服，打算明确规定。雍正皇帝这时说话了：“朕试问诸臣，照此定制，以申禁约，能管束令其必改乎？断不能也。”并且，禁止它干什么呢？“朕视诸大臣，亦惟视其品行，并不观其服饰，即如都统巴拜所戴凉帽，殊不鲜明，亦有何关碍？”关键是，雍正接下来的一个见解很值得借鉴：“法令者，必其能禁而后禁之，明知法不能胜而禁之，则法必不行。”今天我们有多少为雍正先期言中的“空头法律”？制订或废止法律法规，已成了一个工作常态，这种状况究竟算不算正常，当然须由专业人士作答，我是觉得不正常。

打算面世的《反虐待动物法》，本来该是我国首部《动物保护法》，因为《动物保护法（专家建议稿）》在“面向社会征集意见4个多月的时间里，共收到300多封电子邮件和400多个电话”，虽然“大部分意见比较客观，但也有一些市民表示无法接受‘动物保护’以及‘动物福利’的提法”，项目组便忽地决定改变提法，瞄准了“虐待”来做文章。这种临时性的改弦易辙，对制订法律而言是否欠缺了一点严肃，同样须由专业人士作答。但此番不知怎的，由这部准“法”的面目变换，想到了朝令夕改的城市规划，我觉得二者在本质上有共通之处，比方都属于“灵机一动”的范畴。

《反虐待动物法（专家建议稿）》正在征求公众意见，4月提交。本人希望，那个项目组真的能把公众意见听进去，而不是“千磨万击还坚韧，任尔东西南北风”，像时下的诸多征求意见一样，仅仅走个过场而已。

（2010年1月27日）

第二部分

多歧路，今安在？

行，不在百姓开门七件事之列，但同样与百姓生活须臾不可或分。那些行之载体，曾经勃兴的自行车已经被排挤出历史舞台（在“绿道”上如何是另一回事），方兴未艾的汽车已经或正在并且还将继续酿成严重问题，火车、飞机则每因服务质量而成焦点……

“羊城通”退卡问题

媒体日前消息，有市民想要退掉广州“羊城通”卡并要回 30 元押金时，工作人员以卡面有折痕为由加以拒绝。那么，什么样的卡才能退呢?“只限性能良好、卡面无损伤的普通卡。”“性能良好”还好说，就是能用嘛；而卡面有没有损伤，一般人恐怕把握不住是个什么标准。那个退卡的市民说，她的卡表面光滑，只有轻微的折印，但是几天前她还用过，应该算得上没损伤。

看了这则消息，有理由为自己常用的“羊城通”担忧了，有一天即使想退，恐怕也已经退不了。卡这东西，在谁的手里使用一段时间后，都很难保证还像新的一样完好无损。还好，人家说，如果用户不同意工作人员的鉴定，可以拿到市质量检测部门去鉴定。这倒是以示公正的态度。但这里验卡的既然是“专业人士”，拿到那里去结论又能差多远呢？看起来，如果自己届时不愿意找那个麻烦，押金自然要算为羊城交通事业发展作贡献了。

对“羊城通”卡的押金，倒不是十分在意那 30 块钱，而是对这种有来无回的服务方式心生郁闷。这几年，“最终解释权”频频出现于商家有奖促销活动中，退卡的规定，该算是“羊城通”方面的“最终解释权”了。如果说，凭借一句“本活动商家拥有最终解释权”使商家有推卸责任嫌疑的话，那么，在“羊城通”退卡的苛刻条件面前，明摆着是有欢迎“进”而不欢迎“出”的嫌疑。有关法律专业人士针对前者的“最终解释权”指出，这实质上是经营者以格式合同为自己所设的特权，商家在行使该项“权力”时，必须遵循诚实信用的原则，并以大众常识作为参照对象，按照行业习惯的通常理解予以解释，不得随心所欲地任意解释；反之，商家企业不仅表现了他们的不自信，而且最终还是反映了当今社会普遍存在的信用危机。

推行“羊城通”是为了方便市民出行，事实证明也确实方便。也正因为如此，目前广州的“羊城通”用户据说已达到了160多万户。然而方便归方便，如果哪个市民不想用了，自有其不想用的道理，供与用的双方理应做到善始善终。退一步说，如果“羊城通”的“准出”条件就要这般苛刻，强调回收的还要使用，所以对旧卡的要求高，也可以理解；但在当初销售的时候，为什么不予以公开声明、广而告之呢？现在我们回过头检索当时的报道，退卡即退回押金，斩钉截铁，并没有什么附加条件。

另外据报道，从本月1日起，“羊城通”持卡人退卡时又多了一道“壁垒”：卡内金额高于10元的，要收取10%的补偿费。有记者当即随机采访市民，结果多数人认为不合理，是一种变相的赚钱行为。据解释，这项收费主要是缘于一些单位购买“羊城通”卡（最多可充值500元）作为福利发给职工，而后职工取出现金使用。如果这种状况确实存在，那么涉及的是有关单位公款变相消费的问题，同时也暴露了“羊城通”的集团销售方面还有待完善的问题，哪里该由无辜的市民来承担销售方可能造成的损失呢？

推行“羊城通”的目的既然是便民，就不应该让市民感到不便。所以，有关部门的着眼点应该始终是如何更好地为市民服务，否则，如设置这么高的退卡“门槛”，难免给人以各种不好的猜疑。其实，依百姓的正常理解，这个卡如果能够继续使用，就是好的，凭什么不能退呢？

（2003年7月11日）

“拍车族”兴起折射的悲哀

令广州市交警部门不会想到的是，他们的一项规定似乎要催生一种“新职业”。规定说，从7月15日起，市民可以在业余时间拿起相机对发生在身边的交通违章行为进行拍摄，并向广州市公安局交通警察支队提交相关证据（照片及底片等）进行举报，经过核实确认后就会获得每宗20元的奖励。于是乎，在一些规定拍摄路段的天桥上，就有了专找违章行驶车辆麻烦的“职业拍车族”。

看了这条消息，不能不深感佩服的是广州人“商机”意识的敏锐。瞧，截止到8月14日，共有284名市民提交了近2万张照片，其中被初步采用的有5750张。推出这项规定，原本目的是要调动群众参与交通管理的积极性，如果说这些数字是市民踊跃参与的表现，我比较相信；但如果说，市民从中能得到交警部门初衷设想的“交通安全教育”，我就不大相信，因为不少人从中看到的更是此项“职业”的利益前景，有的已在憧憬“好地段”一天平均能够拍到200多张违章车辆的照片，“月入过万不成问题”了。并且，我非常相信的是，“重赏之下，必有勇夫”的言之不虚。区区20元固然算不上重赏，然而“积小胜为大胜”，已使我们见识到了奖励的作用。

“拍车族”的辉煌战果，以及这样一种“新职业”的可能形成，其实折射了现实的一种悲哀，那就是广州市机动车违章的严重程度。须知，目前每天被交警采用的200张以上照片，还只是规定拍摄路段被拍到的违章情形，在其他乏人监督的地段呢？笔者在新港西路中山大学西门经常看到，形形色色的车辆冲红灯简直是毫无顾忌，尤其是摩托车，几乎随到随过，骨子里根本就没有遵章的意识。新港西路也是广州的一条主干道，就因为不是规定拍摄路段，拍了白拍吧。那么我想，违章拍照实行已经有一个半月了，这个时候对“拍车族”进行方式方法上的褒贬并没有多大意义，不妨认真调查一下规定实施的成效，即道路交通违章状况比“拍照”前究竟改善了没有。如果有，那么大致改善了多少，对比一下，“拍车族”的起早贪黑、头顶烈日是不是有意义，交警部门为拍照付出的奖金成本是不是值得。如果差不到哪里去，就要想一点改进之法，否则，一天到晚，天桥上时刻拥挤着“长枪短炮”，不仅有碍观瞻，侵夺天桥“摆渡”行人的功能，而且外地来的或不明就里的人们可能要吓一跳。

交警部门早在规定出台前就已经声明了，让市民参加拍摄违章行为，是要形成人人遵守交通规则的良好氛围，为广州市创造安全畅通的交通环境。因而拍摄本身充其量只是过渡手段，“拍车族”的职业虽“新”，但注定只能是昙花一现，解决问题的根本，还在于培养与提升公众的规则意识。如果展开地讲，不止限于交通规则，人的规则意识建立不起来，被拍到，可能认为只是不好彩而已，未必因之有丝毫的警醒。对当下有点红火的“职业拍车族”来说也应该明确，为“荷包”而拍，有可能使行为变味。

（2003 年 8 月 29 日）

公交车司机要讲职业道德

昨天上午乘坐广州市三汽公司的 20×路公交车，行驶至东风中路时，与另一辆也要进站停靠的 6×路车闹了别扭：我们这辆先在右边车道的车明明可以停下了，却还要往前开，结果过了站牌十几米。

再次启动时，两车开始斗气。我们这辆还要爬头，而停车时占了先的那辆车，则开始百般阻挡，左摆右拐，就是不让它超过去。当两车终于并列时，双方司机则一边开车，一边开始相互指点，骂着骂着，干脆都停了下来，另一辆车的司机冲到了门边，摆出开打的架势……

这一趟车坐得胆战心惊。依靠公交车出行的人们其实都不难看到，公交车高速进站、不按顺序排队进站、强行进站、“S”形左穿右插，简直是家常便饭，种种现象归结为一点：抢时间。据报道，公交车司机的工资考核是与载运里程与营运收入相挂钩的。这或许是造成公交车司机野蛮行车的重要因素，但我以为，这不是关键因素，关键还是在于公交车司机的素质问题、职业道德问题。在现有的考核制度不能更改的情况下，在现有的车路矛盾得不到解决的情况下，在现有的交通管理秩序不能到位的情况下，种种驾驶陋习易于凸显，从而对司机自身素质提出了更高的要求。

每一个行业都有本行业的职业道德。对于“门难进，脸难看，事难办”那种，可以忍耐，多一点低声下气；退一步说，即便事没办成，总不至于有什么生命危险。公交车司机因为其职业的特殊性——对车上坐着的百姓的安危负责，更要讲职业道德，不能仅仅记挂自己的行车时间，盯着自己的报酬，而是首先要给乘客营造一个安全的乘车环境，任何野蛮的诸如开斗气车的行为，都要坚决制止。加强职业道德教育，光靠理论学习显然无济于事，正应当通过这些活生生的具体事例予以惩戒，直至清除出公交车司机队伍。

随着城市的发展，公交车的数量在不断递增，与之相对应，对公交车司机的需求也在不断递增。怎样遴选司机应当成为有关部门关注的一个重点，不能仅仅技术过关就可以胜任。从一定意义上说，公交车的形象关系到了城市的形象。

（2003 年 11 月 18 日）

如果牛振华没出车祸

著名电影演员牛振华走了，在北京的大街上，因为车祸，因为自己酒后驾车。48 岁，英年早逝，让人惋惜。

酒后驾车导致灾难性的后果，在牛振华之前已有不少血淋淋的案例。但因为牛振华的知名度，更因为出事之时距《中华人民共和国道路交通安全法》正式实施才有整整 11 天，引起人们的极大关注是很自然的。

牛振华已经出了车祸，现在来一个纯粹假设意味的“如果”，似乎既没有必要，也没有实质意义，其实不然。试想，如果牛振华没出车祸，我们就不会知道他在那个晚上驾车的前提是喝了酒。事后验证，其每百毫升血液中的酒精含量达到了205毫克，而对照北京市的相关标准——“大于或等于100毫克以上为醉酒”，已经远远地超出标准了。即是说，牛振华不仅是“饮酒后驾驶”，而且属于“醉酒后驾驶”。而如果牛振华没出车祸，这一切将得到掩盖，在他自己以及许许多多酒后驾车的人，无疑就又多了一层侥幸心理。

我们知道，新的《道路交通安全法》严禁酒后驾车，并加大了对饮酒、醉酒后驾车的法律处罚力度。其中第九十一条规定：饮酒后驾驶机动车的，处暂扣一个月以上三个月以下机动车驾驶证，并处二百元以上五百元以下罚款；醉酒后驾驶机动车的，由公安机关交通管理部门约束至酒醒，处十五日以下拘留和暂扣三个月以上六个月以下机动车驾驶证，并处五百元以上二千元以下罚款。作为一名司机，牛振华肯定知道这部法律；作为一名政协委员，他也完全具备理解这部法律的能力。对自己喜欢的演员，我实在不想用“无视法律”这个词，虽然我们不知道他当晚为什么喝酒，但从客观上看，悲剧的发生，正是无视法律规定的结果。

面对一部法律法规，人们通常只是看到了其中的约束条款，而完全没有看到这些条款在更大意义上的保护作用。就《道路交通安全法》而言，诸如对醉酒驾车、行人违章的新规定，乃是以人为本，保护公民的生命健康权的新内容。它在强迫机动车驾驶员对他人生命安全负责的同时，实际上也是在强迫他们对自己的安全负责。如果牛振华没出车祸，人们可能仍然意识不到这一点，震动可能不会这么大，侥幸的还想继续侥幸。可以肯定的是，牛振华的悲剧只有真正成为后来者的教训，他的生命才算没有白白付出。

或言之，对新法律的接受，需要一个过程。我不这样认为，法律法规从其正式生效之日起，就具备了凛然不可抗拒的特性，人们必须严肃地对待，不能有半点含糊。

（2004年5月14日）

“补偿方案”别成画饼充饥

前几天，本埠不少媒体都报道了“航班延误旅客经济补偿方案”的“征求意见稿”，说该意见稿目前正在国内各航空公司和民航主管部门征求意见，预计 7 月就将出台。

出台这样一个“方案”，其背景无疑在于航班延误问题已成了众矢之的、千夫所指。国家民航总局的最新统计数据可以为证：目前国内航班每十次就会有两次发生延误；去年旅客对民航的 626 件投诉中，关于航班不正常的投诉最多，占了七成以上。可见，航班延误是一个到了“非解决不可”地步的问题。本人坐飞机的次数并不多，但很不好彩总是赶上“十次”中的那“两次”，有一次大年三十坐飞机回去过年，本想图个快，航班却一家伙延误了一个昼夜。最可气的，广播只告诉你延误起飞，既不解释延误原因，也不估计个大概延误时间，就那么在机场里坐着干等。结果算下来，花了比坐火车多几倍的价钱，落得比火车还慢。那是前两年的事，那时基本上晚了就晚了，摊上了，算你倒霉。

如今好了，“补偿方案”要出台了，可以获得经济补偿了。我敢说，没有人会稀罕那点儿补偿。虽然现代的人们对诸如开会之类毫无时间概念，拖拖拉拉，但倘若涉及自己行程什么的，时间往往还是掐着计算的。但是，细读这则新闻，发现这所谓补偿却很可能是个“肥皂泡”，未必就能够到手。因为媒体也几乎同时告诉我们：旅客的期望不宜过高。什么叫不宜期望过高？援引一名业内人士的话说，根据《中国民航法》第 126 条的规定，“旅客、行李或者货物在航空运输中因延误造成的损失，承运人应当承担责任；但是，承运人证明本人或者其受雇人、代理人为了避免损失的发生，已经采取一切必要措施或者不可能采取此种措施的，不承担责任”；而航班延误后，无论结果如何，航空公司都会采取相应措施，这就等于不用承担延误责任。业内人士因此断言，旅客要真正享受到自己的权益，先得把这一条法律给改了。我们都知道，更改法律条文岂是说说的事？“肥皂泡”就是这样吹成的。

那么我就不大明白了，出台这个“补偿方案”的意义何在？还没露面呢，先有了画饼充饥的可能；继而还不明白，出台这样一个方案的动机何在？法治的观念日益深入人心了，没有不行了，还是聊以自慰？这些年来，法律法规、规章制度，我们真是没少见识，颇有目不暇接之势，而“建立健全”的呼声仍然不停地萦绕于耳畔。但据去年的一项统计，在我国目前已有的 400 多项法律中，只有 30－50 项能够成为审理案件的依据，其余的基本上都是立了白立，徒具名称而已。大量的法律法规在法治社会并无用武之地，该是一种悲哀吧。像民航系统的这个“补偿方案”还没问世，业内人士已经先打了“预防针”，自己根本没抱希望，又指望旅客能抱怎样的希望呢？如果出不出台没什么两样，还是不出算了，如果只是多一件摆设而已，就有了凑趣的意味。

“补偿方案”正在征求意见，我以为不妨扩大一下范围，不要仅仅局限于民航系统关起门来嘀咕，还应当听听服务的对象怎么说。比方如果找到我，我首先会建议：“补偿方案”别成画饼充饥。这一点，对任何准备出台的制度都不例外。

（2004 年 6 月 25 日）

广州洛溪桥问题的“死结”

前天，广东省交通厅向部分省人大代表汇报 2004 年议案建议办理情况，尽管书面汇报中没有涉及路桥收费，但洛溪大桥收费争议还是进入了代表们的视野。有代表明确表示：对交通部门的说法不满意。

洛溪大桥收费问题已经是一个老问题。2001 年，省人大代表、珠海市市政处高级工程师游海燕向省人大常委会提交紧急建议，请省政府调查洛溪大桥的收费问题；省人大代表王泽华当年还因此发起询问案。印象中，从那以后，这几年来的省“两会”，这个问题好像都成为人大代表、政协委员关注的焦点。正是因此，洛溪大桥的建设资金来源和收费去向等问题，同时引发了社会公众的广泛关注。

细心地比对一下，关于洛溪大桥的一些数字确实让人看不太懂。比如说，按照 2001 年底的审计结果，洛溪大桥债务尚余两个多亿，应在 2005 年还清，停止收费。而在今年初，广州市有关部门对全市路桥收费情况进行的年审，又确认洛溪大桥项目至去年底累计债务余额为 1.97 亿元，将近两个亿。这就是说，两年过去了，洛溪大桥才还了区区几千万款项。我看过一则番禺区政府提供的资料：洛溪大桥自 1988 年建成通车后，前期一直在亏本经营，1997 年有了收益后就积极还贷，截至 2000 年 6 月已还贷 3.58 亿元。算上 1997 年当年开始还吧，前些年三年半时间能还 3 个多亿，现在车流量越来越大了，至于交通拥堵得令人谈之色变，怎么反而两年才能还几千万元？这样看起来，收费究竟还要持续多久，变得完全不可预测。我们不能排除这些数字存在真实性的一面，但你毕竟不能只是笼统地抛出一个还差多少的数字，起码还得交代一下：这几年到底收了多少，收的钱除了还贷还用到哪里了，逐年逐笔说个明白。收费不在多少，也不在还要收多久，而在于收得是否合理、用得是否得当，“糊里糊涂”，终究不是摆脱监督的办法。

账目透明，意谓所花的每一分钱都应该花在明处，让公众明晰，这是获得公众信任的第一要素。这一点，不独洛溪大桥应当如此。账目应当透明但不透明，在公众的强烈要求下仍然不能透明，大抵就是有一些难言之隐，“不便”透明；而现在的客观现实要求是：非透明不可，不仅向政府透明，还要向社会透明、向公众透明。我认为，洛溪大桥问题的“死结”就在这里。我们很难理解的是，这一正当而并非苛求的事情，为什么就那么难以办到！“贷款修路、收费还贷”，加快交通建设，显然是取之于民用之于民的大好事。但是，如果还贷迟迟结束不了，“还路于民”成为空头许诺，这好事就多少要打一点折扣。中央的“审计风暴”掀起之后，那么多重量级的国家部委也不能幸免，足见国家的决心之大、力度之大，“风暴”之后，强化审计制度是可以预期的事。这样下去，洛溪大桥不可能成为“风暴”扫不到的一个“死角”。与其工作做得如此被动，不如主动来个自查，倘若真有“家丑”，亮出来并不一定难堪，但不亮出来也并非就不存在。

既然省人大代表、政协委员要将洛溪大桥的事情“跟踪到底”，社会公众也就会一直关注下去。隐隐感到，这个问题将成为我省人大代表、政协委员行使监督职能的一个范例。

（2004 年 7 月 16 日）

对“交通安全周”的寄望

从本月 23 日到 28 日，广州市首次开展了“交通安全周”活动。对这样一个活动，很多人可能不以为然，当作众多寻常的活动一样对待。但倘若知道，自今年 1 月到 9 月，广州市平均每天有 4.6 人死于交通事故，而本次活动的目的旨在力争实现全市一日交通事故“零死亡”，就会明白这个“安全周”该有多么必要了。

应当承认，交通事故有其偶然性的一面，但在偶然的背后却往往蕴藏着种种必然。平均每天有好几个人要死于车轮之下，这一数字无论在全国占有怎样的“排名”，其本身都已足令我们目瞪口呆！分析原因，可能有千条万条，归结到一起，离不了人的安全意识、法律法规意识。我不敢说广州人、生活于广州的人的安全意识怎样，但每天来往于广州大道与新港西路之间的我，目睹行人、包括公共汽车在内的机动车冲红灯的现象却是越来越多了，好像在开始的几秒之内，交通灯丝毫不起作用。如果说新版《道路交通安全法》条文太多，人们记不住，那么，多少年来一以贯之的“红灯停、绿灯行”毕竟还应该是妇孺皆知的吧？归根到底，在行人、机动车驾驶员毫无安全意识的背后，乃是毫无法律法规意识的表现！

放眼看去，不仅是在广州，有一种现象非常矛盾也非常奇怪，那就是国人的时间观念问题。你说强吧，实际上淡漠得很，比方无论哪个电视台，除了整点新闻尚能做到准时，其他的都要姑妄听之。开会就更是如此了，拖拖沓沓，习以为常。你说弱吧，在涉及人命关天的道路交通安全之际，却又表现出强烈的时间意识，行人与司机之间、司机与司机之间，都是争分夺秒，互不相让。在“交通安全周”期间，将有10万市民上路协助交警维持交通秩序。据我这两天的观察，作用不大。主要原因仍然是人们的意识问题，同时，协助者不过戴个袖标、拿个黄旗而已，“底气”明显不足，想“冲”的人便根本不把他们放在眼里。

无论是对司机还是行人的违章者，用不着加大惩处力度，能够照章办事，毫不手软，就足够了。包括广州在内，全国不少地方都制定了行人违章也要罚款的法规，但基本上都成了过眼云烟，就热闹刚出台时的那么一两天。毫无疑问，解决人们的意识问题才是解决交通安全问题的根本。而这是区区几天的“道路安全周”所荷载不了的，在这几天之内，或可以创造出“零死亡”之类的奇迹，但“交通安全周”的意义决不应仅仅着眼于此、满足于此，而应该成为严肃法律法规的一个契机。

（2004年10月26日）

“乱停放”何以会乱

从本月15日起至下月25日，广州将对全市停车场进行大整治，重点清理占道停车场及乱停放车辆。与此同时，还有一系列的具体措施，诸如在城市主干道再建停车诱导系统、动员单位内部停车场向社会开放，等等。

这是一个好消息。但凡列入集中整治的问题，大抵都是程度相当严重的问题。停车问题即是如此。“乱停放”，肯定是不按规矩停放，不准停的地方要停。之所以如此，首先应当是驾驶员的主观因素，就近偷懒，心存侥幸，等等；其次当是泊位短缺的客观因素。报道提供了几个数字：广州市经营性停车场共有标准泊位约 28 万个，但机动车的保有量已达 45.7 万辆，缺口为 64%。从数字中不难“设身处地”去换位思考：即便机动车都规规矩矩地停放，也还有十几万辆车无处容身，而当停车位量远远少于机动车的总量时，“乱停放”几乎是必然的。因此，广州市室内停车场尽管使用率很低，日均停放周转率仅为 0.97 次/泊位，但这显然不是“乱停放”问题的根本。那么，对这次整治乐观地看，充其量是在主要街道消灭“乱停放”，而另一方面，则要加大对非主要街道的空间占据。

说来说去，问题的出现还在于机动车——主要是汽车——太多，而且越来越多了，多得珠三角部分城市可能要“遭受光化学烟雾污染的威胁”（广东省环保规划顾问、中国工程院院士唐孝炎语）。据介绍，这种光化学烟雾的主要成分是一系列氧化剂，如臭氧、醛类、酮等，毒性很大，对人体有强烈的刺激作用，严重时会使人出现呼吸困难、视力衰退、手足抽搐等症状。在上世纪世界环境污染八大公害事件中，光化学烟雾事件便占了 5 起。而专家分析，珠三角可能爆发光化学烟雾的主要原因有两个，一个是灰霾天气作祟，另一个就是机动车数量的快速增长。到今年上半年，广东机动车已突破 1300 万辆，目前，这个数字还在以每年 20%的速度递增。至于广州市，仅去年机动车的新上牌数目便达到了 10 万辆。而有意思的是，某些专家开出的克服光化学污染的“药方”却是“禁摩”。我们知道，按照现行政策，再过几年，摩托车在广州市将销声匿迹，是不是广州市将自然而然地免于光化学烟雾的污染了呢?

即便避开那个“乱”字，单是机动车的停放，可以说也到了该引起重视的时候了。在我所居住的中山大学校园，本来环境相当优美，这几年机动车忽地平地冒了出来，不是点缀其中，而是铺天盖地。车主们的生活上了“档次”不假，但是他们的“座驾”却一排排、一溜溜大模大样地侵占了原本属于公共的空间，散发着臭烘烘的气味。我知道，人家是交了停车费的，理直气壮，也不属于本次整治的范围，但是，人们是不是就只能被动地静候在车缝中穿行的那一天到来呢？

道路建设跟不上机动车的增长速度，是许多地方面临的困境；现在，“跑”的问题没解决，索性连“停”的问题也跟着“凑热闹”了；在不远的将来，专家还预测到了光化学污染；更远呢，还有什么？直觉认为，不要说机动车“乱停放”，就是大家都好好地停，规规矩矩地停，如果到处都停满了，也将是一幅十分可怕的图景。而这一切，究竟是由什么造成的呢？

（2004 年 11 月 12 日）

解决交通拥堵到底靠什么

前几天，来自国内外的 100 多名交通专家及市交通部门的相关领导聚首深圳，就《深圳市综合运输可持续发展战略规划》进行了研讨和评估。这是世界银行第一次贷款在我国城市进行交通软课题研究，主要是为解决交通拥堵问题出谋划策。

在全国许多城市，交通拥堵问题，已经日益成为政府头痛、百姓心烦的话题。按照传统的方法，解决交通拥堵，就是改造和扩建现有的道路网，把路越修越多、越修越宽。然而人们发现，即使短期里使交通状况得到了改善，也只是一时的缓解，很快又会被新的车流堵住。每一项交通拓宽工程或枢纽工程竣工之时，预期的乐观态度都与客观现实构成残酷的对比。也许，正是由于打道路“硬件”主意的局限性显而易见，《规划》注重的是“软”课题的研究。数一数其中的

“亮点”，大抵有鼓励步行或骑单车，鼓励在非高峰期出行，鼓励使用公共交通工具，鼓励有关部门“远程办公”，也就是在家办公。

恕我直言，这些“亮点”都很有些眼熟，并非第一次才听说。因而问题的关键似乎更值得探究：原来的这些观点为什么“说了白说”，梗阻在哪里？更进一步，不要讳言造成交通拥堵的根本原因在哪里，是不是做到那几个“鼓励”就能迎刃而解？说实话，这些鼓励或倡导并没有多大的可操作性。比如鼓励骑单车，有关部门得把早已取消了的单车道恢复回来才行；鼓励在家办公，那得由工作的性质决定或者单位同意才行。失去前提条件，怎么个鼓励法呢？谁都知道，现在的问题是汽车太多；也都知道汽车产业在现阶段是作为不少地方经济的支柱性产业乃至龙头产业发展的，而我国民族汽车工业的发展也与广大城镇居民对小汽车的消费分不开，所以限制购买私家车就不现实，不仅与各地的经济政策不一致，而且势必影响消费对经济的拉动作用。深圳的《规划》显示，深圳应控制机动车的使用，潜台词当然是并不控制机动车的拥有。作为生活水平提高的一个标志，私家车进入千家万户已是大势所趋，哪家会“拥有”而不“使用”呢？

交通专家早已指出，未来城市交通的发展方向是采用占道面积少、运量大、速度快的新型公交运送模式，而不能倚重于人均占道面积多、停车面积大的小汽车模式。在理想的城市交通模式下，小汽车只能作为交通辅助工具，高速、便捷、大运量的轨道公交工具才能承载起现代都市的客流。显而易见，如果仍以小汽车为中心来规划城市交通，无异于一定要品尝不少发达国家已经吃过的苦果。但是如果让市民养成在一般情况下，开私家车不如坐公共交通工具的出行习惯，必须有一个好的替代选择，鼓励使用公共交通工具并不够，而要有方便快捷、价格低廉的公共交通路网。深圳的公交车怎样我不清楚，广州的，坐起来多少有一种受罪的感觉。

（2004 年 11 月 19 日）

限车、限车……

4月20日，在本埠媒体连续读到两则关于“限车”的新闻。一则是，广东省环保局副局长陈光荣在省府举办的新闻发布会上表示，鉴于广州等重点城市的空气污染状况，在空气质量极差时，可能限制某些机动车上路。另一则是，广州白云山风景区正式实施全面限车的首日，市民纷纷叫好，因为“第一次享受爬山时不用担心车辆时不时从身边擦过，而尾气弥漫在路中使人难受的感觉”。

一个是可能实施，一个是已经实施；一个是如果不实施，我们的城市可能不是被汽车“堵死”就是“毒死”(陈副局长语)，一个是尽管只在局部时段限车，也让市民“心里还是别提有多高兴”；一个是可能令市民拍手，一个是已然给市民带来欣喜。从中可见，限制机动车行驶俨然有与百姓生活质量挂钩的趋势。从前两年因为“拥有”而标志着生活水平上了档次，到现在因为“限制”而使人的健康少受到些伤害，机动车的这个角色转换很有意味。诚然，白云山限车与道路交通限车不可等而视之，道路交通本来就是承载机动车的，而白云山是市民的休闲场所，机动车根本不该去凑热闹。但不管怎么说，从一定意义上看，机动车对于公众——应该要除去拥有者吧——扮演的越来越多是“姥姥不亲，舅舅不爱”的角色。从趋势上看，有机动车购买能力而选择放弃，未尝不是对社会在作贡献。当然，把追求 GDP 看作政绩的官员，结论会正好相反。

限车，是在一定时段或一定情况下不让机动车出门。不让它出门，是因为它一动就要“惹祸”。据省气象局统计，2004年广州平均5天中有2天是灰霾天；而气象学家认为灰霾天的形成，主要是机动车数量的增长带来的光化学污染，这是理论上的结论。从具体的现实来看，无论是“堵死”还是“毒死”，涉及的也都是机动车的量的问题，因为机动车太多，路才会变“堵”，空气才会变“毒”。机动车为什么越来越多？是因为机动车生产得越来越多；机动车为什么生产得越来越多？是因为现行的经济发展政策，许多地方都把汽车产业作为新的经济增长点或者地方支柱产业来看待。这样追根溯源，问题的实质不言自明：机动车对现实的危害与现行的汽车政策已经尖锐对立。这个矛盾怎么调和，是值得决策者认真考虑的了。否则，把车生产出来了，又要限制上路，会激发新的矛盾。设想一下，机动车若有灵性，怕是要委屈地问一句：“为什么生我？”在这个问题上应该认真检讨的，又岂止是广州等重点城市？北京的朋友说，那里的交通叫做无时不堵，无路不堵，堵得烦透了，堵得出行问题成了许多市民的一块心病。今天，任何一个思维正常的人，谁还会阿Q般地再把堵车当成繁荣的象征？

据陈副局长透露，环保部门正在全面评估“广东的环境到底能容纳多少机动车”。这是个令人欣喜的消息。我不知道“全面评估”的“全面”是怎样一个概念，但是显而易见，只是评估出容纳总量是不够的。全省总共有17.8万平方公里的地域固然不假，但相当多的地方是机动车到不了或少到的，不能计算在内。因此，重要的是评估出“局部”容纳量，也就是如广州等重点城市究竟能承载得了多少。要么“堵死”，要么“毒死”，不光是百姓不能接受的，也不该是发展所追求的目标。

（2005年4月22日）

也谈自行车道的去留

9月27日《广州日报》用了半个版的篇幅“讨论”广州该不该取消自行车道。有车一族或乘坐公共交通工具的人们也许要惊诧：这也是一个值得讨论的问题？是的，自行车虽然已非市民主要出行工具，但毕竟还有一定数量的人——包括笔者——在“墨守成规”，既然它还没有完全退出历史舞台，这个问题就还有值得关注的一面。

所以给“讨论”加上引号，在于这个问题其实早已经失去了讨论的余地，用时髦的话说，成了一个“伪问题”。不是吗？在广州市的许多重要路段，扩路或修路的时候，“自然而然”地就没有给自行车留出位置，大概是因为不涉及价格问题，所以也不必像用水提价呀，数字电视收费标准呀什么的开听证会来论证。曾经风光的自行车在今天已经沦落得没有地位，是不争的事实，媒体名之曰“弱势交通运行方式”，非常准确。于是，如果后面呼啸着来了要靠站的公交车，骑车人得凭感觉（因为早不让它鸣喇叭了）加速，免得被它斜刺里杀到，挤在边上；而前面如果已经停着公交车（常见情形），就麻烦了，是从停着的车的左侧拐入第二条乃至第三条机动车道，还是冲上人行道，得迅速判断形势。和形形色色的交通工具比起来，自行车真的完全是受气包的模样，大抵跟古代作为交通工具的驴差不多，属于比较“低贱”的一类。唐宣宗微服出访，骑着驴就可以扮成老百姓，“纵目四顾”也不要紧。宋朝著名的宰相富弼致仕在家，有一天“道逢水南巡检”，也因为骑着驴，被开路的呵斥先下来让道。我们广东的大学者湛若水——亦为高官——拜访学界的朋友时，常常也是骑驴前往，时人对此感叹，“其在今日，则万万无舍车而骑者”，因为人们“必以失体诮之矣”。

今天还是这样。乘坐什么种类的交通工具，往往有身份的象征。时常有人无意中问我怎么上下班，听到是骑自行车，问的人无不表示惊讶。平时在路上留心观察过现在究竟什么人还骑自行车，发现主要是送水的、家电维修的、做小买卖的。人家也会问我为什么骑自行车，我觉得首先是喜欢，整天坐着，能借此活动活动。其次，现在的公共交通虽然发达，但覆盖的只是大的范围，一头一尾走起来也说不上近。另外，就现实的道路交通状况——当然是就经常堵得不亦乐乎的状况——而言，像那种不远不近的路，到底是骑自行车方便些，甚至快捷些。比如笔者，如果在每天正常上下班的时候出门，不要说坐挤得前胸贴后背的公交车了，即使是坐出租车，也决不会比自己骑自行车先到家。

啰嗦了这么多无非是想说，自行车道被有意无意地取消，主要是因为它的“地位”降了格。当年它辉煌的时候，窄窄的广州大桥上都占了两个车道。当然，人们不必就此感慨什么，苟如是，了无趣味，亦于事无补。物极必反，胜极必衰，乃历史规律使然。从这个角度出发，一些文化项目——诸如勃兴地方剧种——的做法，显出商榷的必要。传承文脉是应当的，但倘若把目标定为多少年内走进千家万户之类，就是不切实际的空想。唐诗、宋词、元曲，分别代表了中华文化发展的巅峰状态，但任何举措现在都无力回天，时势使然。

别扯太远。该不该取消自行车道，就我们骑车者来说，其实是一个多余的问题；而从城市的发展态势来看，它让位于机动车，至少在我们看得见的将来，是必然的，管你应不应该。只是，扣顶大帽子说：这种做法欠缺了一点以人为本。

（2005 年 9 月 29 日）

为地铁票价调整建言

广州地铁票价预计将于明年底进行全面调整，包括已经运营的一、二号线在内。为此，市物价局日前发出公告，准备在下月上旬召开听证会，同时向社会公开征集 20 名听证代表。票价要怎么调整？虽然具体到细节问题，物价局会在迟些时候才会公布，但积过往的经验来看，所谓“票价调整”基本上意味着“票价提高”；倘若是降低，人人求之不得，哪里还用得着劳什子听证？地铁方面要调整票价，自然有他们的理由，每条地铁动辄几百亿元的造价，如此等等。广州地铁总经理卢光霖先生就明确表示了：“地铁是公益事业，但也不可能票价越低越好。”这话绝对正确。笔者也没有坚决反对“票价调整”

的意思，但是我想，无论怎样调整，公益事业这一“根本”还是得放在首位。

照现在汽车产业作为经济增长点的趋势看，不仅广州，任何大都市的道路修建速度恐怕都跟不上道路车辆的增加速度，这足以从一个侧面证明，地铁建设是大都市发展公共交通的必然选择。况且有人还说了，发达国家大部分中型以上城市都有完备的城市地铁网络。国务院总理温家宝近日专门作出批示，要求优先发展城市公交，按照建设部等部门的相关《意见》，主要是“适度发展大运量快速公共汽车系统”。真正得到落实，尚需时日，而诸如广州市的主要交通干线堵车状况，人们现在已有目共睹。这就意味着，地铁对市民的诱惑不仅在于长远的憧憬，而且在于解决近前的燃眉之急，笔者就在翘首以盼12月28日三号线首段开通，以摆脱上下班时骑单车的危险以及公交车上人满为患的余悸。其实，仅仅非常准时、运行平稳这两点，地铁也足以令人们青睐。

那么，地铁票价上涨——姑且先这么说吧——到什么幅度比较合适，显然是不能围绕诸如地铁的巨额投资、光在“地铁”的圈子里算来算去的，还存在和地面交通进行票价类比的问题。比如说，从甲地到乙地，如果地面交通和地铁票价相差几倍，人们就未必选择乘坐地铁。广州市的1元钱公交车已经很少了，但我发现有些乘客还是专门等这种车。概因为社会低收入阶层还存在一个相当的规模，因此，调整票价的原则无论怎样，不要造成在客观上排斥他们的事实；同时，不要把渐渐激发起来的市民对地铁的热情打消下去，毕竟地铁在将来也不会成为唯一的运营工具。而倘若地铁因为票价问题吓跑了百姓，不仅失去了应有的疏导功能，而且失去了存在的本意。

到2010年，广州的九条地铁线将全线通车。届时，以地下轨道交通为骨干、与地上其他交通方式共同构成的城市公交体系，将得到协调发展。地铁所具有的地面交通工具无法比拟的优势，其在城市发展中不可替代的重要地位，使之尽管投资非常高昂，建设之仍是一种比较明智的选择。而让多数人尽情地享用，就一定要保证乘坐成本在市民——多数市民——能够承受的范围之内。这也是改革成果惠及于民的一个方面。

（2005 年 11 月 10 日）

说的士“燃油附加费”

昨天，是广州出租车正式征收“燃油附加费”的第一天。起码在一段时间内，在广州坐出租车将像坐飞机一样，运价之外，乘客每次还得付“燃油附加费”，尽管只有 1 元钱。这并不是起步价格与每公里价格均居全国之首的广州的率先之举，山东济南、威海，以及本省的中山都实行了；而且，山东那里征收还是两年前的事情。

虽然不少人士认为，向乘客征收燃油费属于出租车行业把高油价所带来的营运压力转嫁给消费者，不过，现在仍然这样坚持认为，就没有多大意义。况且，征收并不是搞突然袭击，而是先经过了论证，再得到了批准，程序上无可挑剔。因此，该不该收已经可以抛开不谈，可关注的该是“燃油附加费”本身，为什么要这样收、要收多久、还会不会多收之类。

从燃油附加费的收取依据看，与 93 号汽油的价格浮沉密切相关，现在的价格是 4.3 元/升，当其零售价回落到 3.7 元/升及以下幅度时，就暂停收取；而当其零售价格超过 4.7 元/升时，还要考虑上调燃油附加费。而广东省油气商会油品部主任姚达明先生分析认为，93 号汽油跌到 3.7 元/升，“正常情况下恐怕可能性比较小”。所以，有意见的市民势必得有足够的心理准备，不要以为这 1 元钱只是暂时性的，也不要以为是一次性收取到位，还有不可预知的上涨空间。那么，人们对出租车收取燃油附加费有一定意见，可能正在于这个貌似临时的措施实际上已有了永久的可能吧。

既然出租车收取燃油附加费是仿照飞机的做法——姑且这样认为

——那么在收取细则上就不妨看看民航系统是怎么做的——尽管人们对民航也有老大的意见。今年 7 月，国家发展改革委、民航总局《关于国内航线收取燃油附加有关问题的通知》（〔2005〕1347 号）说得很清楚，燃油附加费收取标准核定为：800 公里以下航段，每位旅客收取 20 元；800 公里以上（含）航段，每位旅客收取 40 元；执行期限暂定为 2005 年 8 月 1 日至 12 月 31 日。瞧，民航的措施就容易接受一点，首先有个“结束”的盼头，其次收取区分里程远近，不是一刀切去，不像出租车“毫不含糊”，没跳表也是 1 元。同样受油价波动的影响，民航为什么可以给出收取附加费的时限呢?

报道说，加收的 1 元，乘客可向司机索取税务部门监制的发票。昨天笔者“实地考察”了一回，那是一家大的出租车公司，“燃油附加：1 元/车次”的明码标价签是醒目地粘上了，但还没有“专门的发票”，司机大佬说公司要他们买，他还没买。这些细节，说明早早就开始准备的收取附加费问题，工作还是不够细致。

（2005 年 11 月 16 日）

给“羊城通”一点建议

昨天《羊城晚报》报道了“羊城通”上亿元押金从未审计的问题，说是广州市审计局向记者证实的，并表示将密切关注这笔巨额资金的流向。起因在于省政协委员王则楚“心中积淀已久的疑问”：那么多钱的收取使用为何不透明?

关于“羊城通”押金问题，笔者曾有过一篇文字，很有意见。当然，意见归意见，听不听全在人家；在自己，不吐不快而已。转眼两年多过去了，本来已经淡忘了的押金事情，经王委员这一提醒，又产生了“白说也要说”的冲动。但如我这种目光短浅的市民，没有关注整个押金流向那么宏大宽广的视野，考虑的仍然只是自己购买

“羊城通”时的那30元押金，是否真的“肉包子打狗——有去无回”了。现在看来，可能是的。

首先，支持其收取押金的依据还在。当年，羊城通项目在归属市建委管理时，已经向国家建设部申请立项，并获得了批准，也经过了广州市物价部门的审批，是合法的。其次，对“羊城通”，平时我是只用来坐公共汽车和地铁，但“羊城通”网站告诉我们，它还可以用于轮渡、部分室内外停车场、路边泊车咪表、出租车，也可以在任一个固定电话上拨打200电话和在羊城通专用IC卡公共电话上打电话；还可以在艺博院、动物园，部分麦当劳、便利店、超市、医院、自动售货机等商务领域付费。作用如此之多，而且肯定还有拓展的空间，便民得很，退它干什么呢？除非离开了这个城市的人或者非要翠一口气，否则，你就是让他退卡，他也不会退呀。

不退卡，不就是永远地为羊城交通事业作贡献了吗？作贡献，不是不可以，但你得让我们消费者贡献得明白。说到这里，还得回到王委员的质疑上来。据悉，不是所有的“羊城通”都收押金，收的只是普通卡，而其他如纪念卡、企业卡和联名卡等有特殊纪念意义或为个人和企业专门订制的票卡，全部采用市场销售方式发行，那些就不收押金。“羊城通”总共已经发行了近460万张，普通票卡占292万张，292万×30元，这么一算，将近9000万元，并没有过亿。尽管如此，也非常可观，称得上巨额。这么一大笔钱的用途，还就真的需要一个说法。诚如王委员所指出的：对于“羊城通”押金，应予审计，并公布结果；因为即使放入银行，每年的利息都很可观。这个问题于是便超越了我们手里“寄存”在人家那里的几个小钱的问题，而可能涉及吏治等大问题，不搞清楚恐怕是不行的。

尽管自己已经做好了那押金30元作贡献的打算，但随着“羊城通”的使用越来越广泛，还是想给它提一点建议：押金当退则退吧，收点成本费就行了，别那么“狼”。当初收取固然是合法的，但怎么着都有“霸王条款”的嫌疑。对，从来没人逼着我们一定要买“羊城通”，但它越来越便民，我们离不开呀！说来说去，可能又有惦记自已那几个小钱的嫌疑。见谅。

（2005 年 12 月 2 日）

再说的士“燃油附加费”

新华网广东频道昨天的一则报道真令人不知说什么才好，道是：“燃油附加费”微不足道，出租车司机重负难消。从这题目，人们先大概知道了出租车司机并未从中受惠多少，然后恐怕就得提防自己的荷包了，这消息横竖不是什么好信号。

记得广州市刚刚征收燃油附加费时，其用意即在于因为油价上涨，补贴司机的损失。尽管方案一出，反对的呼声就相当强烈，人们认为油价高造成的高成本不能一味地让消费者来承担，出租汽车公司可以在其他方面，例如节约开支或者减少利润来缓解压力，但是，反对失败。现在，既然征收没有达到原初的目的，又有必要重新审视燃油附加费了，是不是可以考虑取消？原本取消的条件是油价下跌到某个价格；当时专家就认为不可能，油价刚刚才又升了一次，看来更不可能了。取消之后，的哥怎么办？老办法：减负。燃油附加费尚在酝酿之时就有的哥说：“要真为我们着想，就让公司少收点钱，政府少收点税。”广州市物价局也认为，成本上涨，企业动辄想到向乘客伸手，未必是好事。据说，减负的措施也实行了一些，但的哥们普遍感觉不到，市物价局负责人对这个问题一针见血：“政府把有些费用减了或降了，有些公司又变着法子收了”，或者“这边降了，那边又提了”；一些企业把应当分担的经营风险全部转嫁给司机，统一换车、机身改表、安装 DVD 等费用，概由的哥承担。公司“任凭风浪起，稳坐钓鱼船”，的哥自然难以体验到政府减轻其负担的政策了。

在如今的高价油时代，出租车司机都感到了谋生的艰难。我想，大概很多“传统”的行业都是这种状况，在这个问题上也需要司机大佬们摆正心态，没必要像国有企业破落、国产电影门庭寂寥一样，试图回到20世纪某个年代的辉煌情景。市场经济条件下遵纪守法的话，哪个行业都不容易。从新华网的这篇深度报道看，的哥的现状主要是出租车公司垄断了出租车的经营权造成的，的哥处于弱势，怎么收、收多少，都是由公司说了算，他们只能接受，没有选择。那么，公司就不要只盯着自己的利润，也考虑考虑公益吧，尽管这呼吁苍白无力。

另外，自11月15日起有了这“每次1元”的规定之后，不同公司的出租车也坐了不少，我还没见过它的发票是什么模样。实行第一天的时候，想看个新鲜，不料司机说他还没有去“买”；但那老兄很慷慨，大手一挥，1元钱免了。而从那以后，没再要过，当然也没再免过，但却也没有哪名司机给打印发票的时候，连带上那一张，仿佛那多付的1元是彼此心照不宣的“黑钱”。

（2005年12月30日）

愿洛溪大桥不再出新闻

洛溪大桥又出新闻了。今天，广州市的主要媒体都报道了因为大桥大修、封了一半车道而导致大塞车的消息，上万市民受到了影响。半封闭七个小时，塞车也足足塞了七个小时，原本只需一两分钟的过桥时间，昨天要花一个小时。

洛溪大桥总是出新闻。以前是关于收费，该不该收，以及收到什么时候为止；当收费终于被取消之后，关于它的新闻则变成了检修或者塞车——二者呈因果关系。去年下半年以来，记不清已有几次了，洛溪大桥似乎动辄就要封一回路，伴随而来的，是穿梭其间的市民就免不了要胆战心惊一回。

洛溪大桥再次出新闻其实是意料之中的。所以这样说，首先在于这次封路不像最近也就是元旦前的那次，前面刚公布消息，后面就执行了，来得太突然，弄得多数市民手足无措，招来抱怨。这一回封路却是在那时就明确了的：从 1 月 5 日至 11 日，有一周时间白天桥面需要半封闭。但过了那么多天，大家未必还记得。其次在于，洛溪大桥像广州大桥一样，即使在平常也是道路交通的“瓶颈”，市政部门一般只是想到扩路而没有同步扩桥，结果路变得越来越宽，桥却还是那座桥，甚至成了倍数关系。洛溪桥本来就窄，双向四车道又封掉一半，再加上没有交警疏导，不造成大塞车才是怪事。别说在洛溪大桥那样的地方了，就咱们中国现在好多司机的素质，把那些算是宽敞的地方硬是造成人为的堵塞，不也是常事吗？

洛溪桥一定得大修了，这一点想来没有市民会发出疑问。自从去年下半年停止收费之时起，洛溪大桥就检测出了不少毛病，3 号墩、4 号墩出现众多裂缝，尤其是 2 号墩围堰受损更为严重：基承台冲蚀严重，四周侧壁已出现较多蜂窝、环带空洞、露石、露筋等等。媒体上的照片显示得清清楚楚，大家都看得到。因而大修，不仅是对大桥负责，实际上是对市民的安全负责，但市民普遍感到不能理解兼且抱怨的是：为什么大修偏偏要赶在春运繁忙的节骨眼儿上？不远处的新光大桥主拱已经吊装完成了，为什么不能等到它投入使用再修？这些疑问不能说没有道理，不过广州市交通部门解释得很清楚：洛溪大桥整体维修是由市政府组织国内权威专家进行论证过后作出的决定，专家意见是应该尽快。也就是说，时不我待，不快点儿修不行，大桥的安危关系到来来往往那么多行人的安危，这个期间如果出了事情，没人负得起责任。

给大桥“治病”，市民是非常理解的，也是能够接受的，人得了病，也盼着早点儿治疗、早点儿治好呢。市民关心的其实是：能否尽量不造成交通的不便？记得洛溪大桥落成的时候，还是广州与番禺的“界桥”，拆除前的桥头牌坊上正标有“番禺县”三个大字。区划调整，番禺成为广州的一个区之后，广州朝“大广州”的方向着实迈进了一步，洛溪桥就成了“内桥”，在桥那头置业的原属“小广州”的市民日益多了起来，所以大桥的每一“行动”，都牵动着两侧不少市民的心。因为，这意味着不仅要加大他们的出行成本，而且还大大增加了时间支出。如果说这一切只是暂时的，不可避免，那么大桥要怎么“行动”，及时地、充分地让市民知情；“行动”时标志醒目、有效地进行交通疏导是完全必要的，也应该是完全可以办到的。

由于洛溪桥半封闭导致的大塞车，使公交车到站的时间间隔变长；偏偏昨天广州市又气温骤降，大批上班市民在寒风中等了大半个小时也等不到公交车，这种情况摊到谁的头上谁都会抱怨。公交车运行不能至少在一定时段内优先吗？更有市民“极端地”认为：“洛溪桥半封还不如全封”，如果全封，车主就死了心，不会因为不用绕道或者不用收费而硬挤在这里。这当然是气话，其实，更气的、更难听的话还有。我想，有权决定对洛溪大桥采取“行动”的有关部门，到了必须认真对待市民之所以怨气冲天的时候了！

“大广州”市区内有不少桥梁，似乎只有洛溪大桥的新闻最多。为什么？其中一层你我、大家都看得到、都非常清楚的“窗户纸”就没必要捅破了。在我们旁观者看来，不管这个问题上哪方与哪方存在什么过节，一旦出现“斗气”的成分，倒霉的肯定是市民。因此，大家从为市民的角度着想，还是让洛溪大桥别再出含有市民强烈抱怨成分的新闻了吧。当然，对我们，只能是希望而已。

（2006 年 1 月 6 日）

“还路于民”可能行不通

从昨天开始，北京市全面整治停车秩序。此举较有新意之处是，不仅在城区主干道的便道上加装人行便道禁停桩，以阻止机动车随意停放，而且主要道路两侧便道和非机动车道上原本规划已有的停车位，也在取消和削减之列。他们把这叫做“还路于民”。

果真能够做到的话，这个“还”字用得还真是准确。环顾周围，行人不仅要加倍提防跑着的机动车，还得避让趴着的。本来好端端的一条便道，被那些钢铁家伙很霸气地侵占着。机动车缺停车位无疑是早期规划滞后的一个缩影，脑袋里光想着经济增长点，一味地忙着造车，却没有更多地考虑给它找个“停”的位置。这样说决策人物，他们可能觉得委屈，但停车位明显不足和机动车数量急剧增加的矛盾越来越凸显，是一个人人见得到的事实，不知道他们怎么解释。严格来看这倒一点儿也不奇怪，诸如没修几年的大桥就窄得形同瓶颈之类，在我们国家都是比较常见的现象，那么要求决策人物在停车问题上产生远见，等于是苛求。

北京市的这次整顿范围，将涉及 78 条街的 3800 个便道停车位被取消，且不久之后要扩展到全市所有道路上。手笔够大，但不免令人生出担心。一纸命令当然容易，那么多的机动车毕竟不是也不能被消灭了，叫它们去哪儿歇着呢？这样来看，“还路于民”好是好，似乎不大行得通。前些天，建设部一名副部长鼓励市民以步行和骑自行车的形式出行，这本来是个带有根本性的好办法，还“可节约大量的能源”，但副部长显然是不骑自行车的人，因为他并不知道，在许多中国城市的许多主要道路上，自行车道都已经被理所应当地取消了。所以，现在不是你想节约能源与否的问题，而是没人稀罕你节约的问题。有的城市比如广州更搞笑，允许自行车跟人行道挤在一起，条件却是“下车推行”。那么，人们骑自行车出行难道是为了推着过把怀旧的瘾吗？

从目前来看，检讨或调整我们的汽车发展政策几乎是不可能的，其所带来的经济效益还遮盖得住“负面”影响——如果承认有这影响的话。但我们的研究者恐怕得走在前面，到认真估算一下中国的城市道路究竟能容纳多少机动车的时候了。曾几何时，自行车多得都那么令人眼晕，国人如果大部分都“鸟枪换炮”的话，真是不敢想象！

（2006 年 5 月 22 日）

电动自行车，不要一禁了事

电动自行车在广州的命运如何，伴随着广州市交警支队日前正式发出的通知似乎终于要尘埃落定了。根据省政府的批复，广州市政府近期即将正式出台全市范围内（含从化市、增城市）对电动自行车不予登记、不准上路行驶的有关规定，将全面禁止电动自行车上牌、上路行驶。这意味着，目前广州路面上的 10 万辆（一说 30 万辆）电动自行车，都面临着“死刑”的命运。

该不该禁止电动自行车，争论的日子已然不短了——有细心的人士指出有两年多。争论各方的态度，也早已尽人皆知。大抵“正方”认为其安全性能差，容易带来交通安全隐患，当杀无赦、斩立决；“反方”讲使用便利、是交通体系不健全的现实需要；“中间方”则主张不要一棍子打死，对它们可以限制上路时间上路地点。有趣的是，正反双方都拿环保做了篇文章，正方说电动车使用的主要是铅酸电池，在生产和回收过程中都会严重污染环境，反方则干脆说电动车本身就比汽车环保。再争论下去，观点也不会差到哪里去。正反双方各持己见，谁也不能说服谁，这是很正常的，世界上的事情，从来就不会只有一个标准答案。问题在于，说禁就禁，干脆固然干脆，但如果不能稳妥善后，势必引发一些矛盾。

广州市的禁止规定出台后，有记者在市内的一些电动自行车零售店看到，仍有市民前来购买；与此同时，面对即将执行的新规定，商户也表示很不理解。这些都不令人意外。电动自行车应该是合法产品吧？虽然国家发改委 9 月下旬专门和公安部、国家标准化委员会召开了它的新标准修订会议而新标准至今还没出台；电动自行车的销售得到了工商部门许可，也是合法的吧？合法地生产、合法地销售，却忽然不让合法地上路，就凸显出政府部门之间的不能协调一致，可以说误导了百姓或让百姓无所适从。某电动自行车厂家负责人表示，他们会和广东省自行车行业协会以及其他厂家一起，向省政府和市政府提交意见，表达自己的立场。这充分说明，电动自行车的存废问题涉及数量可观的群众的切身利益，不是一纸禁令就能了事那么简单。

从广州市对电动自行车的态度来看，禁是一定了的，但何时禁、怎样禁，都还没有明确的方案。那么，鉴于部分市民已经购买并使用了电动自行车的事实，是否可以考虑对这部分车核发一个具有一定使用期限的临时号牌，期满后不再换发牌证，像摩托车一样“自然”退出历史舞台呢？总之，在禁止这个大前提之下，如何充分做好善后工作是门学问，至少在禁止期限上需要再权衡一下。

（2006 年 11 月 6 日）

“首堵”的今天会否是别人的明天？

北京市市长王岐山前天在香港表示，他这次来港出席第十届京港经济合作洽谈会，特别要学习香港的交通管理和建设。这番话有其尽人皆知的背景。无论到没到过北京的人，对北京的堵车想必都有一定的了解。有人因之戏称“首都”为“首堵”，王市长认为“这有点夸张”；但他也同时指出，北京现在的交通问题是城市管理的一个焦点，当局正通过各种办法来缓解交通拥堵。

北京交通拥堵之烈，不仅令百姓啧有烦言，而且极大地降低了出行的效率，正常的经济社会生活被“堵”了个千疮百孔。但堵车尚未达到令人心惊肉跳地步的那些城市，不能抱有隔岸观火的心态，而应当就此引起警戒，尤其是城市的主要管理者，有必要扪心自问：“首堵”的今天是否会成为我们的明天？这个问题不是空穴来风，细察北京堵车问题的产生，实际上带有一定的共性。最主要的，不就是机动车的增长速度太快而道路建设不能同步跟进吗？北京市交通委的一位负责人说，北京市近几年每年汽车增加15%左右，而道路增加只有5%，道路建设远远落后于汽车的增长速度。此外，不就是公共交通不发达、一些司机交通道德的缺失吗？这些问题，正是其他城市可能要面临或正在面临的问题。

对于交通拥堵，人们现在的一个普遍感受是：机动车数量太多！如何容纳？加大道路建设力度是一个现成的、可以脱口而出的答案。目前听到的关于拥堵症结的分析，大抵都是机动车与道路建设的数字对比，然而根本的问题，应该是机动车的增长究竟有没有极限的问题。答案不言而喻，有。1972年，美国麻省理工学院的四位年轻科学家曾经撰写过一本叫做《增长的极限》的著作，第一次向人们展示了在一个有限的星球上无止境地追求增长所带来的后果。作者谈论的是人类对气候、水质、鱼类、森林和其他濒危资源的破坏，我们完全可以把这个概念借用于机动车生产，探究其极限在哪里，当作当务之急。去年4月，省环保部门曾经透露，他们正在全面评估“广东的环境到底能容纳多少机动车”。这个评估就颇具前瞻性、战略性。如今时间已经过去了一年半，不知道评估的结果出来了没有。如果没有，我们要继续予以期盼。

《增长的极限》中的那些观念和论点，现在听来不过是平凡的道理，但在当时，西方发达国家正陶醉于高增长、高消费的“黄金时代”，对这种惊世骇俗的警告并不以为然，甚至根本听不进去。事实证明，该书对1970—2010年这一时期的预期完全正确。我国的经济和社会正处于高速发展阶段，我们必须认识到生产对于生活的双重影响：产品可以是天使，也可以是恶魔。时下，消费者的汽车消费激情已被点燃，机动车数量的继续增长可以预期，但是必须防备无节制的增长。无论在哪个领域，了解了增长的极限在哪里，等于是教我们学会为未来做好准备，否则，就交通而言，“首堵”的今天很可能就是自己的明天。

（2006年11月17日）

广州自行车的环境几时好转?

广州的电动自行车今天走到了“大限”。市交警部门明确表示，将通过监控，对发现的电动自行车上路行驶现象进行严格执法，并布置警力进行查处。这就是说，市民对禁令不可以置若罔闻，以身试法。

由电动自行车，很容易让人想到自行车。今年9月，在广州举办的一个论坛上，建设部副部长仇保兴认为广州具有推行骑自行车的天生条件。为什么呢？一来广州的室外温度超过35℃的时间少于两个月，二来广州的冬天不会很冷，因而一年有10个月都适合骑自行车。仇副部长甚至掌握了这样的数据：20年前，广州的自行车出行率达到34%，如今却只有8%。这个数据不知道怎样计算出来的，然而当年海珠桥上那幅挤满了自行车的照片所揭示出的“繁荣”，与今天满目望去不过几个骑车人——还大多是修空调、送瓶装水、送报纸的——的“冷落”所形成的鲜明反差，还是非常强烈的。

不错，广州市从来没有说过要禁止自行车上路，似乎还鼓励过，但在事实上却给自行车设置了许多障碍。对广州前些年还保留一点印象的人们都记得，“从前”在主要道路两侧都是绿树成阴、宽敞好走的自行车道，汽车一勃兴，环境全变了，已经长成材了的大树一砍，道路一拓宽，一切就全成了回忆。现在，在广州的许多路段，明明白白地标志着要自行车到“人行道上推行”，这就难怪有人认为在广州骑自行车“常常有受辱之感”了。

仇副部长代广州的骑车人呼吁，显然是全国一盘棋的考虑，广州是他列举的一个例子。可叹的是，本埠很少或几乎没有类似的“权威”声音。11月28日，广东省自行车行业协会负责人将一份万人签名的意见书上交到国家信访局，呼吁广州市对电动自行车的禁令收回成命。其实，该协会更应该为真正的自行车考虑一下出路，严格地说，电动自行车毕竟“非驴非马”，界乎“机动”与“自行”之间。对于什么是自行车，新版《现代汉语词典》诠释得非常清楚：“一种交通工具，有两个轮子，骑在上面用脚蹬动轮盘带动车轮转动前进。”显然，电动自行车的转动前进，靠的电池，其脚蹬只是起“发动”作用，因此它虽然挂了个自行车的名词，用于修饰的“电动”更起决定意义。

仇副部长还说，建设部坚决反对限制使用自行车道的做法，已勒令一些城市恢复被取消的自行车道。“勒令”，让骑车人和准骑车人都看到了一线曙光。有了好的环境，相信广州的自行车自然会多起来。

（2006 年 12 月 1 日）

为“什么”而拍不文明？

3 月 28 日是广州首个“礼让日”，在这前后一周的时间里，近千名志愿者和交警走上街，协助交通部门维持秩序，开展文明出行宣传。更有 200 名市民当起了“拍客”，他们自愿分赴多个路口拿着数码相机抓拍，一共拍摄了行人违章和不文明照片 2900 多张，DV 作品 5 部。“拍客”们不仅把照片放在了自己的专题博客上，还被多家网站转载设立了专题。照片反映的内容主要是：行人横过马路、闯红灯，逆道行驶，摩托车、电动车仍上路行驶等。

“市民拍市民”这一手段是否能有效遏止行人违章这个日趋严重的问题，尚有待时间的检验。但是，既然这个问题比较严重，各种方法不妨都尝试一下，治一治，显然是非常迫切的了。广州很多人视红灯如不存在，只要自己想过马路就过马路，在车流中腾挪跳跃，险象环生。但对为“什么”而拍不文明行为，值得探究。因为我们听到的一个说法是，这个文明出行宣传行动是为了迎接 2010 年广州亚运会而搞的。果真如此的话，思维就再落窠臼。

这个问题不是广州独有的问题，对痼疾现象，我们往往都喜欢用“为了”什么而搞个突击行动。比如前几天，奥运倒计时 500 天的时候，北京开展“迎奥运，拒国骂”活动。此前还有为了迎奥运整治八达岭摊贩，为了奥运设禁烟区等等。我们的思维模式是：奥运要来了，凡事就为了奥运如何如何；亚运要来了，凡事就为了亚运如何如何。当然，硬要说这是“以××为契机”也说得通，但是我们须知，国人身上要改掉的种种坏习惯，是在长期的日常生活中慢慢累积形成的；一旦形成，改正之必须借助外力的强制干预，而指望通过运动式的干预以期在短期内奏效，也许可能但不会彻底，“干预”必须持续，必须持之以恒。速成的往往都是劣质、短命的。而大量的事实也证明，诸如提升国民素质之类的基础性建设贵在经常，突击不来。所以我们开展文明出行宣传，应该是为了敦促市民提高自身素质，而决不是仅仅为了迎亚运。我们完全可以从逻辑上反问一下：为了奥运、亚运才如何，那么奥运、亚运过后呢？该纠正的就可以死灰复燃了吗？还可以问的是：我们搞这些活动，是为了我们自己改正陋习、提升素质，还是为了给老外暂时来个障眼法呢？

提高市民素质的活动已经进行了一轮又一轮，不是曾经也为了迎接××城市的评比检查吗？这类的事情，今后都为了“根本”吧，为了在全世界面前塑造中华民族文明形象这个根本。否则，老是前功尽弃，从头开始，老是那些司空见惯的现象、行为重重复复，市民的文明素质真不知要到哪一年才能提高了。

（2007 年 4 月 2 日）

自行车不是有过实名制吗？

4 月 13 日，广东省经贸委向各地下发了《关于做好治理自行车被盗问题专项行动工作的通知》，其中透露，今后在广东购买自行车，买家必须登记姓名、身份证号码、地址、联系方式及车辆编码等信息。这是广东落实公安部联合中央综治办等六部委关于建立自行车编码制度，实行自行车购销实名制的最新动作。据悉，国家质检总局有望下月发布自行车编码规则。这意味着每辆自行车都将有自己的“身份证”。

稍有一点儿年纪的人都会记得，自行车曾经有过实名制。去今也就是十几年的光景吧，那个时候买一部新的自行车，都要到派出所办理“落户”手续，往自行车的钢梁和钢圈上打上编码，然后发一个红色的小本子，好像就叫做自行车行驶证，只是差照片和身份证号码而已。每年年底，还要到派出所去进行年检，本子上盖一个章，车身上扣一个年检标志。那不就是自行车的实名制吗？然而，曾几何时，广州市自行车丢得简直叫做邪门，锁上什么样的锁、多少把锁也无济于事。还记得当时有句顺口溜，不丢多少部单车不能算是广州人之类。

自行车要实名制，火车票要实名制，手机要实名制，博客要实名制，郑州连行人、非机动车违章也要实名制……面对痼疾问题，大家好像找到了一“实”就灵的妙方。然而，诚如朱大可先生所言，中国社会存在着滥用实名制的巨大危险；最需要推行实名制的地带，不是广大平民的生活广场，而是滋养官员腐败的奢华温室。这是另一个话题，权且不去展开。但解决我们社会的问题，显然要具体问题具体分析，实名制并非包医百病的灵丹妙药。动辄实名制，搞不好可能是管理部门的简单思维甚至懒政思维在作怪。自行车是有过实名制的，并不见得奏效。今天它要卷土重来，固然不是简单的回归，有电脑记录作后盾，管理手段更加先进，但就算把每辆自行车和每个原买主都一一对应上了，除了专项整治，以自行车并不算太大的经济价值，有关方面是否有那么多的精力投入到自行车的盗窃问题之上？前些天广州端掉了一个特大盗版光盘窝点，是我国开展“扫黄打非”斗争 20 多年以来的最大战果。这个窝点内有 30 台磨码机，专门磨掉光盘编号以让人无法追踪其光盘生产厂家的。真所谓“道高一尺，魔高一丈”，自行车的身份编码届时很可能也将面临同样的命运。

在我们这个曾经的自行车王国，自行车早已呈现渐渐淡出历史舞台的征兆。各地家用汽车工业的发展、城市对自行车上路空间的挤压以及公共交通的日益完善，都使得自行车面临穷途末路。国家忽然如此高度重视自行车问题，不知道是否要使之复兴的信号。如果是这样，该是一个很好的信号。这决不仅仅是环境保护的需要，试想，国家还是这么大的面积，当年的自行车已如滚滚洪流，如果来个遍地小汽车，那是可以想象的吗？

（2007 年 4 月 16 日）

拼车出行，不妨允许

《法制日报》昨天报道，广州市近期开展了一场整治客运市场的专项行动，其中私家车搭客赚钱行为成为严打重罚的对象，仅 5 月份的后半个月就已查处此类案件 49 宗。这里所说的私家车搭客赚钱，包括“拼车”。

拼车，大抵就是目的地或者方向大致相同的人通过协商而搭乘同一辆车，正在打击的主要是指拼私家车。拼车最早可能出现在同事之间，住宿和上班都是相同地点，被“捎脚”的象征性付一点油钱，既解决了上下班的奔波，还增进了同事间的了解和友谊；后来才扩展到陌生人之间。在笔者看来，拼车出行，不妨允许。道理显而易见，首先，许多城市的公共交通设施还远远称不上完善。以广州而言，线路设置尚且不计较，单是每天上下班时的公交车拥挤程度，足以令人望而生畏，以致早就有人提出：公交车应该限载。其次，拼车在一定程度上能够缓解道路交通压力。一辆车行驶在路上，里面无论是坐一个人还是坐满了人，占的都是那么大空间；而此车多坐一个或坐满，彼车可能就不必上路或者公交车空间相对宽松。这笔账并不难算。第三，与人方便，自己方便。油价这么贵，养车费用这么高，车主也能借举手之劳减轻不少经济负担。因此，拼车在一定程度上合理利用了社会资源，甚至减少了浪费。

在性质方面，拼车和非法营运需要严格区别开来。非法营运应该坚决打击，至少它以盈利为目的，并扰乱运营市场，逃漏税收。而拼车，尽管是有偿拼车，毕竟也不以营运、盈利为目的，这就是与非法营运存在的本质区别。因而对待也应有别：对非法营运，应当打击；对有偿拼车，则应当规范。如果像有关人士认为的那样，拼车现象破坏了城市出租车行业的正常秩序，损害了出租车司机的利益，笔者认为是片面的。谁都知道，拼车往往出现在上下班的高峰时段，那个时候在街上打的，谁不有望穿秋水的感觉呢？当然，我们也必须要谨防拼车变味变质，滑向非法营运的泥潭，管理如果长期缺位，不是不可能的。

由于与现有运管规定相背，有偿拼车自出现时起，便因缺乏正当身份而备受各方争议。有人担心，拼车隐藏着法律风险，拼车过程如果出现了车祸，该怎么处理？双方各负什么责任？如果遇上一个不良车主或者不良乘客，产生了人身伤害又该怎么处理？这些的确都是拼车面临的非常现实的问题，唯其如此，规范拼车更到了刻不容缓的地步，而就此因噎废食，一家伙把拼车打入非法营运之列、一棍子打死却是不必要的。

拼车如今面临着两条路：要么在规范中走向红火，要么在监管中逐渐消亡。一个是疏，一个是堵，疏则通，堵则死，非此即彼。交管部门选择哪一个，不应该闭门琢磨，而应该走出来，广泛听取民意，看看多数民意倾向于哪一个。民意倾向于打击，则打击；民意倾向于允许，则允许。

（2007 年 6 月 20 日）

车保有量突破百万，喜耶忧耶？

昨天，广州市籍汽车保有量突破了100万辆大关，成为继北京、上海之后第三个汽车保有量过百万的城市。这究竟是好消息还是坏消息，现在下结论可能为时尚早，还有待时间的检验。然而，前车之辙，后车鉴之。上海咱好多年没去过了，不知道情况怎样；北京是故土，每一年回去都不免为那里的交通状况感到悲哀，人们大量的时间都浪费在路上堵车了，称之为“首堵”，真是恰如其分。

广州市籍汽车保有量突破了100万辆大关，从“消极”的角度看，是否同时也意味着在向“广堵”靠拢呢？每天若干时段道路交通状况的严峻现实，以及道路建设速度远远跟不上汽车增长速度的悲观预测，令我们不能不承认存在这种趋势。怎么办？谁都知道，发展自行车是一个最好的选择，何况业内不少人士还认为广州是个“天生丽质”的自行车城市。但是一如我们的农村合作医疗制度，本来覆盖率达到了97%，作用相当明显，联合国教科文组织都要在世界范围内推广了，偏偏我们自己毫不珍惜地给放弃了。自行车也是一样。《羊城晚报》昨天做了个专题，分析广州“禁摩”之后猛增的“单车热”何以迅速降温，其中一个重要原因就是“路况太差”，不仅上路难，而且停车难！

在广州骑自行车，早就没有了从前的那份潇洒，想当年——其实也没有多少年吧——连广州大桥都辟有两条专门的单车道，更不要说在其他许多路段大抵还有林阴伺候。现在，骑自行车不仅有一种受辱的感觉，而且至少需要一点儿胆量，本来嘛，没有你的路，你偏偏还要上路（幸好骑自行车跟抢劫之类还没沾上边，否则就此来个“禁单”，逐出历史舞台也说不定），那就要求骑车人眼睛盯着前头，又要瞄着两边，耳朵还得同时听着后头，须臾不可怠慢，因为广州的汽车开起来也基本上全无规矩可言，冷不防哪里就会窜出来一辆。而且，广州的司机也基本上没有什么耐心，蛇行而进，不提防它，倒霉的是你自己。这是我一个对骑自行车痴心不改者的经验之谈。

正在修订的《广州城市总体规划》明确指出，城区新建道路必须增加单车道。老实说，我对这一条不抱任何希望。从宏观层面说，中国的规定多得是，鲜有能够落到实处的；从微观层面说，汽车造出来了，老百姓买回家了，不是看着过瘾的，而是要开出去上路的。单车道可能增加出来了，但随着汽车的不断增多，为了让它生存，只有打压带不来多少GDP的自行车的生存空间，这是必然。现成的例子已经可以说明问题。在我每天走的广州市滨江东路，倒是有一段标志着是自行车道，但是从来都停着各种车辆，它们就那么堂而皇之地霸占在那里，这样的自行车道有跟没有不是没什么两样吗？

据说，目前广州平均每天净增汽车500多辆。那么，这样下去的话，“首堵”的今天很可能就是广州或者别的市籍汽车保有量不断攀升的城市的明天。也许不远的将来，有车的家庭，反而成了沉重的负担，也免不了上路难、停车难。在更远的将来，也许堵得全中国都水泄不通，才会检讨今天的产业政策吧。在我之后，哪管道路拥堵？倘若本着这样的心态，问题不可能有解决的一天。

（2007年8月16日）

协管员不该成为一道风景

新一期《瞭望》新闻周刊把“协管员”问题端上了台面。在笔者眼里，原本以为协管员只存在于交通一个领域，而《瞭望》记者“粗略统计”一下，发现目前北京、上海、广州、南京、杭州、乌鲁木齐等大中城市普遍设立的协管员队伍有：治安协管员、交通协管员、税收协管员、工商协管员、劳动监察协管员、城管（市容）协管员、流动人口协管员、出租屋协管员、计生协管员、党建协理员、工会协理员等。

不说不知道，一说吓一跳。当然，这也与笔者属于井底之蛙，少见多怪有关。读了这篇报道着实长了不少见识，原来协管员队伍已成燎原之势，摇身一变为一种用滥了的模式；原来有些部门的协管员有“机关”大楼，配置车辆，俨然在行使“二政府”职能；原来品种繁多的协管员也有“肥”与“瘦”之别……这么眼花缭乱，研究协管员说不定有朝一日会成为“显学”。雇用成本是不是比正式的公务员低，当事部门是不是觉得好用，诸如此类的成因问题不在本人讨论范围，在我看来，协管员的存在，理论上虽属多余，现实中却又必然需要，终究由国民性来决定。别的协管员咱不懂，每天耳目所及的交通协管员可以说一下。

交通协管员的存在，实际上折射了国人素质的极端低下。交通协管员负责什么？当红灯亮了的时候，如果还有人想过或在过马路，就把他拦住。然而，交通信号灯的红、黄、绿颜色分别代表什么含义，难道国人不知道吗？去年底我在北京的长安街上，看到许多路口在红灯亮起时居然用一根粗粗的绳子拦住行人，那真是一道怪异得不能再怪异的风景！这种做法我很能理解，一定是倘非如此，不足以制止行人的随意穿行了。长安街号称“中国第一街”，该是我们国家街道的颜面所在，那里尚且如此，别的地方可想而知。而同样怪异的是，我们针对国民素质搞了那么多的针对性行动，当时无不号称取得了某种成效，怎么搞来搞去居然连国人恪守最基本的文明行为还成了奢求呢？究竟是国人积习难改，还是宣布成效的时候原本就是掩耳盗铃？

明初诗人杨梦载自取别号曰“眉庵”，用他自己的话解释说，叫做“如人眉在面前不可少而实无用”。这是杨梦载的自谦之辞，但在今天，许多机构的设置，许多机构内的人员设置，却完全可以用杨梦载的“实无用”来定性。如果说，交通协管员的存在折射了国人文明素质的低下，那么，其他协管员的存在，大抵折射了行政素质的什么，低效、不作为，或者其他。白居易诗云：“月俸百千官二品，朝廷雇我作闲人。”香山居士昔日的自嘲，不幸也成了今日现实的一种真实写照。

《瞭望》的报道还提到，广州市总警力 3 万人，现有治安员 8000 人、交通协管员 900 人，计划三年内治安员扩展到 1 万人、交通协管员扩展到 3000 人。这是明的，那些我们刚刚弄清眉目的协管员如何扩充，还是个未知数。这样看来，协管员方兴未艾，正未有穷期。不过，无论如何，协管员不该成为一道风景。当其成为一道中国特色的风景之时，不能不让我们思考协管员之外的各种因素。最后，反用那句用滥了的俗话：这道风景并不亮丽！

（2007 年 8 月 22 日）

理解广州为何缺席“无车日”

9 月 16 日至 22 日，是首届中国城市公共交通周及无车日活动的开展周。其中，明天作为“无车日”，将使整个活动达到高潮。所谓“无车”，顾名思义，就是在每一个开展相应活动的城市，在当天的某个时段，要划定一个或数个有影响的区域（道路）作为无小汽车区，也可将全市范围作为无小汽车区域。对广东全省来说，明天将有 6 个城市响应建设部倡议搞“无车日”，但省会广州“缺席”。对此，广州市有关部门解释说，以目前广州的道路基础设施状况，开展“无车日”难度较大，可行性较差；估计会对公共交通造成一定压力，易造成不良体验。虽然不大明白“不良体验”的具体含义是什么，但对广州的做法，我感到非常能够理解。

按照建设部的设想，“无车日”期间，在无小汽车区，不得占用非机动车道和人行道停车，要把这些空间还给非机动车和行人；并且，要通过此次活动，有效地制止城市决策者盲目压缩非机动车道和人行道的错误。我觉得，这是典型的只看到问题的一面，而没有看到问题的另一面。比如说，凡机动车都有一定体积，这是一个不可忽视的客观存在，你光看到它上路之后占用空间了，难道它待着不动就不占用了吗？当然不是，即使不开动，占用的空间也丝毫没有减少；退一步说，马路上的空间固然多出来了，而居民区里的空间相应地更要少了。那么，认为“无车日”期间没占用公共的什么，只是眼不见为净而已，问题的性质并没有丝毫改变。

“无车日”的成效肯定是非常显著的，完全可以预计，不用等到事后去沾沾自喜。休说“无车”，北京不过试行了几天单双号出行——一半机动车上路，结果也是“路通了，天蓝了”，对美国卫星遥感提供的数据一解析，大气中的二氧化氮还下降了约20%。这说明什么呢？说明北京的车太多了。建设部号召各地搞“无车日”，也说明各地在这方面跟北京属于五十步与百步之别，都没好到哪里去，而且有恶化的趋势。

“无车日”跟“无会日”其实差不多。“无会日”被一些地方视为填“会海”的良方之一，然而，一年中的某几日无会，是否意味着年度会议的总量减少呢？是否意味着可开可不开、根本不必开的会就能杜绝呢？不能。包括发狠的“无会周”、“无会月”也是一样，本周或本月不开，可以“转移”，徒增平时的负担，不是解决问题的治本之策。在“无车日”问题上，根本问题不在于某一天是否无车，欲使将来的每一天都能路通、天蓝，就应当具体评估一下每个城市的汽车保有量究竟多少才比较合适，进而相应地调整汽车产业政策，无限制地生产显然是不行的。一旦你把它造出来了，它就得生存，就得占用相应的空间。

与“无车日”大相径庭的是，从国家到地方，汽车都在作为一项支柱产业发展。因此，单纯的“无车日”，除了让人感到作秀之外，是不可能起到根本效果的，必须辅以相应的配套措施，至少应该限制公务车的购置，不鼓励私人买车。然而，强调GDP的时候，就把汽车工业看得无比重要；强调环保的时候，就把机动车看成洪水猛兽，才想起了要还空间于非机动车和行人，那么这种做法就很有一点假惺悝的味道，有没有都无所谓，“缺席”也未尝不可。

（2007 年 9 月 21 日）

城市不妨都有个“步行交通规划”

刚刚过去的“无车日”，热闹一如既往。略有不同的是，今年因为省会城市广州、西宁、拉萨没有参加而颇受一些舆论的关注，其中尤以广州受到的质疑最多。客观地说，这是不够公允的，建设部毕竟发出的是倡议而不是明令要求，不论基于什么理由，不参加都应该是正常的。

目前欧洲有 1000 多个城市在每年的 9 月 16 日—22 日举办以公共交通为主题的交通周及无车日活动，我们也在同一时间段搞同类活动，该算是真正与国际接轨了。与其他诸如油价上涨幅度、银行管理收费等方面的接轨不同，这种接轨对于步入汽车社会的中国具有一定的实质意义。我们还不大清楚的是，国外公共交通周是不是主要只在某一天无车而已，相应的其他内容还有些什么？他们每一年的无车日是否都大同小异，今天在不断重复着昨天的故事？假以时日，要由相关人士出面释疑。

据说，开展“无车日”活动一天，全国仅民用汽车即可节省燃油 3300 万升，减少有害气体排放约 3000 吨，数百人的生命和身体会幸免于交通事故伤害。成绩无疑是骄人的。不过抬杠来说的话，一年 365 日天天如此，节约得更多，大气更清洁，挽救的生命也更多。事实上我们做不到或者也不可能那么做，于是，热闹之后，第二天就一切故态复萌。明知好处多多而不坚持，这就是人们认为它的作秀之处。偏激归偏激，偏激中也有发人深省之处，上海的做法就值得推崇。日前在上海“公共交通周”活动现场，相关负责人透露上海已初步制定了中心城区“步行交通规划”，鉴于目前中心城区普遍存在“人车冲突”现象，实行“人车分离”，因地制宜选择合理的人行过街设施。那么，这个“步行交通规划”还主要不是像商业步行街那样任行人自由自在，而是为保障行人过街安全提供科学依据，但这已是了不起的开始。

无车日旨在号召市民选择步行、自行车和公共交通工具等绿色交通方式出行，减少对小汽车的使用和依赖。而人们是否会响应号召，却主要取决于无车日之外那 364 天的出行结构是否合理。倘若城市里多数路段都没有自行车生存的空间，公交的布局没有实现无缝，等公交的时间又太长让人不耐烦，号召就等于是空号召。毋庸讳言，现在许多城市的步行设施都片面照顾了机动车的需求，许多已有的人行设施往往并不是规划在前，而往往是暴露问题后的一种“补救”。上海的“步行交通规划”则具体到对中心城区各级道路与各类区域过街设施的“最大间距”都提出建议。比如，商业、办公区域的干道过街设施间距，最大不超过 500 米；学校正门、公交站台及轨道交通出入口，距干道过街设施最远不超过 200 米；中小学校前应规划天桥过街，老龄社区和大学门口宜多用平面过街等。这种做法充分考虑到了行人的因素，行人的需求。

公交周期间，汕头表示将财政拨款 125 万元，对每部公交车扶持 1.5 万元，还将建立完善公交企业的市场准入、退出机制，改变以往出让特许经营的单一方式，将服务信誉、资质列为决定特许经营资格的标准。深圳表示，公交票价降价方案将于下个月进行公示，将会着重对市民意见最大的分段票制公交车费进行调整。每年的公交周期间，城市仅仅参加还是缺席都是不够的，都应该拿出这样的实际行动，长远来看，不妨都有个自己的“步行交通规划”，尝试构建一个“步行＋公交＋步行”或者“公交＋步行＋公交”的一体化交通体系，使公共交通具有竞争力和吸引力。当每年的无车日到来之际，城市的公共交通体系都应该有一个明显的改进，无车日变为“检验日”，才会体现出其存在的价值和意义。

（2007 年 9 月 24 日）

自行车统一编码，可能没必要

从12月1日起，全国新生产上市的每辆自行车都将拥有一个“身份证号”。这组编码和汽车发动机号码一样，是具有唯一性的全国统一编码，不允许有重复出现。昨天的消息说，编码管理的实施规则已经下发到自行车生产厂家，有关部门正在研究编码刻制的位置。

自行车统一编码，有必要吗？弄清这个问题，要研究一下设置统一编码的目的。对照《北京晚报》的这条消息看来看去，发现都是就编码而编码的问题，15位数字分段代表什么呀，任何人不得随意更改编码刻制位置呀，可能采用横圈式进行刻制呀，等等。只在结尾，看到“有关部门还将研究建立自行车编码管理数据库”，这样，“一旦发生自行车被盗案件，警方通过编码可以找到生产商、销售商、购车人等相关信息”。请注意，这是“还将”，未来的打算，眼下就是弄个编码而已。那么，这个所谓统一编码有必要吗？可能没有。

从“历史”来看，自行车曾经有过编码，尽管不是全国统一。十几年前我们买一辆新自行车，算是一件虽然不大但也不小的事，都要到辖区派出所去办个证。交完了钱，领个小本子，然后乒乒乓乓，派出所在自行车的横梁和两个钢圈上，被凿下一组六位数的编码；每年还要年检，在小本子上盖个章，前后装两个标志性的钜牌，属于哪个区一望而知。这种做法什么时候取消的，恐怕没人记得起，总之不知不觉就没了。但是我想，它的无疾而终，决不是没缘由的，很可能在于只是徒留了一种形式，根本解决不了今天重新统一编码“还将”试图解决的问题。想必多数广州市民都有这样一种回忆，有一段时间，广州自行车丢得简直叫做邪乎，没有谁家不丢个四五辆六七辆的。在那个需要编码起作用、平息市民义愤填膺的时候，它显得无能为力。

当然，如今不同了，科技进步了，可以联网了，捉到一辆赃车能够很快找到真正的主人了。但是新的问题也出现了：自行车已然不是多数人的代步工具了；自行车的使用群体因为汽车工业的蓬勃发展、因为城市道路规划的首先让位于机动车，已然萎缩了；除了专项整治行动，警察可能也不会刻意捉拿偷自行车这种所谓偷“车”的小毛贼了。另一方面，社会的诚信度也下降了，“销售企业要负责填写‘自行车销售（保修）登记单’，对购买者的相关个人信息和车辆编码等自行车信息予以登记”，当然是出于好心，但即使你不嫌麻烦，我还不大放心呢。平常，我们的一些个人信息比如手机号码，没去哪里登记还老给人用垃圾短信进行骚扰，主动登记不是拱手送上门去吗？有谁愿意这般自讨苦吃！

最关键的是，自行车当前所面临的问题，不在于是否统一编码，而在于其未来的生存空间如何，还有没有存在的可能。许多城市现在都在声称规划自行车道，说归说，做归做。现行的产业政策，客观上在阻碍着自行车的勃兴；而生活水准的提高，又使得市民主观上甘愿放弃之。因此，当自行车在城市管理者的眼中、在市民的生活中变得无足轻重之时，大张旗鼓地做管理文章，就有了舍本逐末之嫌。一定得花不少钱吧，没有必要。

（2007 年 10 月 31 日）

当务之急的和不必匆忙的

广州的公交线网正在准备进行大规模调整，新的方案于近日公布并公开征求市民意见。为什么要调整？据交通部门的调查，目前广州公交线网存在几大不足：高峰期公交出行拥挤、部分线路设置不合理、乘客等车时间长、存在公交盲点，等等。这个调查应该是建立在市民反映的基础上。

为了市民乘坐公交出行方便，这几年交通部门想了很多办法是必须要承认的。比如为防止一齐到站的公交车排列成“火车”，前两年开始实行在同一个车站设置两个站牌来“分流”，只可惜效果不理想，而且，也忽略了乘客的因素。因为熟悉某一带的人自然知道去哪个牌子下等车，不熟悉的则要先看看这个站牌都停哪些，没有，再去看看那个，而偏偏两处间隔又往往不近。在新的调整方案里，应当避免这种状况，要想办法让乘客尤其是初来乍到的乘客也能一目了然，免于东奔西跑。我注意到，一些公交车站装有电子屏幕，滚动显示着将要到站的车次，离此还有几个站的距离。这种做法就十分人性化，让乘客等起来心里有底，不至于动辄像被一只无形的手提着脖颈的鸭子一般望眼欲穿。但不知道这种电子提示牌为什么没有推广，处于试点阶段，还是成本太高？

既然对原有公交线网的“修修补补”已经无济于事，城市建设速度又太快，进行“伤筋动骨”的大规模调整就十分必要，搞好了，肯定是一项民心工程。我们不难注意到，某个地方的领导干部一旦坐了回公交，顿时就会成为新闻。所以如此，一方面，今天名字能上报纸的领导干部大抵都配有专车，坐公交让人觉得新鲜；另一方面，说明坐公交车出行是不上档次的，领导干部肯“屈就”，说明群众反映的某些问题比较严重，又长期得不到解决，这是来体验民情。当然，若以小人之心度君子之腹，会认为带着记者去造声势，有的领导干部是要借此秀上一把。总而言之，把公交问题解决好了，让百姓的出行比较方便，不会成为精神上的一个太大负担，这样的城市才是向宜居城市迈进了一步。

与公交线网调整成当务之急相比，广州市准备限制人力三轮车、手推（拉）车等可能不用那么匆忙。取消的原因，在于迅速形成了一批从事非法营运的群体，引发了一系列影响交通安全的问题。相信这是事实，不过，首先那些“车”是他们谋生的工具、生活的保证而不是靠它们去赚外快；其次，他们之所以存在，是因为别的人有这种需求，而一旦这种需求存在，禁了人力三轮车，势必还会催生别的替代物。原来地铁站口拥挤着大量的搭客摩托车，禁摩之后，取而代之的就是搭客自行车。于是，我在广州某个地铁出口经常看到这样一幅“和谐”图景：一个保安戳着棍子立在那儿，地铁站区域内倒是空荡荡，然而好像划了线似的，旁边就蜂拥着等待搭客的自行车，把路都堵上。这些人是不是非法营运呢？治理非法营运，难道就只有一禁了之？类推下去的话，下一步是不是要把自行车也干脆禁掉？

公交车是城市的一个重要交通工具。广州市一再声称不限制私家车的发展，但不限归不限，终究人们会知难而退。上一回路堵成那个德性，停车又越来越难，扯那个淡干什么呢？因此，广州交通的希望还是在于地铁、公交等共同构成的立体网络上面。但愿调整后的公交线网，能够满足广大市民并不奢侈的期望，同时也与广州现代化的都市地位相匹配。

（2008 年 4 月 10 日）

谁有公交车“一座一人”的奢求？

浙江上虞市最近规定，无论节假日，还是上下班高峰期，他们那里的公交车都必须“一座一人”，严禁超载。报道说，这是他们从安全角度出发所考虑的举措。上虞公交状况实际如何我不大清楚，但我们都知道广州最近正在进行公交线路大调整，调整的目的是为了使公交覆盖更合理、市民出行更便捷，市民的牢骚、意见也大抵集中于此；要达到“一座一人”，则无论是决策方面还是市民方面，恐怕连想都还没有想。

上虞看起来是走在了前面。然而，从报道中我们知道，这一他们认为出发点良好的规定，却由于给市民带来了“等车之苦”，在当地也引发了不小的争议。所谓争议，当然是有反对的声音存在，从“等车之苦”来推断，反对的声音正来自使用公交车的市民。那么，就不能不剖析一下整个“一座一人”了。应当承认，这该是公交车载客的理想状态，假以时日——虽然不知道要到猴年马月——仍然不失为努力的一个方向，但在可预期的现实中、睁眼即见的国情背景下，恐怕还行不通，除非深更半夜。问题的一个关键还在于，乘客也未必有这种“奢侈”的要求。

以笔者在广州乘坐公交车的经验，尤其在“上下班高峰期”，公交车只要人不是塞得太满，打卡了投币了就让人上，全然不理会车厢里已经像人肉罐头一样挤得动弹不得，而能够安全地、快捷地到达目的地，差不多也就可以接受了。另一方面，即使在非“上下班高峰期”，公交车司机也不要开车打手机，不要一点耐心都没有，这条道稍微慢点就S形穿行，公交车之间不要相互斗气，不要动辄来个急刹车，想来大家也就满足了。没有“一座一人”的要求，伟人又早就告诉过我们世界上绝没有无缘无故的爱，那么这个“超前”出台，不仅空穴来风，有多此一举的意味，而且着实有点儿蹊跷。

报道还说，上虞市交通部门认为，上虞的公交车分属四家公司，其中绝大部分线路的车属于上虞市汽车运输总公司，不像大城市的公交车属于公交公司，所以并不是严格意义上的公交车。也就是说，仅仅因为隶属关系的不同，他们就把行使着公交职能、事实上也是公交车的这些车，完全当成普通的机动车看待的。这样，按照《道路交通法》“机动车载人不得超过核定的人数”等法律衡量，所以“公交车载客也须按照行驶证上的核定人数来严格执行”，这些车就应该“一座一人”。尽管依据的理由看似充分，我们首先也可发现，人家的“一座一人”其实并不是基于乘客乘坐舒适与否出发，也与提高安全性什么的全无干系，对此举持赞同意见的人先别自作多情，往“人性化”之类的地方去联想；然后又不免起疑，这个在上虞本地也不切实际的“一座一人”，真的只是一个公交规定那么简单吗？当然，这里仅仅是疑心而已。相信有一天，一定会看到关于它的“深度报道”。

退一步说，倘若上虞这个规定的背后的确不含有任何利益之争的因素的话，那么我还想说，这该算是一个典型的拍脑袋规定，制订它的人和讨论通过它的人，一定都不是坐公交车的人。在工作思路上从一个极端走向另一个极端，没有任何“中间道路”，是如今我们司空见惯的工作思路。比如，不好管理、无能管理的事情就干脆一禁了之。

（2008 年 4 月 18 日）

公交安全还存在一个死角

5 月 5 日，上海市发生了一起公交车爆燃、造成 3 名乘客当场死亡的惨剧。这一恶性事故，引发了广州公交行业的安全担忧。这个担忧很有必要。惨剧虽然发生在彼地，但就报道中所见上海公交车存在的状况来看，与本地大同小异。而且，就我这个普通乘客而言，觉得这起事故的发生一如前些天胶济铁路的火车相撞，看似偶然，实属必然，先前已然埋下了祸根，暂时没有爆发而已。

上海市公安局已经公布了引发火灾的初步原因：系乘客携带易燃物品上车所致。而乘客所以能携带易燃物品上车，在于公交车完全不设防，没有任何起码的安检手段。现在，我们不知道广州公交系统将怎样解决这个难题——不至于解决不了吧？上海方面是把这个艰巨任务交给了司机，让他们注意上车乘客是否携带可疑包裹或闻到可疑气味。在我看来这只是权一时之宜的“急来抱佛脚”，解决问题是不能指望的。司机该不该分心、有没有这个精力顾及尚在其次，像中医看病那样通过“望”和“闻”就知道是否有危险品的大概，看起来简单，实际上是一门学问，得有扁鹊的本领，这不是难为主要对安全驾驶负责的司机吗？

上海公交车火灾发生后，乘客只有依靠车门逃生，因为是空调车，窗户是密封的。当然，有“安全锤”——也称“救命锤”——可以敲碎钢化玻璃，碎了的玻璃能直接变成颗粒状的粉末，不会形成锐利的尖角伤人，但这只是理论上。实际上，上海的记者们发现，沪上不少公交空调车都鲜有“安全锤”的身影，被喜欢它们的乘客给顺手牵羊了。广州公交车早些时候也是这样，好在比上海先行一步，都补上了，但我仿佛觉得小锤“安全”的程度也提高了，固然偷不走了，却也没那么容易拿出来了。当然，这只是我的感觉，因为从未敢去碰一下小锤，以免引起不必要的误解。就算它一取即出吧，乘客们都知道小锤是干什么用的吗？知道的话，会用吗？发生事故的时候，谁来敲玻璃？坐飞机坐在紧急出口的人，都会被空姐告知紧急情况时协助打开舱门，公交车却从来没有相应的知识。

上海公交车事故的亲历者说：“先是闻到一股烧焦的味道，然后火苗刷地一下就冒了起来，一眨眼工夫就蹿遍了整个车子。”也有的说只有区区 20 秒，整个公交车即呈猛烈燃烧状，总之事故是在非常短的时间内发生的。众所周知，越是在突发情况下逃生，越需要秩序。因为秩序，当年克拉玛依烧起那把大火时，坐在前排的一干领导干部都可以安然逃生，就是无耻地以牺牲孩子们的生命为代价保证了秩序。上海的幸存者却称，当时情况非常混乱，大批乘客喊叫着拥到车门往外逃生，不少人在车门处摔倒。这种状况即使不是身在现场，几乎也可以认定是必然发生的，因为我们平时从来没有接受过任何相应的演练，没有丝毫的事故精神准备，谁遇到那种情况，都可能会慌作一团。

把这几点问题归结到一起，就是我所说的偶然中的必然。语云“不怕一万就怕万一”，但无论哪个领域，如果没有恶性事故的发生，大家就总是抱着侥幸心理，侥幸没有万一。上海的那辆公交车当时载了多少人我不清楚，倘若像广州公交车上下班时挤得大家都动弹不了，发生恶性事故的后果显然就更可怕。这一事故暴露的，实际上是公交领域的公共安全还存在一个死角。全国有那么多公交车，发展公共交通也是未来城市交通的必然取向，唯其如此，就更不能忽略这个死角。

（2003 年 5 月 7 日）

也看“为赶飞机而停火车”

为了帮助7名日本乘客赶上飞机，火车破例在靠近机场的车站停了1分钟。此事经媒体报道之后，在国人中引起了极大关注。所谓关注，就是赞弹的意见多且不一。双方的出发点都很宏大，赞者以为咱们是礼仪之邦，应该的；弹者以为铁路部门也应为全车乘客多停留1分钟的损失负责。即使是赞，对此则新闻也不足为喜。因为是咱们理亏，咱们的火车晚点在先，人家着急的时候已晚点了1小时05分，还不知要晚多少。那7名先赶火车再赶飞机的客人，遵循的可能是在家乡时的习惯，凡事都掐着钟点儿而不会误事。因此，在这件事上，我觉得无论如何咱们停车都停得对；否则，如果人家真没赶上飞机，保不准要起诉咱们铁道部门。

这么件本来可以促进中日关系的好事，却遭到了网友的质疑；而网友的质疑，却又不能说没有道理。网友的意见主要集中在两点：一个是假设，也就是同样的事情发生在中国乘客身上会怎么样，临时停车吗？再一个是质疑，就是“杉本洋江”致铁道部的感谢信，觉得滑稽。对头一个问题，接近九成的网友认为不会停，我也认为不会。当然，我们都是凭自己的感觉判断问题，未必正确。比如我们都有这样的经历：坐火车或是飞机晚点了，用广播播几遍，已经算是尊重你了，当正点一样一声不吭，你也没办法，自己打听去。我在上个月坐火车从广州到南昌，“夕发朝至”不假，但晚了一个多钟头；恰巧朋友头一天动身，坐的是同一次列车，也是晚那么多，则这种晚点该就算正点。所以，我们中国人除了赶去开那些貌似重要实际上无关紧要的会，坐飞机火车什么的都不敢不预留相当充裕的“提前量”。如果我们碰到像日本游客这种事情，提困难时再碰上个脾气差点儿的，大抵还会被噎一句：你早干吗去了！

对第二个问题，笔者也十分狐疑。从这封汉字写就的“感谢信”本身看，“杉本洋江”不仅是中国通，而且是绝对谙熟中国国情的日本人。相声界的大山，中国话说得够好了，听起来仍然别扭。这封“感谢信”绝对汉汁汉味儿。请看，“这在世界任何一个国家都是做不到的。列车在周水子车站临时为我们停车一分钟（本不应停）安排我们提前下车，为我们赢得了宝贵的时间，这在中国铁路史上闻所未闻。在世界史上任何一个国家都是做不到的……”这种句子，这种语气，这种对中国铁路史的了解程度，如果事先不讲是日本人写的，谁都会认为出自中国人。铁路部门何妨展示一下原件？或者媒体干脆发掘一下“感谢信”出台的幕后？

中国铁路动辄饱受诟病，做件好事也要受到质疑，日子过得真不容易。不过，毕竟是日本人，“闻所未闻”之类的话说得太绝对了。儿时看过一本小人书叫做《生命线》，记得讲的是张家口一个儿童被玉米粒卡住了喉咙，要紧急送往北京治疗，京广线上的铁路工作者如何紧急调度列车，如何让其他列车让道，终于保住了孩子的生命。只可惜那种美谈成了历史。然“铁老大”混成今天这副模样，又该怪谁呢？

（2008 年 10 月 23 日）

“武力驱逐”再掀劣质服务的冰山一角

在列车餐车上因为吃饭而被“武力驱逐”，该算是新年的第一桩奇闻了。重庆市民王柏华向媒体投诉称，元旦那天他到贵州出差后和朋友乘坐 K586 次列车回渝，结果因为吃得慢了一点儿居然被撵出餐车，3000 多元的铂金戒指也被弄丢，让他新年第一天就受了一肚子窝囊气。

从那则短短的新闻看，尽管王先生说自己有胃病，恐怕也不是他和朋友吃饭慢的主要原因，显然是有别的缘由的。两人没有买到座位票，又没有补到卧铺，更主要的是车上人多，于是采取了“在餐车上边吃饭边休息”的策略。但是，这个“诡计”被精明的列车员们识破了。想占便宜？没那么容易。半小时一过，他们不耐烦了，频繁地口头提醒；再“拖”，便由女列车长出面，乘警带头，七八个列车员和服务员执行，把两人“前拖后推，连推带搡”，撵出了餐车。这一出“全武行”，颇有点儿类似城市里的强制拆迁，也许正是从中得到的启发吧？

问题在于，就像王先生质疑的，“餐车上吃饭莫非还规定了时间？”这一点，王先生和我们当然都清楚，根本没有。那么，把正常消费中的乘客“武力驱逐”，不仅让人见识了“铁老大”劣质服务的一面，而且为其异常霸气的另一面增添了新的注脚。这几年，“铁老大”的声名一直被舆论戳戳点点，很不好听。不是大家刻意跟他们过不去，而是他们干的好多事情确实不那么漂亮。就本次来说，在列车“非常拥挤”、餐车空着、乘客又在消费的情况下，完全可以予人方便。设身处地，这件事就不难办到。一颗老鼠屎尚可以坏一锅汤，老鼠屎太多，形象的不堪岂不顺理成章？

今年的春运就要来了，“铁老大”肯定还是当之无愧的运输主力军。今年他们很开恩，承诺车票不涨价，不像有些年景，虽然他们把千千万万着急回家过团圆年的人送到了目的地，积了功德，但人们将恶劣的乘车环境与被痛宰的温柔一刀进行比对，往往还是要忍不住骂娘。“武力驱逐”的出现肯定不是偶然的，应当说只是又掀了下“铁老大”劣质服务的冰山一角。就算他们这次道歉了，也是众目睽睽之下的被迫低头，“不贰过”的话，必须真正把乘客的利益放在首位。铁路硬件上的提速已经好几次了，而在服务这一软件上同样需要“提速”，且比前一个提速要重要得多。

新年第一天，“铁老大”当头给了乘客王先生一棒，实际上也给了我们这些潜在的乘客一棒。我们此时是旁观者，彼时就是王先生那个角色。有此教训在先，我们不免迫切期待他们对就餐时间出台个规定，让我们心里有数，以避免类似的事件发生。要么来俺的餐车上吃饭，多少分钟内搞掂，吃完赶紧走人；要么改进自己的工作态度和工作作风，以良好的服务赢得乘客的口碑，挽回自己的恶劣形象。舍此之外，“铁老大”大概没有第三条道路可走。

（2009 年 1 月 3 日）

醉驾并不是一个孤立存在

醉驾酿就的恶性交通事故，一段时间以来此起彼伏。8 月 14 日，公安部做出统一部署，要求各地公安机关集中两个月的时间对酒后驾驶展开严厉查处，对醉酒驾驶机动车的，一律拘留 15 日，暂扣驾驶证 6 个月等等。人民日报记者从公安部交管局获悉，8 月 15 至 16 日这两天时间里，各地公安交通管理部门共查处酒后驾驶交通违法行为 3167 起，醉酒驾驶交通违法行为 435 起。

把这些数字分摊到全国那么多省市区县，也许并不算多，但是本不该发生的由醉驾导致的交通事故，无论大小，其血淋淋的惨状都令人触目惊心。醉驾者不仅给他人及其家庭带来了无法弥补的灾难，也给自己及亲人带来无穷的痛苦。醉驾行为千夫所指。严厉查处醉驾者，杜绝潜在的隐患，预防恶性事故的发生，不仅非常必要，而且非常及时，许多人想必还要说：早该出手！现在，各地都在为打击醉驾而努力，有的地方甚至挂出了“酒后驾车者，医院给你开好了房间”等带有恫吓意味的标语。方式方法不同，目标一致：坚决扼杀“马路杀手”。理论上看，这也该是各级地方政府的应尽职责。既然我们允许这些带着轮子的钢铁产物上路行驶，就必须同时解决醉驾这种能够剥夺他人生命和健康的严重问题。

公安部整治醉驾专项行动将持续两个月，两个月后怎么办？必欲治本，不妨借鉴禁烟的做法，淡化我们对所谓酒文化的单纯的、片面的津津乐道。禁烟的一个成功做法，就是让它们在公共场所自动消失，当然，现在它们披上新的外衣以各种或显或隐的姿态重现江湖是另外一回事。与醉驾对应的，实际上是一种醉化了的社会。也就是说，醉驾并不是一个孤立存在，对应的正是举国上下把推杯换盏、觥筹交错视为交流、沟通乃至拉关系“办事”的严峻社会现实。在官方应酬中，因为醉倒而从此长眠不醒的官员，还算是偶然事件吗？《环球时报》日前发表一篇文章，汇集了世界各国对“中国酒桌社交”的负面报道。他们测算出，中国人一年“喝掉”300 亿公斤粮食，用在公款吃喝的费用每年高达 5000 亿元人民币。他们还惊讶地发现，“关系”在咱们这里是一个迷宫般的网络，外人很难窥得其中的奥秘，维护这个迷宫需要昂贵的成本，而酒正是其中的一项。当然，他们的所谓发现，在我们都是习见了的现实。倘若不认为他们属于“恶意攻击”，多少也不难发现的确戳中了咱们的软肋。

所谓借鉴禁烟的做法，就是我们对酒不要再是一味地颂扬。在香烟盒上，“吸烟有害健康”之类的警示语早就印上去了，酒标上也可以印上类似的内容。客观上，酒的功效从来都一正一反。景阳岗上的武松凭借酒力可以赤手空拳打死老虎，但在孔家庄，醉了的武松拿着刀也被黄狗追得狼狈不堪，以至于跌倒在水里爬不起来，被武艺不堪一提的孔氏兄弟捉走。如果我们一味突出酒的“正”的一面，显然就是被它身上披着的那件“文化”外衣挡住了双眼，就会浑然漠视它的“反”的一面。央视的广告标王居然有一段时期也是酒，这样大张旗鼓的“崇拜”情形希望今后不会再现。假如我们真要禁酒的话，从各级公务员入手，非常现实，又非常具有可操作性。让我们这个已然醉了的社会逐渐清醒过来，醉驾等许多问题或许自然得到遏制。

公安部负责人说，此次全国性集中整治后，严厉打击酒后驾驶违法行为仍将坚持不懈地抓下去，实现常态化。这是对人民生命安全高度负责的态度，抓好这件事，必须从这个高度看问题。对此，我们没有理由不拍掌赞成！

（2009 年 8 月 18 日）

张市长要把自行车骑出办公室

广州市市长张广宁昨日会见了一群自称为“拜客·广州”的特殊客人。拜客，即英文里的 bike，自行车的音译。“拜客·广州”，就是一群热爱骑自行车的广州年轻人。特殊客人还有特殊之举，那就是送给张市长一件特殊礼物：一辆五羊牌自行车。报道告诉我们，兴致盎然的张市长当场骑起了自行车，并秀了两圈车技。

张市长说，42 岁以前，他在广州钢铁厂任职时，都是踩着自行车上下班的。推算一下，那该是上世纪 90 年代中的事情了，十几年过去，娴熟的车技依然，足见张市长所言不虚。但相信许多人会和我的想法一样，希望张市长不要只在办公室里骑，最好像当年那样，能骑到广州的大街小巷去；当然不可能再是代步工具，而如“拜客”们所说，希望市长收到这份礼物后，能亲自体验一下在广州骑自行车的窘迫。

不过，实事求是地说，张市长眼下还不适宜把自行车骑出办公室，空气质量是否适宜户外活动先在其次，关键在于骑自行车的“窘迫”。因为，不要说多个主要路段早就没有了自行车道，就是勉强又有了的，像滨江东路那样堂而皇之地变成了路边停车场，他恐怕也会无可奈何。还有，那些不知什么人发明的要自行车上“人行道推行”的标志，他未必看得懂。这一点，我为初来或只是路过广州的外地人已经不知杞人忧天了多少回。骑车、骑车，说得很分明，“推行”的话，要这劳什子干啥，不是无端添了个累赘？我还担心闹笑话，外地人以为广州的自行车虽然也叫 bike，但一定有什么古怪之处，否则，为什么“推”而不“骑”呢？再有，倘若他骑到五羊新城天桥下，交通协管员嘟嘟地吹哨子不让走了，非要让他从天桥上推过去，他可能像每天都必要从此经过的骑车人一样会很生气。

虽然很不适宜吧，但要把问题解决，张市长恐怕还非得骑一回不可，况且，张市长也“郑重收下了‘拜客’们对广州自行车生存现状提出的建议”。当然，张市长一旦把自行车骑出办公室，偶尔一下可能还不行，得经常性。河南漯河市市长去年盛夏饶是冒着酷暑天气骑自行车去了解民意，辛苦得够呛不说，还被不少人指为作秀。张市长得提防这一点，不妨当成自己打乒乓球以外的另一种健身方式。对“拜客”们来说，张市长如果不经常性地骑自行车出去转转，恕我比较悲观的看法，广州自行车的出行状况就不可能得到好转。

想一想也够难为张市长的，地面就那么大个地面，一方面不限制发展汽车，保有量呼呼地上蹿，一方面又要照顾自行车的出行，二者岂可得兼？“铁包肉”的那些人可能会怪罪自行车不够知趣吧。我有时也比较糊涂，汽车和自行车，究竟是谁在跟谁“争地盘”？“低碳经济”一来，答案应该明确了，骑起来一点儿碳也不产生的自行车终究不是必须退出历史舞台的“前朝遗老”。现在，珠三角要建上千公里的绿道网。绿道，主要由人行道、自行车道等构成。届时，只有到了绿道才能骑车，还是从市区径直可骑上绿道呢？我希望是后者。绿道一年内基本建成，市区的自行车道可能也需要个时间表，当然，这要看张市长如何吸纳“拜客”们的意见了。

（2010 年 1 月 13 日）

民航夏副局长的回应让人气结

中国民航总局副局长夏兴华日前回应了飞机大量延误现象。副局长出面了，想见这个问题已经到了非常严重的地步了。前两周坐过一次航班，略有领教。下午四点半起飞，堂而皇之地就晚到了晚上 9 点。我之所以用“堂而皇之”，是因为机场广播里始终装聋作哑，没有任何通知，好像就是正常一样。回来时根本没有冀望正点，人家像是摸到了咱的心思，将计就计或曰顺水推舟，果真就再晚了 5 个小时。

不过，夏副局长就六大热点问题的第一个回应就让人气结。他说，据统计，中国民航航班的平均正常率一直保持在 80% 左右，在国际上属于中上等水平。这就是说，国际上也是这个德性，外国的月亮并不比中国的圆。外国航空如何咱不知道，咱知道在咱们国土上，还是不要提统计数据为好，提了往往令人发笑。道理上讲，数据最具说服力，有那么点儿理性的味道，感性的东西在它面前往往自惭形秽。但在咱们这里，无论哪个领域，倘若不同部门发布相关事项的统计数据的话，相互“打架”早就成了习见的一景，见怪不怪了。今年上半年的 GDP 统计，在贵州和上海暂未发布的情况下，29 个省区市之和已为 18.01 万亿元，高出此前国家统计局公布的全国 GDP17.28 万亿元的数值近 8000 亿元。统计数据在咱们这里完全是个游戏！民航的这个统计数据即便是真，对不起，《红楼梦》里早说了：“假作真时真亦假。”

至于“为什么统计数据与社会公众和旅客的感受有差异”，夏副局长的解释更有意思，他说主要原因是“机票上载明的航班时间是飞机关舱门时间，不是飞机起飞的时间；而飞机关闭舱门后，滑行到跑道，等到起飞指令起飞，还需要一段时间”。听君一席话，胜读十年书。看起来，民航方面真的是“宣传解释不够”啊，岂止不够，简直还根本没有起步！在任何一个航班时刻表上，在任何一个候机厅的屏幕上，时间标明的不都是“起飞”和“到达”吗？此前，有多少乘客会认为那时间指的是关舱门时间？“统计”一下吧。

搭乘民航航班，想来多数人图的就是一个快捷，或者因为事急。屡屡晚点，再加上晚得离谱，“怨”向胆边生就很自然了。我身边有一件事就很搞笑：去年同学毕业 20 周年聚会广州，两个河北的同学，差不多的出发时间，坐火车的已经到了，坐飞机的却还在机场候着没起飞呢，给聚会凭“空”增添了一则“花边”。航班延误诚然有不可抗拒的天气原因，但是必要的“善后”必须做好。各地的机场，近年来每每发生乘客因为航班延误引发难以控制的混乱事件，需要认真检讨。7 月 12 日出版的第 28 期《三联生活周刊》，借广州白云机场“5·6”事件做了“航班延误背后”的封面专题，值得民航界人士一读。用代理过多起航空案的律师张起淮的话说，民航这么大的一个服务业，没有一个系统透明的告知制度，没有一个制度性的旅客投诉机制，赔偿无标准，所以双方冲突愈演愈烈。主笔吴琪就此给出了“大约目前最容易解决的问题”，这就是信息透明化，因为“只有尊重别人，才能让别人理解自己”。

纵观整个六问六答，夏副局长处处理直气壮，问题全是客观的，独独没有主观上的任何自责，也就谈不上流露出丝毫愧意，这该是看了此则新闻的另一让人气结之处。

（2010 年 8 月 9 日）

第三部分

公众素质，老调不断重弹

我们的公众素质如何是众所周知的，我们提升公众素质的手段如何也是众所周知的：通过某个“契机”，借助“运动式”。当然，效果如何同样众所周知。下一拨“运动”来的时候，还是从不要随地吐痰等最基本的要求抓起。

未必是“分类意识”问题

广州市的分类垃圾箱自投入使用以来，没有取得预期的成效。有人认为市民的垃圾分类意识较低是一个主要原因。对这个问题，恐怕要作一些具体的分析。

前几天中秋节刚过的时候，笔者曾经俯瞰市区内的一个大草坪，发现非常扎眼地散布着一堆堆的垃圾，不消说，那是人们赏月之余的遗留。走在大街上，固然不难发现路面比以前干净多了，但是同样不难发现环卫工人也多了不少，没有他们一天到晚地忙活，不知又会是怎样。尽管市民素质提高了不少，但是随手丢垃圾的习气仍然司空见惯，说明当前多数人最欠缺的是“环境道德”意识。那么，连不要乱吐乱丢尚且做不到，忽焉焉就要求分类意识了，把环境道德意识提到了更高的层面，不是有些急于求成吗?

另一方面，说市民的分类意识较低，怕不尽然。环顾生活区的周边，从事固定的、游动的废品回收者比比皆是，哪些垃圾能卖、卖什么价钱，多数市民完全可以分得清清楚楚。广州市每天生产 5000—5500 吨垃圾，住户的该占去相当大的比重吧，广州市几年前就已在全市范围内正式推行上门回收垃圾的服务，为什么这一部分垃圾毫不讲究分类，单单要求公共场所垃圾分类?而一个人走在大街上，又有多少废电池、废塑料什么的要丢进分类垃圾箱呢?明白了这个道理，可知目前分类垃圾箱要物尽其用，并不在于加大数量上的投放力度。与此同时，在家里生产的垃圾，懂得分类，知道回收，在公共场合生产的，变得不懂了，说到底依然是环境道德意识问题。

但凡一项措施出台，尽管主观愿望良好，还须充分考虑客观实际。分类垃圾箱刚出现的时候，有人就过于陶醉地断言，几年以后广州市的众多垃圾回收站将难以度日，不得不关闭，而几万拣垃圾、收垃圾的流动人口将面临“失业”。然而，实际情况怎样呢？无论干什么事情，仅仅靠几句口号提倡，不成则续上几声抱怨，都无济于事。

（2002年10月18日）

市民不要亵渎“优先”权

本月1日起实施的《广东省道路交通安全条例》，在其讨论通过之时，即以行人优先的原则备受瞩目。昨天是该条例实施后的第一个上班日，有记者在广州采访时发现，不少市民仍然将交通标志当作摆设，红灯亮时照闯不误。

悲观点儿认为，这应当算是一种正常现象吧。我们什么时候见到过立竿即有见影之效的法律法规？头几天，人们还知道有这么一部法规，过一段，忘去爪哇国也是很有可能的。狭义地看，任何一个地方的市民素质，都不可能也没有道理随着一部条例的出台自然而然地得到提升。宏观地看，则整个社会的公民道德素质还在不断建设之中，一些小学生就应当具备的基本素质还在不断向成人灌输、强化，在这样的背景下，指望市民在遵守道路交通规则方面“先行一步”，规矩起来，无异于一种苛求。

记者采访还发现，有的违章者仗着“行人优先”，闯红灯的胆子还更大了起来。其实，《条例》中的行人优先并非无原则的。请看第三十一条：“驾驶车辆驶入、驶出道路或者借道通行时，应当让在道路内正常行驶的车辆或者行人优先通行。”第三十三条更直接：“机动车行经没有交通信号的道路时，遇老年人、儿童、孕妇、抱婴者，以及持盲杖的盲人、行走不便的残疾人横过道路，应当停车让行。”援引这两款内容，不是说非上述人群机动车就不会避让，但是，为避免发生交通伤害，至少不能有恃无恐。

国民素质的提升已经成了一个老大难问题。就拿刚刚过去的“黄金周”来说吧，各个风景区内照例一片狼藉，不用新闻告诉我们也猜得出。每个“黄金周”都是如此，7 年来总共有二十几个“黄金周”了，没有一点好转的迹象。天安门广场除了游客丢下的垃圾又在吨位上创了纪录，过几天可能又该按照惯常的那样清理口香糖残迹了。国民素质得不到提升，我们在不远将来实现的现代化肯定是大打折扣的现代化；但国民素质怎么提升，似乎该是像现代化一样应当高度重视的问题。

对行人的乱穿马路，机动车司机表示不满。不过我想，开车的这时诚然应当责怪走路的，但当开车的人自己成为行人时，他敢拍胸脯一定遵章守纪吗？有的敢，多数人恐怕就不敢。行人优先原则的实施，更加考验行人素质；行人素质不高，就可能滥用优先权、亵渎优先权。

（2006 年 5 月 9 日）

狗有患，人导致

昨天的《广州日报》报道说，广州市打狗执法队日前正式出动，使流传了月余的“打狗”传闻终于成为现实。此前还有报道，此番打狗，重点针对非法销售、诊治犬只，豢养大型犬只，违规遛狗和不按规定进行犬只免疫等四种违规、不文明养犬行为。所谓打狗，听起来依然杀气腾腾，但不再像以前那样直截了当地让它当街毙命，而是依法人道处理。

狗患问题，当然并不只是广州的问题。不久前专家认为，加强宠物管理，杜绝狗患，已成为维护我国城市公共安全的当务之急。范围涵盖了“我国城市”，可见这是一个普遍存在。笔者家的楼下有人养狗，时不时传出狗叫声，一般情况下尚能容忍，需要安静的时候，还真是觉得烦人。好在这些狗还只是自顾自地发泄情感，否则，一犬起头，百犬唱和，就更麻烦了。不记得是哪个朝代的哪个人，说敢于直言的谏官就相当于这样，挑一个头，别人跟着。当然，这纯粹是恶意的污蔑。20 世纪 50 年代批判俞平伯《红楼梦研究》的时侯，陈寅恪先生说过，“人人都骂俞平伯，我不同意。过去你们都看过他的文章，并没有发言”，今天“正所谓一犬吠影，百犬吠声”。像寅恪先生这样，讥之以无原则的随声附和，这成语才是用对了地方。

而狗患问题，当然也并不只是扰民——还包括随地拉屎、对着直立的东西就抬腿撒尿等问题，更在于它们也是安全隐患。有些养狗人不给狗注射疫苗，喜则宠，厌则弃，埋下成为狂犬病毒源的潜在危险。据卫生部门不完全统计，2004 年广州市犬伤人数 36000 多人，今年 1—7 月份已达 25000 多人。直接的原因正是狗多了，伤人的几率大了。有关人士估计，广州市目前有 6 万多只狗，但登记上了“户口”的，1997 年开始实施时是 600 多只，到 2001 年递减为 100 多只；2004 年的没见到，想来是一个更为尴尬的数字。不用说，城市狗患问题严重，完全是由人导致的，既包括养狗的人，也包括管理狗的人。据说一些发达国家的城市，平均一个家庭有三四条狗，但并没有狗患，原因即是养犬人素质较高，养成了成熟、文明的养犬行为规范。狗不更人事，狗主人就不能如此。另一方面，《广州市养犬管理规定》形同虚设，打狗多年怎么不会越打越多？

笔者也是爱狗之人，但极不喜欢城市里多数的狗，主要是它们的模样看着怪里怪气，没有几个像农村的狗那么顺眼以及威风。也许是个人的审美观不同，也许只是满足主人的情感需要无须看家护院的狗就应该是那副模样，总之，如果可以根据脸谱来划分忠奸，我就会把城里的狗归为“奸臣”之列。不过，谁愿意养什么模样、什么种类的狗悉听尊便，前提是不应该影响他人的正常生活。

治理狗患肯定是个棘手的问题，像现实中的许多问题一样，如果以为单单靠运动式执法就那么容易解决，不仅达不到预期的目的，而且漠视了城市管理这一门科学。因此，广州市这次打狗行动之后还应该做些什么，不言而喻。

（2005 年 9 月 27 日）

规范宠物“身后事”

宠物死了，尸体该怎么处置？这个问题不要说我这个没养宠物的人没有考虑过，可能，很多正在养着宠物的人在事前也没有考虑过。所以，看到统计数字说，广州每年宠物尸体有1万—2万具，很有一点儿吃惊；再看报道说广州雕塑公园、华南农业大学兽医院附近形成了自发的宠物坟场，更是惊讶不已了。

不过，比起那些把宠物尸体随便丢进垃圾桶里，或者偷偷地找个地方随便埋掉，宠物坟场的做法还是相对算好的了。然而退一步想，也不能过分责怪“随便”丢的人，在他们这些“主人”看来，可能也确实不知道该怎么办才好，社会尚缺少一个相应的规范。

古人也是养宠物的。据唐人郑处诲的《明皇杂录》记载，杨贵妃就养过一只白鹦鹉，叫做雪衣女。这只鹦鹉很聪明，不只是学舌，唐玄宗“令以近代词臣诗篇授之，数遍便可讽诵”——这可能是瞎吹牛了。重要的是，它很会理解主人的心思。玄宗在宫里玩“博戏”，如果落了下风，“左右呼雪衣娘，必飞入局中鼓舞，以乱其行列，或啄嫔御及诸王手，使不能争道”。雪衣女死得实在意外，有一天玩儿得正高兴呢，“忽有鹰搏之而毙”，这令杨贵妃伤心不已，于是专门给鹦鹉立了坟，后世也因有“鹦鹉冢”这个词。

杨贵妃对自己宠物的处理，当然是想怎么办就怎么办。“秦帝墓成陈胜起，明皇宫就禄山来。”按照传统（可能也是现在）的主流观点，大唐的由盛及衰，她是脱不了干系的。时代不同了，不仅没有谁还具备为动物修坟的“特权”，而且人多地少的现实国情也不允许，连作为高等生物的人，死后也基本上都要火化了，何况动物？当然，这样说不是蔑视动物，实在是国人除了对自己的宠物之外，“让动物有尊严地活着”（世界保护动物组织的提法）还是非常欠缺的一种观念。兔年来了，弄个“捉活兔”乐园，“沐祥浴瑞”，猴年来了，为了增添气氛而把猴毛染得花里胡哨，都是咱们的人干出来的。

专家指出，许多动物身体里都会携带寄生虫，它们被埋葬后，一些病原体会自然死亡，但也有一些可在尸体的骨髓里存活多时，对环境尤其是水源构成潜在威胁。因此，随意处置的做法就不单纯是个人行为，而是社会行为，要影响到他人了。而且，我国的相关法律法规也有规定，对病死动物应实行无害化处理，并必须送指定的无害处理站进行焚烧，严禁将病死畜禽进行深埋或者随意抛弃。其实，“主人”也该扪心自问：那种随意抛尸的行为，是不是对死去宠物的不够“尊重”？

宠物也是生命，如同人的生命一样，总得面临着生老病死。如何对待宠物的“身后事”，该是今后经常需要面对的问题，客观上也成为交给城市管理者的一个新课题。我想，探讨一种不占土地的绿色、文明的丧葬方式，使之既有利于维护市容环境，同时也是科学理智的态度，应该不是很难，关键是现在有没有列入探讨日程。

（2005 年 10 月 21 日）

当“鬼子”才过瘾吗？

暑假到了，旅游的旺季到了，各地旅游景点施展浑身解数的时候也到了。有记者在山东微山湖抗日英烈纪念园内看到：该景区内的照相摊竟使用日本侵华时的“鬼子”装束招揽生意，而一些青少年竟也愿意纷纷掏钱过一把“鬼子”瘾。照片为证，那个戴着日本鬼子钢盔、耳朵两边耷拉块布、端着步枪笑眯眯的游客，让人看了真不是滋味。

自丰都投资 2 个多亿大规模建设鬼城之后，人文景点的庸俗化问题不断进入国人的视野。现在看来，庸俗化还只是人文景点面临的一个“小”问题；连民族仇、国家恨都可以嘻嘻哈哈，作为旅游的一个卖点，才真正是大问题。固然，中日友好是今天的主旋律，但这并不等于我们可以忘记当年日本军国主义者对中国人民犯下的滔天罪行。万幸没有生活于那个年代的我们，更不可以因为没有经历而理所当然地漠视那个年代。记得以前有过一则报道，当年的侵略者曾经想慕名拜访民兵英雄于化虎（即电影《地雷战》里赵虎的原型之一，已于前年去世），见识一下这个昔日让他们焦头烂额的“爆炸大王”究竟是什么样的人。于化虎断然拒绝，他早就发誓一生一世不再见日本人。从中我们不难想见，经历过的人们该是怎样恨之入骨的心态！

微山湖是闻名全国的铁道游击队的故乡。那首脍炙人口的歌曲——“西边的太阳就要落山了，微山湖上静悄悄……”，早就明明白白地告诉了我们。照片中“鬼子”的背景，好像正是铁道游击队纪念碑。纪念碑前“鬼子”嬉戏，这个革命传统教育基地，究竟在提供给游人一些什么“教育”！“商女不知亡国恨”，可能，那个假“鬼子”浑然不知真鬼子当年到咱们中国究竟干什么来了，但我们设立这些爱国主义教育基地的目的，不正是让不明白的人变得明白吗？姑且相信此种招徕方式不是纪念园方面的行为吧，但这种现象的出现，该是得到了他们默许的，他们负有不可推卸的管理责任。其实，既然他们想以扮演的方式吸引游人，为什么就不能扮刘洪、扮芳林嫂而非要逐臭呢？当“鬼子”才过瘾吗？

国人口袋里有钱之后，旅游产业就兴旺了起来，但旅游业不能专门盯着一个“钱”字，还得顾及社会效益。在一些地方，让旅游者“消费”什么，能够检验出旅游景点的文化含量；在另一些地方，还能够检验出它们的立场和情怀。

（2006 年 7 月 13 日）

“丑陋”不出境，先得不出门

昨天《新华每日电讯》有这样一则消息：我国正在采取国家行动，谢绝公民在出国旅游时把“丑陋”同时带到境外。这里“丑陋”的定义，是指那些在国外旅游期间因行为不文明而给国家形象造成了损害的人。

关于咱们的人出国旅游时如何欠缺文明素养，早已经不是新鲜话题了，不久前，中央文明办与国家旅游局专门向社会公开征集“中国公民旅游不文明行为表现”和“提升中国公民旅游文明素质建议”。对“行为表现”，出过国的人才有发言权。陈平原先生参观大英博物馆中国馆时，“未见展品，先闻乡音”，一伙男女在高谈阔论“这算什么宝贝？比咱们故宫差多了”。其实，“不修边幅、不讲卫生、不懂礼仪、不守秩序、不遵法规、不爱护环境和公共设施、喧哗吵闹”之类，基本上尽人皆知了，倒是意见建议更应放在重点。笔者认为，提升中国公民旅游文明素质，先得提升中国公民文明素质。

“丑陋”出境，从小处看是丢人现眼；从大处看，则是破坏了中国“礼仪之邦”的形象。其实不妨大胆地承认，我们的“礼仪之邦”形象，很大程度上是写在纸上的，见诸文字层面的。在现实生活中，礼仪与我们相去甚远。旅游正是一个表现，那些“丑陋”的人只有出境后才移橘成枳、“丑陋”起来了吗？显然不是，许多人在境内旅游时“丑陋”得更无以复加。比方每个“黄金周”过后，天安门广场清理多少天的口香糖污迹都成新闻。应该说，出境后的“丑陋”还收敛了不少呢！“丑陋”不出境，先得不出门。“丑陋”只有先出了自家的家门，然后才能“出境”，它关联的是公民的文明素质问题，旅游时的表现只是一个缩影罢了。因此，我们对“提升”行动须明确一个战略大前提：不要只是为了国家形象受损才提升公民素质，而是提升公民素质以立足现代社会，其中之一是出境旅游时使国家形象不受损。摆正了因果关系，才能避免头痛医头，才能避免为了单一目的而反复大张旗鼓。

据悉，这次提升中国公民旅游文明素质行动从今年 8 月启动，到 2008 年底前取得阶段性成果。这要让人哑然失笑。谁要是以为提升文明素质也是靠“运动”可以奏效的话，谁就是失之于幼稚。难道他们自己不记得，关于提升文明素质的“运动”搞了多少回、每一回都以为从此根本好转了吗？还是不要那么发急，定一些毫无实质意义的截止日期吧，耐一点心，该耐心的问题就得耐心。

（2006 年 9 月 11 日）

请把国民素质的因素考虑在内

五一小长假期间我国展示的一项建设成就，非浙江杭州湾跨海大桥正式落成通车莫属。然而，当其向社会车辆开放之后，问题一下子来了一堆。大批观光车辆涌上大桥，不少车辆纷纷在紧急停车带上停下来，有人看风景，有人拍照留念，一些家长竟抱着小孩爬到了护栏上，甚至还有人站在栏杆边上往大海里小便……

游人的行为影响了大桥安全顺畅是无疑的。有人在引桥上“近 3 个小时只开了 5 公里”，机动车已然慢过徒步——不知道向大海小便与此有没有逻辑关联。看了几家媒体这方面的报道，都有颇多抱怨的成分，抱怨“人们感受大桥美景的热情太过高涨”，这是用好听的说法；其潜台词应当是，国民素质真是不堪一提。倘若这个判断不错，则我对此颇不以为然。国民素质欠佳的确是不争的事实。我们的游客在华尔街骑人家的铜牛，一些爱国者听到针砭声表示不平，说老外也骑，并拿出照片为证；但我们的妇女新近在香港地铁里抠脚丫，被人家拍了视频播放，总不会差了吧？柏杨先生留下了大量著作，真正引起我们共鸣的还是那本薄薄的对国人劣根性进行无情揭露的《丑陋的中国人》。在他病逝之后，《丑陋的中国人》再次跻身图书热销榜前列，遂有“20 年前洛阳纸贵，20 年后再创经典”之说。遗憾的是，那么多年过去了，作者所针砭的国人病症依然。

谁都知道，国人向来是喜欢看热闹的。在鲁迅先生的时代，观看杀头都能成为一景，“只见一堆人的后背，颈项都伸得很长，仿佛许多鸭，被无形的手捏住了的，向上提着”。何况，如今的杭州湾跨海大桥拥有“世界之最”的头衔——全长 36 公里，是世界上跨度最长的跨海大桥。加上又在小长假期间，有充足的时间先睹为快，哪有不去一饱眼福的道理？换个角度想想，如果人们对这一“世界建桥史上的奇迹”、“宛如一件巧夺天工的艺术品”无动于衷，产生不了丝毫兴趣，通车就通车呗，全当它没什么，那才是真正让人感到可怕的事情。因此，在大桥正式通车之后，管理部门必须也应该把完全可能出现的人们“太过高涨的热情”考虑进去。如果说这就是国民素质，那么国民就是这个素质，这是一个既定事实，明摆着的，根本用不着预见，你为什么视而不见？

部分博物馆免费开放之后，也时常听到管理部门关于人潮涌涌的抱怨之声。说实话，我是不赞成博物馆完全免费的，门票可以象征性地收取一点儿，别那么狮子大开口就行。就这一点儿，也足以挡住“不看白不看”者的脚步，也能让观众“太过高涨的热情”降温，不至于使真正想看的人不堪聒噪，没法静下心来。但既然门票要全免，就应该意识到免不了进里面只是歇脚、纳凉的人，就得有起码的预见性，拿出有针对性的措施办法，而不是出现了给自己管理带来麻烦的情况就怨三怨四，总之是别人的不对，张口就来国民的素质太低。套用半句俗话说，没有素质低的民众，只有素质低的管理。在杭州湾跨海大桥这里，如何既能满足游人一睹“中国骄傲”的愿望，又能保证大桥秩序井然而非手足无措，才是体现他们管理智慧之所在。这两种状况可以同时并存，并非非此即彼，势如水火。

如果一定要归咎于国民素质，那么今后做什么事情就请把国民素质的因素考虑在内吧。不管我们是否愿意承认，国民素质都已成为我们国情的一个基本组成部分，一味地抱怨，一味地归咎，不仅不能解决问题，而且只会使那些丑陋的成分永远地丑陋下去。

（2008 年 5 月 4 日）

圣火传递检验出的

前天，拥有 2222 年悠久历史的广州城，第一次迎来了奥运圣火。古人说“北方有佳人，一顾倾人城”，在那一天，完全可以把前半句改为“南国有圣火”。圣火走到哪里，哪里就是一片沸腾的海洋，“群众热情从来没有如此高涨”。以至于因过多的人拥向火炬手而使火炬不得不暂时熄灭，以至于因部分路段过于拥挤，传递线路不得不稍作调整，导致享有“广州十大旅游美景”之首美誉的陈家祠因此与圣火擦肩而过，成为不知道要过多少年才能弥补得上的一大憾事。

然而，这样的“以至于”毕竟尚有积极意义的成分在内，还有一种情形就不让人乐观了。在奥运火炬广州站传递顺利结束之后，向来堪忧的市民素质表现得“一如既往”。当欢庆的人群散去，有记者在圣火终点附近看到，宽阔的马路上纸屑随风飞扬，塑料袋、矿泉水瓶、烟头以及各色食品袋满地都是，不少刚才还在用来表达“爱国之情”的小红旗“躺”在地上……圣火经过的其他地方也差不了多少，清洁工们抱怨说：“今天的垃圾实在太多了，那些随口乱吐的口香糖尤其令我们头痛。”这些都是新闻吗？严格来说根本算不上，你、我、他，我们都见得太多，听得太多。举凡中秋赏月、重阳登高等公众聚集的场面过了之后，出现这样的情形几乎都是一种必然，周而复始；而且，也并不仅仅局限于广州，属于国人的普遍习气。

我们国度里出现的这种情形，与胡锦涛总书记正在进行“暖春之旅”的那个国度形成了鲜明对照。传说中，日本人能做到 6 万人散去之后，场地上不留片纸。凭笔者的主观臆断，这多少有点儿夸张吧，但我们如果不是故意抬杠或者钻牛角尖的话，就会明白这句话要表达的究竟是什么。最近有个帖子说，4 月 20 日，5000 名华人在美国洛杉矶举行抗议西方媒体歪曲报道中国的活动，“活动结束时，现场未留一纸一旗。对此，美国警方给予了高度评价”。如果这个消息不虚，足以让我们感到骄傲，说明我们中国人的文明意识还没到不可救药的地步，别人能够办到的事情，炎黄子孙也能办到。但接下来不免要追问一句：为什么我们的文明意识在人家的土地上能够体现，而在自己这里则不能？脱口而出的话，可以用移橘成枳的理论去解释，但我们也必须反思先前那么多旨在提升文明意识的各种活动，每一次都号称取得了何种成效，实际上有点儿自欺欺人。今后再搞——肯定要搞——还是老老实实的好，做到哪一步了就是哪一步，积小胜为大胜，避免每一次都是从头开始，自家不厌其烦，公众不胜其烦。

一个城市的市民素质如何，大型活动之后正是检验的一把标尺。这个时候最容易集中暴露问题，让国人猛醒。昨天，广州召开了誓师大会，向创建全国文明城市发出最后冲刺。让我们预祝广州能够如愿以偿；同时我想，文明城市的内涵中应该包括市民的文明素质吧？那么，从这个角度出发，广州即使获得了文明城市称号，提升市民素质也应该成为一个常抓不懈的“工程”。有媒体问，广州市民何时能在大型活动后留下一片整洁？答案可能取决于广州市民整体的羞愧意识、文明意识何时能够占据上风。

（2008 年 5 月 9 日）

“情义男”与“不孝子”，原本对立统一

“地震背妻男”吴加芳也许将面临着父亲和弟弟的起诉。众所周知，这个汶川地震时最著名的“情义男”，在孝道问题上打了败仗。

其实他出名未几，就有报道披露了他二十几年间与老父都是形同陌路的关系，不过在铺天盖地的嘉许声中被淹没了；现在，冷静了一点儿的人们对关注的焦点转移了而已。据成都电视台《真相 30 分》独家报道，吴加芳在接受采访时说了这样一句话："哪怕他（父亲）告上法庭，我输了官司，宁愿坐牢也不供养他。"

自古"清官难断家务事"，吴家二十多年的是非恩怨，自然不是我们旁观者通过他人的报道就能裁判的。但我们可以作出裁判的是，按照传统文化的观点，吴加芳不赡养老父，属于不孝；而不孝，在从前属于大逆不道，在今天也是有悖人伦的价值观。吴加芳对父亲表现得如此决绝，在不少人看来也许颇感意外，因为"情义"与"不孝"南辕北辙，二者之间无论如何也找不到哪怕一点点交叉的成分。然而，从"情义男"到"不孝子"，是"发现者"通过他们的工具让我们看到的吴加芳，在他自己，这个顺序正相反，是从"不孝子"到"情义男"，或者二者在他身上从来都是对立统一体，二十多年来须臾没有分离。所以，吴加芳至今仍然敢拍胸脯说自己是真实的，的确如此，融"情义男"与"不孝子"于一身，正是一个完整的吴加芳；至于他同时宣称自己伟大，就是不知人间尚有"羞耻"二字了。

我们并不是第一次见识吴加芳这样的"典型"人物。过去的以及现在的，人为塑造的诸多典型都是如此。他们之所以不可信，产生的只是表面说说而已的示范意义，应一时之景旋便成为过眼云烟，一个重要原因就在于他们往往都完美得无以复加。何以至此？在之初，"制造者"相当于用显微镜去发现适合需要的成分；而对于不需要的，就算摆在眼前也视而不见。所以古人的"凡人贱近而贵远"相当精辟，按我的理解，此"凡人"不是对应"贵人"的那个凡人，而是"凡是人"，一个重要原因在于人对其身边的人究竟如何观察得最清楚。吴加芳村子里的人早就不服气他，大家认为把自己在地震中遇难亲人的遗体搬运回来，是很正常、很普遍的做法，吴加芳碰巧被记者拍到了，就成了名人；并且，重要的是他们都知道，吴加芳是村里的"不孝子"。因此，吴加芳的形象一时间异常高大，只是在不了解他的人的眼里，前提在于信息的严重不对称。

媒体今天能大张旗鼓地披露吴加芳“不孝子”的一面，毕竟还是进步了。从前的那些典型，如果没有最后沦为腐败分子，我们可曾见到半点“污渍”？吴加芳的标本意义，在于为今后树立典型提了个醒，要树就树真的，把他们当成人而不是当成神。也就是说，从典型甫一亮相开始，就让我们看到一个完整的人而不是被有意割裂了的人。做到这一点会很难吗？可能会。因为吴加芳毕竟只是个被随机发现的人物，他的“倒掉”不会有谁难堪，更不会有谁为之负责。

（2009 年 2 月 18 日）

“和服拍照”确是自取其辱

每年 3 月中下旬武汉大学樱花开放时节，基本上都要出新闻。今年也不例外。武大校园的樱花又开了，昨天是周末，大量的人涌入武大赏花，附近交通一度拥堵严重。新闻之新在于，一对操武汉口音的母女身穿和服在樱花树下照相，招致十多名年轻人的自发声讨，很多围观市民也表示愤慨。率先声讨的小伙子，据说是武汉大学的一位大二学生。

这已经不该算新闻了。在其他场合，一些稍微能够撩动民族敏感神经的事情，总是如此，都能掀起如何爱国、是否狭隘民族主义的激烈争论。虽然最后如同高校的辩论赛一样，大家各说各话，但并不妨碍下一次原样复制。在我这个旁观者看来，对待武大的樱花，人们存在一种比较矛盾的心态。从形式上看，凝霞散景、落英缤纷，樱花煞是好看；而从内涵上看，它又是穷凶极恶的日本侵略者在中华大地上耀武扬威的产物。有人说，现在的樱花是历史上经历多次种植形成的，不是侵略者那个时候的“原生态”，这种说法难免自欺欺人，因为至少可以溯源，溯到那个他们凌辱我们的年代。早几年，不是还有过“是耻不是花”、“是花不是耻”的讨论吗？翻开历史一看，这样的讨论甚至可以上溯至1947年3月，武大师生迎来回归武昌后首次樱花盛开的时候，就已经初露端倪。所以，无论今时武大的樱花开得怎样漂亮，我们得承认其中的“国耻”成分；如果承认这一点，又明知道相当多的国人还不具备“相逢一笑泯恩仇”的达观境界，穿着人家的衣服去那里拍照，就确有“自取其辱”的意味了。即便那个大二学生不“发难”，别的没吭声的人难道看着就舒服吗？

由“一天进出武大有10多万人次”去赏樱花，想到一个问题：为什么“老”的校园才那么具有吸引力？武汉大学之外，北京的燕园、清华园，广州的康乐园，厦门大学校园，等等，为什么这些公认的中国最美的校园，大抵都是“从前的”？这里面固然有历史积淀深厚的因素在内，但我们在感叹大学人文精神丢失了的同时，是不是还要再感叹一下物质层面的、形式上的传统又继承或发扬了多少呢？大学固然不意味着只有“大楼”，但大学的“大楼”至少不能就是那些干瘪瘪的、毫无美感的“石屎森林”甚至是建筑垃圾的堆积。在我的母校中山大学，不少位于校园中心的近年建筑就属于建筑垃圾，让不少人心生“拆了它”的冲动。那些所谓建筑，不要说丝毫不能和周边融为一体，即便单个来看，也显得那么诡异，真不知当初决策人的脑袋究竟是怎么拍的。此外，“后来的”大学校园欠缺的，还有洋溢着自己独特文化气质的环境氛围。

武大的樱花已经成了它的一个文化符号。我们今天观赏之，带着民族情绪显然是不理性的，但是在那个特定的场合下以为“和服很美”，就也不能避免反感的人士发出愤慨。“胸襟大度”与“狭隘爱国”，大抵就是这样对立的统一，很正常。在不断交锋中如果能达到警醒国人，达到“勿忘国耻”的目的，也算是这种年度“例牌新闻”的价值所在了。

（2009年3月22日）

“到此一游”，脸丢到宝岛上去了

中国新闻网里有一则来自台湾电视台的报道，说 3 月 27 日，有人在岛内北海岸的野柳地质公园看到了大陆游客，然后又在陆桥旁的岩壁发现刻上了“中国常州赵根大”字样，还有一个常州同乡“卢建中”。因为字是简体的，又因为园区在广播“来自常州的旅客，请尽速集合”，尽管并未查证为何人所为，大陆游客的嫌疑还是最大。

丢脸丢到宝岛上去了，既意外也不意外，咱们大陆的游客这种事情干得实在太多了。意外的只是，同样是炎黄子孙，在这里见怪不怪的事情，为什么在那里变得很严重，电视台还当新闻播了。大家都是一个传统文化出来的呀？《西游记》第七回“八卦炉中逃大圣　五行山下定心猿”中，孙悟空和如来佛斗法，看能不能翻出佛祖的掌心。大圣很自负，以为“我老孙一筋斗去十万八千里。他那手掌，方圆不满一尺，如何跳不出去?”跑了一阵，便“拔下一根毫毛，吹口仙气”，变化成“一管浓墨双毫笔”，开始留言了：“齐天大圣到此一游”，直白得没有任何余地。题字“留名”之外，“又不庄尊”地在那里“撒了一泡猴尿”。别小看大圣这八个字，后世那些毫无公德心的人士，正是对其毫无文化含量的简单模仿。我们见得多的，在“赵根大”之类的后面，大抵都缀有“到此一游”的字样，想来是岩石坚硬的缘故吧，老赵不得不从简了。

臆断一下，“赵根大”、“卢建中”即便确有其人，应该也只是寻常百姓，否则，是用不着这么偷偷摸摸地伺机下手的。祖国的名山大川中，有不少“留名”时在任领导的“笔走龙蛇”，让人看了实在败兴。那种叫做书法的东西，跟“赵根大”实有本质相似之处。不同的是，“若得长将红袖拂，也应胜似碧纱笼”，同样是在墙壁上题诗，在野的魏野写的，尘灰满面，赖从行“颇慧黠”的官妓用袖口给擦拭一下；而当官的寇准写的，被人用心地保护起来就是了。古人才貌，今人财帽，败兴的东西不消说，不是有钱的就是官帽子大的人留下的，不会有别的人。因此，“赵根大”的存在不是孤立的，这里面有浓厚的文化基因。历史上如此，现实中依然如此。

不要说这种随便刻画了，摩崖造像，该是严肃认真的吧？从前那些崇尚自然的文人骚客，批评起来一样不留情面。袁宏道《袁中郎随笔》记其游杭州飞来峰，认为“壁间佛像……如美人面上瘢痕，奇丑可厌”。张岱《陶庵梦忆》记其游南京栖霞山，“山上下左右鳞次而栉比之，岩石颇佳”，本来挺高兴的，忽然又发现岩石上“尽刻佛像，与杭州飞来峰同受黥劓，是大可恨事”。以袁、张的审美标准，倘二位今天再世，或许会气得赶快要求回去。

最后说一句，野柳地质公园被刻了两个名字真没什么大惊小怪的，长城前几年就被刻成“大字报”了，那还世界遗产呢。只是不可预知，此种恶习已经根深蒂固的那些国人，还会把丧失了的公德心带去哪里。

（2009 年 3 月 31 日）

尊重而不要伤害民族情感

河北省著名旅游景点——冀州兵法城门楼悬挂“太阳旗”事件，越来越受到人们的关注。后来我们都知道那是某个剧组拍摄的需要，但在当时，没有任何文字提示；曝光了，当事各方非但不思自己的行为妥当与否，反而该市市委常委、宣传部长对曝光感到“很生气”，“记者多事”论也又一次出笼了。事态就是这么一点一点地放大的。我们不少地方处理“突发事件”的能力，低下得真是令人震惊。

稍微关心时事的人都知道，不要说“太阳旗”自家赤裸裸地上阵了，便是武汉大学的樱花每年盛开之时，都要成为舆论的一个焦点话题。今年，一对母女穿着和服在樱花树下拍照时，遭到了不少旁观者的指责，搞得灰溜溜离去，笔者当时即认为实乃自取其辱。当然，我们有许多人士对此满不在乎，他们并不觉得这种有意或无意地张扬日本侵略中国时的文化元素是在伤害民族情感，反而认为那是国人的内心脆弱或过度敏感。不过，我们对此非常在乎的人也可以回赠他们一顶大帽子：不知羞耻！

抗日英雄于化虎前两年去世了，那是我看崔永元的《电影传奇》知道的，同时也印证了老人正是电影《地雷战》里那个因为发明各种地雷而令日本鬼子魂飞魄散的民兵队长赵虎的原型之一。记得改革开放后，好多当年吃过地雷苦头的日本老兵想要拜见于化虎，他们的心未必不是虔诚的；但老人坚决不见，并且说今生不想再见到日本人。老人狭隘吗？当然不是。我想，那些亲眼目睹了侵华日军暴行的人，对那一段民族恨一定更加刻骨铭心。今天我们讲中日友好，但并不是要、也不能以忘记自己屈辱的历史为代价。光天化日之下，毫无半点解释地在冀州这个当年付出了血的代价的抗日根据地高高悬挂太阳旗，谁不生出今夕何夕之叹？

冀州兵法城是个旅游景点，那里是要拍影视才挂的旗；如今在一些抗日纪念地，游客扮演鬼子基本上是一个必备项目。早几年笔者写过一篇《当"鬼子"才过瘾吗?》，对此很不以为然，如今要旧话重提了。前几天去了趟西北影视城，看到不少"鬼子"和"红卫兵"，前者大抵兴高采烈地"花姑娘"、"咪西咪西"地乱叫，后者坐在舞台上嘻嘻哈哈地嚷着把谁谁谁押上来。所谓的历史"再现"，居然演变成了一种娱乐。李泽厚先生说我们中国是"乐感文化"，总是喜欢乐观地眺望未来。其实何止如此，我们中国人也非常乐观地回望历史，哪怕是那么不堪回首的历史！"达观"倒是"达观"了，但不知"达观者"的心肺何在。

对悬挂太阳旗之类表示愤懑，决不是事关民族情感的脆弱与否问题，而是我们当中的一些人对民族情感尊重与否的问题。即便我们说这种行为不是对民族情感的挑衅行为，至少可以说做得欠妥吧；对做得欠妥的行为进行道歉，完全是一件正常不过的事情，怎么就那么难呢？怎么就仍然对自己的所作所为理直气壮呢？

（2009 年 8 月 3 日）

“垃圾分类”也关国民素质

广州已经开始了全面推广生活垃圾分类，越秀区东湖街首先成为试点。在启动仪式上，有与会代表坦承对新的垃圾分类体系看不明白。倘若多看几遍，明白还是容易明白的，关键是新的生活垃圾分类的标准和操作方法，能否达成设计者的初衷。

许多人想必会有这种担心，肯定不能算是多余的。在我的记忆中，广州前些年推广过垃圾分类，大街小巷也立过不少并列的垃圾筒，不仅以颜色区分，还各自喷有“可回收”、“不可回收”的字样。但它们不知什么时候连个声响也没有就齐齐不见了踪影。交了学费是一定的，我们一些人惯于用喜上眉梢的表情谈论自己的失误。但在毫不在乎花钱之余，有没有经验教训可以总结一下呢？如果没有总结，全当先前的那种做法根本不存在过，另起炉灶，仅仅是因为垃圾焚烧问题才又把垃圾分类问题逼到前台，多少属于仓促的被动应战。那么，分类设置虽然精细，垃圾筒也有四色之多（较先前翻了一番），但在成效上仍须提防重蹈覆辙。

有调查说，九成多广州市民表示愿意积极配合垃圾分类。民意基础肯定是重要的，但一方面口头上的表态尚有待于实践的检验，另一方面四色筒能否各得其所，不仅仅取决于市民配合，还要取决于收垃圾的那些“二传手”。广州市实行上门收垃圾，每天特定的时间段，垃圾放在门口，有专人来收走。这就是说，大量生活垃圾并不是由市民直接投进垃圾筒。实际上，在此轮垃圾分类推广前，诸如报纸、纸皮箱、易拉罐之类，即便市民把它们和其他垃圾混在一起，这些“二传手”也自然会一一分类，然后卖给收买佬。此轮垃圾分类推广后，这一点不会改变，但“厨余垃圾”、“其它垃圾”、“有害垃圾”即使市民全都分得一清二楚，“归宿”如何，无疑主要仍取决于他们。这个群体不知道有没有被纳入垃圾分类宣传普及的重点之列。

从根本上说，垃圾分类的效果如何，要取决于市民的素质如何。如果上升到公共道德层面，则垃圾分类堪称一种比较高的道德要求。垃圾分类的管理和理念在一些国家早已非常成熟和深入人心，倘若我们拿来借鉴，不难发现都有国民素质决定的公共道德作为有力支撑。日本的垃圾精细分类，最为人们所乐道，日本的国民素质如何也众所周知。我们的现实窘境是，不少人连一些最基本的公共道德还坚持不了，行人乱穿马路、机动车红灯照闯之类，都在各地全方位地存在。因此，说一千道一万，他就是“老虎推磨——不听那一套”，仍然像以前一样“一勺烩”给你，怎么办？对策想好了没有？

如果把垃圾分类单纯地当作一个孤立的事情来看，就不大可能达到预期的效果。而我们的国民素质什么时候真正提升了，不只垃圾分类，什么事情都会比较好办。借抓垃圾分类这个“标”，需要同时抓国民素质这个“本”。这个“本”的强化，应该体现在时时刻刻，比什么都重要。

（2010 年 1 月 26 日）

第四部分

一地鸡毛

刘震云的小说《一地鸡毛》、《单位》，描写了小林夫妇作为小公务员同时也是小市民的真实生活。所谓真实生活，就是每天面对鸡毛蒜皮的卑微事情。然诚如论刘著者所言，小事后虽没有什么大道理，但是却给人留下很大想象空间。

社科工作者的新课题

8 月 20 日，今年广东接收的第一批三峡工程外迁移民抵达高明市。从 2000 年 8 月首批三峡移民安置在博罗县算起，到 2003 年以前，我省累计将接收 7000 名移民。这些移民称得上是一个规模不小的群体。

据悉，在所有三峡移民的目的地中，广东是他们最为热衷的地区。有的移民甚至说：“我们做梦都想移民到广东去！”为了让三峡移民拥有一个良好的生产和生活环境，能尽快地落地生根，广东上上下下，从省领导到安置村的村民，都表现出了很强的大局意识。三峡移民，对三峡人特别是年轻一代来说，或许更是一次机遇。

但移民们毕竟永远地离开了世代栖息繁衍的故土，离开了他们曾经游刃有余的文化环境，包括语言环境、地理环境、生活环境；原本靠亲朋、邻里紧密维系的依存关系，随着大家分散到了四面八方而变得松散。在初来乍到的兴奋期过后，随着时间的不断推移，移民的精神生活层面会不会因为远离故土而不可避免地发生变化？答案应该是肯定的。那么，如何从文化背景上深入调查研究移民，提出有针对性的解决措施，乃是对我省社科工作者提出的新课题。

从长远来看，三峡移民迟早都会融入当地，如同广东历史上形成的广府人、潮汕人、客家人一样，演变成带有自己独特文化特质的新的文化族群。从现在起，就应当对这个群体给予学术上的足够重视。况且，对人类学、社会学工作者而言，掌握和积累这样一个群体的民族志资料，也是一个难得的历史机遇。

（2002 年 8 月 23 日）

“星级公厕”太过

9月13日，广州市荔湾区又添了一个“智能公厕”。我承认，智能公厕有说不完的好处，而且代表了今后公厕的发展方向；但按百姓的直观理解，就是上厕所的时候可以看电视、听音响，享受“星级待遇”。前几年，天河区已经有了几个“星级公厕”，叹空调、看电视之外，据说还能洗衣、理发、托婴、休息，现在不知怎么样了。然而我觉得，星级公厕的好处越多，越凸显其太过。子曰“过犹不及”，正此过也。

国人做事素来喜欢发狠，干就得干惹眼的事，上不了新闻的等于没干。所以我们不难发现，国人尤其看重“之最”。拎个拖把在操场上划拉出字来，就是世界上最大的字，水平高低不管那么多，关键是用了那么大面积的纸、那么多斤的墨汁要吓人一跳。有意思的是，还专门有机构为种种“之最”加冕。上海有个大世界基尼斯总部，迄今认定的国人创造的世界“之最”已有1400多个；但是很可惜，正牌的英国《吉尼斯世界纪录大全》(2001年版）关于咱们中国的相关纪录却只有48项。原来此“基”非彼“吉”，并非译音的问题，属于“错误地暗示”。这消息真有点石破天惊，不知道是愚弄了“之最”的爱好者，还是愚弄了喜欢“之最”的国人。

这一扯似乎远了点儿，其实不然。在对待公厕的态度上，不免有“之最”之嫌。建什么样的公厕，理应从实际出发，而当前公厕面临的突出问题却是数量上的不足。换言之，是人们上街如厕的不便，而非如厕时的感觉不好。因此有关部门对待公厕的态度，还是应该中庸一点，不偏不倚，无过无不及。当务之急是还公厕本来的面目，与人方便、干净卫生在目前也就足够了。等到把人们“方便”难的问题解决了，再提升档次不迟。一座智能公厕要耗资百万，这笔钱能够建设多少普通的公厕？

（2002年9月20日）

尊重“大眼睛”自立意识

在安徽大学就读了将近两个月的“大眼睛”苏明娟，近日致信中国青少年基金会，诚恳地要求自行退出中国青基会对她的捐助计划，希望“将这笔钱用在更多需要帮助的贫困学生身上”。

看了这则消息，首先的一个感觉是：“大眼睛”成熟了。她希望通过自己的努力完成学业，表现出强烈的自立自强意识。众所周知，苏明娟曾经是不幸的，那一双渴求知识的“大眼睛”无言地揭示了失学儿童的内心世界；而苏明娟又是极其幸运的，作为希望工程的形象代表，一直以来受到了社会各界的关爱。从接受捐助到要求自立，在“大眼睛”身上体现出了勇于面对困难、积极进取的价值观念。实际上，在任何时候，社会捐助都只能是一种手段，其所给予受益者帮助最大的不是简单的金钱和物质上的资助，而是让他们看到生活的希望，增添自信，学会自立自强。“大眼睛”请求停止捐助，正是社会捐助所要达到的终极目的所在。

“大眼睛”已经如愿以偿地圆了大学梦。从客观条件上看，大学生具备了良好的自立基础。自1987年以来，经过各方面的共同努力，我国已基本建立起以奖学金、勤工助学、学费减免、困难补助和助学贷款为主体的对贫困大学生的资助体系；今年9月又设立了国家奖学金，以“品学兼优和家庭经济困难”为奖励标准。凡此种种，足以促使贫困学生树立信心，穷且弥坚。“大眼睛”在大学期间，完全可以通过自己的努力锻炼自我、实现自我。况且，我们也理应尊重她的主观渴求，还给她一个展现个性的空间。

与此同时，我们也必须看到，“大眼睛”只是希望工程的一个个体，生活中还有不少贫困学生正在等待社会的关爱。有限的社会捐助也要求我们：尊重“大眼睛”的自立意识，多一点儿雪中送炭，少一点儿锦上添花。

（2002 年 11 月 5 日）

公交站名混乱之源

《南方日报》日前报道，广州市公交车站站名不同程度地存在着混乱现象，尤其是报站器报出的站名更是五花八门，甚至还有“主站”、“副站”之分。所谓主站，即是由交委和公安部门确定的站名；所谓副站，则是公交公司根据需要附加的站名，而这所谓附加，其实就相当于楼盘的广告，是给了钱的。

对于生活在这个城市中的人们来说，确实不难感受到这一点，越来越多的公交车，干脆径以某花园或某新城作为起始站的名字，让不是常坐这些车的人们根本判断不出车子要去的方位。

随着城市建设步伐的推进，命名似乎成了一个问题，不仅是公交站名，而且包括新建的路名、桥名，要么毫无地方特色，要么直白得毫无回味的余地。前几年，经营城市的理念一出，还流行起公共地名使用权的转让，搞拍卖，让企业什么的冠名，“经营者”以为还占了便宜。名字是一种代号，就个人而言，取什么以及怎样取，都无可非议，但所取之名往往能够折射出取名者的文化素养、价值取向。给公共地点取名字，其中所体现的这两方面因素更为明显，就更要慎重，更要“从长计议”，不能被“巴掌山挡住双眼”。对广州公交站名的混乱，有人士就一针见血地指出，与金钱有莫大关系，要想改站名，拿钱即可。因此，楼盘名称之类堂而皇之地侵占人们的视野，干扰人们对传统地名的认知，实际上客观地反映着时下一些职能部门金钱至上的价值取向。

地名学是一门学问，人类学家往往借助地名判断一个族群的迁徙路线。如今，不少历史文化名城制定的保护规划，都将传统地名纳入了保护范畴。北京四环路建成时，沿途的64座立交桥大部分都是沿用当地传统地名。广州作为历史文化名城，理应尽量采用传统地名，不该只是贪图眼前那么一点儿经济利益。比方“棠东”这个地方，乃“毛主席视察过的地方”，用得着“××花园”来喧宾夺主、画蛇添足吗？

（2002年11月15日）

僧是愚氓犹可训

央视曝光的迷恋非法传销的闵老汉两个儿子被找到了。前天下午，他们已经踏上了返回江西老家的路程。在近一个时期声势浩大的打击之下，非法传销可能要暂时销声匿迹，但是非法传销何以能大行其道，却十分值得我们深思。

非法传销的本质就是骗人，你骗我，我骗你。有人认为，热衷于此，反映了一部分国人的诚信缺失、好逸恶劳，应该说有这方面的因素，但并不全面。见识过非法传销“授课”场面的人们说，那种地方无不热气腾腾，人人摩拳擦掌。因此，相当一部分人加入非法传销队伍，初始的本意未必就是要存心行骗。闵老汉的儿子就说过，他是用说话的方式挣钱。在他们看来，自己是找到了传统三百六十行之外的一种新职业。而他们之所以沉迷于斯，应该主要是为非法传销的歪理邪说所蒙骗，什么呈几何级数增长的利润分配方式等等，从如簧之口吐出来，动听得很，诱惑也大得很。是不是可以说，在非法传销的队伍中，多数人还停留在“愚氓”状态，偏听偏信，陷入其中不能自拔的，不可避免地要走上行骗的道路？

读过《西游记》的人们都知道，面对妖怪，无论它们以何种面目出现，孙悟空都识别得了，只是唐僧看不清楚。我们可以慨叹唐僧的是非不分，哀其不幸，却没有必要过多地责备他的自作自受，甚至如郭大诗人“千刀当剐唐僧肉”那般意气用事。没有练就“火眼金睛”的本领，势必要沦为“愚氓”。面对非法传销这个“妖怪”也是一样，在人们日益认识到它是恶魔的时候，它也就开始乔装打扮。现如今，不是一会儿营销，一会儿直销，一会儿又披上其他什么型号的“外衣”吗？要使之原形毕露，就需要从理论上彻底拆穿非法传销的骗人伎俩，动摇其蛊惑人心的利益基础。这应该是广大社科工作者义不容辞的职责。

伟人诗曰：“僧是愚氓犹可训，妖为鬼蜮必成灾。”蜮，是古代传说中水里的一种暗害人的怪物。在对待非法传销的问题上，关键在除“妖”，除了给“愚氓”以慧眼，还要毫不留情地打击“妖怪”，打击其中的骨干分子，除恶务尽。

（2003 年 7 月 14 日）

不要再让学费“杀人”

高校录取到了放榜时节。陕西榆林的一户农家先喜后悲：女儿收到了重点大学的录取通知书，父亲却因为家庭贫穷难以筹措学费，饮药自杀。

“学费杀人”的事情近年来时有发生，预示着高校的学费正在日益成为困扰贫困家庭的新问题，我们不能不承认已经非属个案，而是牵涉到了一个贫困阶层。不错，大学教育不属于义务教育，读大学免费是不可能的。况且在今天人们普遍接受的一个概念是，花钱上大学，是受教育者对自己未来发展的投资，是个人的事。但即使在这样的背景之下，如何保障贫困家庭的子女读大学，仍然需要社会的普遍关注，不仅是农村中的，而且包括城市里的。因为，这对保证学生受教育机会的平等、公正和高校的稳定都将起到积极的推动作用。

必须承认，各个高校为了保证贫困学生能够安心读书，是下了许多工夫的，纷纷出台了自己的助学措施。一些高校还把工作做在头里。比方中山大学与录取通知书同时寄达考生的，还有一本小册子，里面有考生家庭经济状况调查、助学贷款的种类及方式等等，明明白白，目的就是让贫困家庭先吃一颗“定心丸”。我以为，“学费杀人”的悲剧，或因为家长理解能力上的偏差，或因为双方的沟通还存在一定的问题，如对助学措施的宣传不到位等。因此，学费“杀人”的责任还是在社会，我们的社会应当不断传递一种信号，这种信号能够使贫困家庭不因学费问题惊慌失措，至少不会萌生因为暂时困难而付出生命代价的念头，谁都清楚，自杀的选择不仅于事无补，还为亲人带来了无尽的哀伤。

一个不幸的家庭遇上了媒体，也许要变得有幸。但是我们的关注视野还要放宽到同样面临困境而不为外人所知的家庭。显然，如果单纯地依赖高校，力有不逮，动员全社会的力量则是必然趋势；事实上，各种捐资助学形式也正在成为现实。而基层单位如村委会、街道首先要负起责任，他们对辖区内贫困家庭的数量、状况等了解得最清楚，理当更多地在精神上关心他们，送上哪怕微弱的第一缕温暖。

（2003 年 7 月 24 日）

乞丐为何这么多？

春运在即，广州市委有关负责人表示，要不惜代价，采取措施整治流花地区秩序。整治的一个重点是，“对于那些在火车站广场上睡觉的、乞讨的，要见一个赶一个”。对这则新闻，我更感兴趣的，还是乞丐问题。环顾周围，我们都不难发现，乞讨的人越来越多了。在公交车站候车、在菜场里买菜，不用找寻，自然会入你的眼。有的在旁边摆个牌子，写着什么失学啦、家里遭了不幸啦；有的肢残者趴在地上，或书写，或嚎啕；有的干脆一声不吭，把盛着若干纸币、硬币的家什往你面前一伸。总之，男男女女、老老少少，成了我们躲不掉、避不开的一群特殊人物。恻隐之心，人皆有之，但现在的状况是不堪其扰，刚给了这个，那个又来了，没有止境。今年 9 月底，公安部新闻发言人通报当前社会治安情况时指出，目前在一些大中城市流浪乞讨人员有所增多。这就是说，不只是我们的感觉如此，事实也的确如此。

为什么会有这么多的乞讨者呢？我没有调查过，也就没有发言权。考察乞丐产生的历史原因，大抵与战乱、灾荒、贫困等因素相关。前两个因素现在并不存在，那么，应该是贫困。果真如此的话，各级地方官员当负起相应的责任。《管子》里早就说过："路有行乞者，则相之罪也。"问题是，是否真的是因为贫困而把这么一部分人逼上了乞讨的道路？怕又不尽然。因此，我很赞同文化史层面上的反思，曲彦斌先生在其著作《乞丐史》中认为，"笑贫不笑娼"等传统观念是产生乞丐的社会文化土壤，导致一些人"将行乞当作致富途径，乃至富后更生乞讨欲望"。曲先生列举了大量的历史事实作佐证，其实各种报道告诉我们，今天的现实也在不断补充和印证这一点。

然而，今天的乞丐之所以产生，之所以有增多的趋势，毕竟不是书斋里的话题，也不能根据推论，这就应当引起社科工作者的重视，拿出详实的调查数据和缜密的调查结果。在我看来，这个问题的研究刻不容缓。乞丐现象本身与文明相悖，况且，许多乞讨活动背后更掺杂了"黑手"操纵，不少流浪儿童、残疾人被人采取"租用"、"借用"等强迫手段作为乞讨"道具"使用，严重损害了青少年及残疾人的身心健康。从这个角度看，乞丐现象应当是一种社会公害。它不仅是损害城市形象的问题，而是严重扰乱了社会治安秩序，上升到了刑事问题。

8 月 1 日，《城市生活无着的流浪乞讨人员救助管理办法》正式施行，这标志着在城市里的这一部分人员可以获得政府的救助。各地的救助管理站也已经纷纷挂牌成立。但这种救助不是无原则的，那些以流浪为生活方式、以乞讨为生财手段、好逸恶劳的，就不属于救助范围。谁都清楚，乞讨是一件丧失尊严的事情，那么，是不是有那么多的人出于不得已而被迫丧失尊严呢？我不相信。

无论怎么看，铲除乞丐这一社会顽症，首先必须搞清其来龙去脉，进而才能寻求根治的途径。现在，不少城市包括广州在内都在酝酿设立“禁讨区”，我以为，这只是把乞丐从规定的那些地方赶跑了而已，其对国计民生和精神文明建设的潜在的、恶性的冲击，并没有丝毫的改变。

（2003 年 11 月 14 日）

塑料袋应当有偿使用

从明年开始，上海所有超市将实行有偿供应塑料袋。这是上海启动新三年环保计划的一个部分，环保话题变成政府即将推行的制度。这则消息在全国各地产生了反响：上海有偿了，我们是不是也要有偿，该不该有偿，等等。有记者采访了部分广州市民，争议的焦点与其他地方大致相当。

免费使用超市的塑料袋，在各地都已是约定俗成的习惯。据说，在改革开放之初，为顾客提供塑料袋还是热情服务的一个标志。但是毕竟时过境迁，今天如果要笔者来表明态度，那就是坚决支持上海的做法。理由没有什么稀奇的，耳濡目染，一个是知道塑料袋的坏处：在地上造成视觉污染，在地下要埋 200 年才能腐烂，并且严重污染土壤；一把火烧了它呢？产生的有害烟尘和有毒气体，又会造成对大气环境的污染。倘若那塑料袋含有苯乙烯等有毒成分，还严重危害人体健康。另一个是觉得可惜，好好的袋子，不过是把东西从超市拎到家里而已，之后也只能装装垃圾。因此每次去超市，都是能少要袋子就尽量少要，东西掉不出来就行了。

综合市民的看法，大抵有这样一些：一种是为了环保，干脆就不应该生产塑料袋，让超市没得用、治了本岂不是更好？还有一种是，超市既然不提供有害的塑料袋，就应该提供干净卫生的纸袋。这些观点都有道理，但在目前，在塑料袋制品还不可能被大规模替代的情况下，在我国的环保标准只能局限于目前水准的情况下，通过有偿使用来相对减少塑料袋造成的污染，未尝不是无奈之下的好选择。不赞同有偿使用的人们，无非担心自己的利益受损，其实，这是微不足道的利益，换个角度看，顾客仅仅不够方便而已，利益还未必谈得上受损。

环顾一些国家在同类问题上的做法，我们应当看到这是大势所趋。在爱尔兰，对每个塑料袋征收 15 欧分的税款，此举使该国塑料袋使用量减少了 90%。在德国，商场、超市备有的塑料袋都要收费，且价格不菲，因为消费者使用塑料袋造成对环境的污染，故要承担一定的治理费用。在南非，去年正式出台了第一部限制使用塑料制品的新法案，该法案规定：从 5 月 9 日起，南非所有超市、商店将不允许为顾客免费提供目前广泛使用的手提塑料包装袋，取而代之的将是其他“绿色”包装制品；如果继续使用塑料包装制品，则产品必须达到南非政府规定的新环保标准，同时承担政府回收塑料制品所需的费用。

在我们国家，说句老实话，对塑料袋有偿使用的前景，我比较悲观。如上海那样成为政府的一项制度尚且有执行的依据，如没有这样的制度，全凭商家的自觉，那就更没有指望了。你收钱我不收钱，塑料袋从此成为招徕顾客的卖点之一也说不定。关键是我们的环保意识还上不去。一般来说，我们的环保宣传是配合什么——比如地球日的时候才大张旗鼓，那一天很热闹，眼花缭乱的宣传单、宣传片，派纸袋甚至还有布袋，目不暇接，过后往往也就归于沉寂。因此，上海此举的积极意义在于使环保意识融入百姓每一天的生活当中，同时客观上也能够取得百姓为环保作出自己贡献的效果。

享受惯了的东西一旦被取消，一些人可能不大习惯，但习惯可以改变，尤其是应当改变的习惯。许多受到诟病的甚至深恶痛绝的东西，实际上都在要求我们改变习惯，从身边的一点一滴做起。

（2003 年 11 月 28 日）

比提醒更重要的

广州市天河区一个非法邮政代办所卷款“蒸发”之后，有关方面对市内现存的 100 多个代办点和今年年内已经撤销的 70 多个代办点进行了“地毯式”清查，结果又查出了一个。与此同时我们还被告知，目前广州市有将近 2000 家的速递公司。有关方面于是提醒广大市民：注意识别。

知道了，以后寄特快专递的时候得多留点儿神。但怎么识别呢？我是一头雾水。对安营扎寨久了的、自己又经常去的邮局，熟悉、认得，除此之外呢？其实对被骗的外来工来说，那个代办点未尝不是他们熟悉的，而且 6 到 10 月份的汇款又一概正常，谁料得到人家那是放长线钓大鱼，以期在年前狠捞一把呢？

这几年各行各业对百姓有太多的提醒，有一些当然是必要的，诸如抢购风起，提醒百姓不必惊慌；天气行将骤变，提醒百姓注意提防。但有一些则是滑稽的，甚至是可笑的。有个地方鉴于当地盗窃案件有所上升，提醒市民购买防盗门要注意这么几点：漆层应防锈，漆面要平整；栅栏中心间距不大于 60 毫米，保证手伸不进去；钢板厚度和管材壁厚分别是 1.5 和 1.2 毫米；焊缝要满焊，承受力点应不少于 6 点；螺栓直径不少于 8 毫米，应装在不易拆卸处；铰链直径至少 8 毫米，长度至少 100 毫米；锁具应用公安部门认可的，安装板厚度至少 3 毫米。如果我是那个地方的百姓，因为买门可能会像伍子胥那样急白了头发。这不是提醒，分明是要把百姓培训成为防盗门专家！

事实上，百姓不可能成为专家，即便成为此一方面的专家，也未必能成为彼一方面的专家。正因为如此，需要各种来自专家的忠告。但我们需要的提醒，应该是那些不可预知的、非人的意志所能控制的可能危及正常生活的各种未知因素。如果是人为的、因为疏漏或工作不力而导致百姓生活缺乏安全感，惴惴不安，那就是职能部门的失职。

给百姓以提醒固然是必要的，但是比提醒更重要的是着力净化社会环境。对邮政系统来说，就是要为百姓营造一个安全的用邮环境。类似“地毯式”的清查，为什么不能早一点儿进行呢？

（2003 年 12 月 15 日）

赞“河涌不加盖”

省委常委、广州市委书记林树森日前表示，广州市治理河涌污染，每一条河涌都不会被盖掉，而是要保留，截污清淤后，保留潺潺流水。从这一则新闻中，我们感受到了广州市治理污染的勇气。

作为珠江支流的支流，广州市的河涌承担着防洪排涝的功能，但同时，它们也一直在承担着排污的使命，本身成为污染源。治理河涌污染，一如有人向林书记的建议，或者加盖，包裹起来；或者干脆填埋掉，让它们不复存在。这两个建议，对去除河涌散发出的臭味当然奏效，但是一种简单粗暴而且消极躲避的态度。河涌本身不会散发臭味，臭味完全是由人造成的，解决河涌污染，还得由人入手，无须迁怒河涌。

对一座城市来说，“水”的重要性愈益为人们所认识。如果缺了“水”便缺了许多灵性，难免呆板乏味，国内外许多城市往往因为得益于“水”，而平添了几分魅力和几分盛名。这几年，国内一些缺“水”的城市，为了引入，不惜人工开凿河道。广州市内有大小河涌

200余条，总长800多公里，这是大自然无比慷慨的恩赐。我们理应充分利用这一恩赐，还河涌的本来面目，让它的水变清，让它的异味不再，让鱼儿在里面尽情戏水。从这个层面来看，纵横交错的河涌可以成为也应该成为广州市极具地方魅力的一大亮点。广州市的态度，更使我们看到了“能够成为”的希望。

从各种报道我们得知，广州正全力推进污水治理的规划和建设，以确保明年实现广州市（老八区）城市生活污水处理率达到70%，满足申报国家环保模范城市的要求。不久前，广州“南肺”保护区河涌整治第一期工程已经初见成效，万亩果园区域内的塘涌、新涌等4条河涌变脸成为“岭南水乡”。当然，彻底的、全面的根治一定会困难重重，河涌水清而再污也并非不可能，但林书记的这一表态，无疑显示了广州的决心。

（2003年12月5日）

票贩猖獗所暴露的

从今天起，深圳将出现新的春运高潮。但南方日报记者日前在深圳火车站暗访发现，在售票窗口排一天队也买不到的票，在票贩子手里却似乎永远也卖不完。而且票贩的活动十分猖獗，有的甚至宣称，他们一年到头都这么干。

春运到了，火车票的价格本来就涨了不少，但是为了弄到一张回家的票，许多人还得伸长脖子让票贩子再“宰一刀”，由他们趁火打劫。亲人未及谋面，行程先抹上了一层悲壮色彩。由票贩子的宣称也可知道，倒票问题并不是在春运之际应“运”而生的，只是相对于归心似箭的人们来说，问题变得更加突出而已。以往的信息阅读告诉我们，记者的暗访虽然发生在深圳，但这个问题却是全国普遍存在的现象。

每到春运时节，为打击票贩子，各地都动了不少脑筋。去年，广州警方有“天网行动”，北京警方有“劲风”二号行动，上海警方甚至以五地警力交叉行动。票贩子年年被打却年年有，年年猖獗如故，我们不必对此感到费解，因为这个问题看上去是“打”的问题，实际上是供求失衡的问题。无论什么时候，但凡有贩子存在的地方，必是市场供不应求之处。春运时节，火车票无疑是紧缺的公共资源。现有的运力已经发挥到了极限，仍然满足不了公共的需求，这个根本问题解决不了，票贩子也就灭绝不了，那么，就还要打，也只有打，“打不尽票贩决不下战场”。

但售票窗口买不到的票，票贩子手里为什么有，而且有那么多？这是最让我们感到困惑不解的。记者调查到了他们获取车票的几种途径，归结为一点，是售票体制有问题，尤其是“一些票贩子利用与火车站某些人的关系，轻而易举地搞到车票，甚至可以垄断某个时段、某些线路的车票”。在深圳，倒卖一张票能够获利 200 元，令人咋舌。在利益的驱动下总会有人以身试法，票贩子如此，相关岗位上禁不住诱惑的一些工作人员也不会例外。这就是说，对火车票这种春运时节属于极其紧缺的公共资源，公众有权了解其发售方式，有权知道其分配方案是否合理。这应该是不容忽视的一个问题。

另一方面，据业内人士披露，票贩子队伍已经由“季节性”变为“长年性”，由原来的“游击队”壮大为“正规军”，他们的内部已经基本形成一个金字塔形的倒票网络。显而易见，目前的种种打击还是既往的那种单纯打击，还只局限于最底层的、与旅客直接接触的“票托”。有道是：打蛇要打在七寸上。这就要求打击手段也要与时俱进，在涤荡外围的同时，更要下大气力深挖源头。

（2004 年 1 月 7 日）

1元钱该不该给

临下车而的士表又“跳”了1元钱，相信是许多乘客都面临过的事情。看了《南方日报》昨日报道，方知道这1元钱该不该给，还有不少“学问”：车停稳了再“跳”，可以不给；反之，就要给。而在此前，笔者分不清二者的区别，不管车停没停稳，只要还没掏腰包，表又跳了，往往都是照给。不是我大方得很，而是不谙个中“奥妙”。

在如今，1元钱对多数消费者来说已经算不了什么，比这多的冤枉钱都付了，加上1元又怎样呢？但消费者在享受服务的同时，不仅图的是身体舒服，而且图的是心理舒服。钱如果花得不舒服，哪怕只是一点儿，常理上讲人们也会老大不乐意。1元钱怎样才能给得舒服呢？问题的焦点应当看有关收费章程是怎样的。如果就这么订的，条款摆在哪里，再去执拗就是不智。《南方日报》报道列举了交通信息客户服务中心的解释，这个解释应该就是依据章程来的，我个人认为还是合理的、站得住脚的，但是有多少人早就知道或者现在看到了这个解释呢？

报道同时列举了两名的士司机的看法，一个的说法与上面的解释大体相当，另一个表示完全取决于乘客的态度，态度好的他就不收，态度不好的，他就“偏要收”。这就可见，即使的士司机本人，对章程也并不十分明确，因而执行起来也就难免有很大的随意性。其实，这样的章程完全应该简明扼要地张贴在车厢内以广而告之。印象中车厢内是有一纸什么告示的，在后排座位上看得很清楚，再添上一条未尝不可，既把可能产生的矛盾消灭于萌芽状态，司机一方用不着为1元钱诚惶诚恐，更用不着斗气，消费者一方也无话可说。

事有凑巧，前天笔者的家属在广州某高校邮局取包裹，也遇到了1元钱该不该给的问题。寒假期间，包裹单投到办公室，当然没有人在，自19年前笔者入读该高校，该邮局就已“驻扎”于此，对这点不可能不知道。退一步说，包裹单上既然按要求留了手机号码，为什么不可以拨一下呢？于是他们要收保管费，1天1元钱。逾期不取嘛，人家帮你保管了，收取一定的费用是应该的，这没有问题；问题是该收多少，不能由营业员张嘴了事。相信她也不是信口开河，但让她拿出章程看看，却顾左右而言他，硬是拿不出来。我想，换上谁都会觉得，这个钱给得很不舒服，倒不在于邮局毫不顾及高校的实际情况，也不在于“豆腐盘成了肉价钱”——保管费超过了包裹的价值，而在于消费者缺乏一个心服口服的支付理由。

不管是的士的，还是邮局的，1元钱该不该给的问题，都属于细节问题。但随着消费者对于服务质量的要求越来越高，这些窗口服务单位不可不注意细节，它很可能影响到其在消费者心目中的形象。

（2004年2月13日）

“禁讨区”不妨外延扩大

广州市委副书记张桂芳在2月17日召开的广州市民政工作会议上明确表示，广州要在重要场所设立“禁讨区”——禁止乞丐乞讨。他要求今年就要研究解决这个问题。

设立“禁讨区”，意味着在规定的区域范围内，乞讨将视为违法。城市里该不该设“禁讨区”，全国媒体曾经很热闹地争论过一阵，概因为这个问题不仅是广州市的问题，而在全国大中城市普遍存在。但看那些争论者的观点，一如看高校的辩论赛，谁说的好像都有道理，到头来对自己的固有观点可能也狐疑了。我有几次滥竽充数去当辩论赛评委的经历，听得晕里晕乎之余，觉得判定哪一方胜出，观点已变得不很重要，关键是看哪一方伶牙俐齿，反应机敏。另一方面，话是原本可以两面说的。昨天收到有个先生的来稿就很典型，一正一反两篇观点对立的言论，他一手炮制，自己还美其名曰“观点交锋”。这样的人随声附和，其实根本没有观点。推理来看，该不该设“禁讨区”，就这么讨论下去的话，不可能讨论清楚，不仅无助于人们对问题的认识，反而是把水搅浑，没有意义。

但我还是忍不住要提一些专家学者的论点，什么设置禁讨区是政府任意扩大权力的行为，什么禁讨是对个人自由的限制是对乞讨者的歧视，什么现代人应该以一种成熟的心态来平等对待流浪乞讨人员，等等。那是猫在书斋里的宏论，他们本人走出来不难看到——相信也已经看到，乞丐现象对我们这个社会决不仅仅是视觉上的污染问题，多数乞丐在乞讨之时死缠烂打，干涉了他人的行动，侵犯了他人的自由。放眼望去，大量的、越来越多的乞丐如雨后春笋，真假难分，皂白莫辨，有的甚至由团伙操纵。我相信，对不少人来说，早已失去了对乞丐的同情，失去了恻隐之心，转而不胜其烦。当并没有沦落到乞讨地步的人只是因为看到这个“领域”的“光明前景”而加入乞讨队伍之时，当乞讨职业化、专业化甚至组织化之时，乞讨已经不再是本来意义上的乞讨。在这种情况下除了政府的强制性规范，至少在目前没有其他的解决办法。

对设立“禁讨区”，笔者是深表赞同的，但觉得不妨“外延”扩大，不必只是单纯地禁止乞讨。以个人愚见，设立“禁讨区”如果只是挂个牌子了事，不可能收到成效，而要有一套人马——至少是兼管吧，司职赶走乞丐，那么这职责就不妨扩大。如今，不仅满街的“牛皮癣”管不了，而且还有许多与文明格格不入的丑陋乃至丑恶现象也管不了，在不少地方尤其是商业旺地，“发票、发票”的声音从不绝于耳。把这些管不了的问题，干脆都放在这些重要区域内管一管。于是，设立“禁讨区”就不仅仅是逐走乞丐，而是“禁×区”，比方“禁牛皮癣区”、“禁假发票区”，总之，一切应该禁止的东西都应该得到禁止。与其整个城市的管理顾此失彼，不如先在局部，在特定的区域内，树立“干净文明”的示范样板。如此一来，则将大大提升“禁讨区”设立的积极意义。

应该明确，设立“禁讨区”只能是权宜之计，是一个没有办法的办法，从根本上看，还要提供更多的就业岗位，缩小贫富差距。我以为还必须明确的是，有了“禁讨区”，不意味着要以牺牲其他地方为代价，从而使那些“之外”的地方沦为“灾区”。

（2004年2月20日）

管道煤气涨价的理由

广州管道煤气准备年内提价，本月下旬将召开价格听证会。提多少，能不能提，当然有待听证的结果。但我以为人们可能更关心的一个问题应该是：该不该提，为什么要提？有关方面给出的理由是：广州管道气价格省内最低、收费标准9年没变、生产成本不断上升等等。

如果单纯地看这几个理由，广州市民对此番涨价不仅不应该感到惊讶，而且还要窃喜才是，毕竟已经占了煤气公司好多年的便宜。就生产成本来说，2003年生产每立方米煤气消耗2.5047元——这还是从1994年起，他们即通过对设备的技术改造、裁减公司职员，努力降低了的结果；如果按1996年时算，要高达3.607元呢！而现在用户每立方米才收2.2元，真算“打掉牙往肚子里咽”了。至于收费标准9年没变，在当今也算个奇迹了，看看邮政资费、看看机票价格什么的，不是动辄“变脸”——只升不降吗？然而，品味此番涨价的重要理由，恐怕还是在于广州管道煤气价格在全省最低这一点。低于城镇居民人均可支配收入超越广州的深圳、佛山、东莞、中山不足为奇，低于这项经济指标不如广州的惠州、汕头，在一些人眼里可能就不正常了。

我们并不怀疑煤气公司的各种数据，尤其是省内价格最低的比较结果。但有意思的是，去年南京市的煤气涨价与否，也曾引起当地市民的强烈关注，听证会上质疑再三，而南京市城调队提供的全国10个大城市（北京、上海、广州、沈阳、南京、天津、重庆、哈尔滨、西安、武汉）的煤气价格资料中，最高的却正是广州！最低的是天津，每立方米0.80元。这就可见，评价广州煤气价格的高低是相对的，要看跟哪里比。关起门来，在省内最低不假；但“走出去”，则为“龙头老大”却也是真。因此，如果管道煤气一定要涨价，一个大的原则就不能片面地在全省进行横向对比，而要放眼全国，人家的低，是否也是在“忍气吞声”？是否代表消费能力的城镇居民人均可支配收入也一定低于广州？

如今有这样一种现象：不论哪里，不论什么行业，只要谈到涨价，往往一个脱口而出的理由就是长期亏损，以数字“事实”说明销售价格和生产成本产生严重倒挂。但企业提供的这些“事实”是不是客观结果，我们却无法确认，似乎也没有哪个职能部门予以确认，于是，这确实成了一个不错的理由，你总不能让我长年累月地亏本经营吧？然而，这个理由却不能成为涨价的“挡箭牌”，如果将管理不善而带来的非合理性成本划入最后的成本中，那就明显不妥，让百姓来埋单就更让人觉得不可思议。有一点实际上谁都明白，通过涨价来获取利润当然要比降低成本容易得多。另一方面，有关专家早已指出，严重亏损很大程度上是由于企业本身并未真正走入市场，以涨价弥补亏损只能是一种权宜之计。

管道煤气的涨价关系到千家万户，不是一件小事，在现在，就应该把充足的理由、涨价的幅度提前充分公开，以给市民一个充分的讨论时间，而不能只局限于听证会的几个代表。听证会的代表毕竟极其有限，本次公开征集的代表不是才有9名正式的和10名旁听的吗？

（2004年7月2日）

安全感是一种生活质量

广州社情民意研究中心进行的“2004 年广州社会治安状况公众评价追踪调查”显示，在受访的 1032 名不同收入、不同年龄、不同学历的市民中，仅有两成左右的人对当前广州当前的治安状况表示不同程度的满意。

这不是一个好消息。尤其是，这个调查结果与去年的相比，市民对安全感的评价还略有降低。为什么会这样？媒体代为市民发出的呼声不可谓不强烈，社会对治安问题不可谓不重视，公安机关对犯罪分子的严厉打击也不可谓力度不大，怎么还是这个结果呢？昨天的《南方都市报》用了差不多两个整版做专题报道，分析得很多了，对问题实质不是很了解的我们，即使想出点什么主意也未必出得到点子上。但我想说的是，百姓的安全感实际上是一种生活质量。安全感该是一个内涵很广的概念，不仅包括人身、财产等通过治安状况良好带来的安全感，而且也包括日常生活中诸如食品、消费等等因为市场经济秩序良好带来的安全感。话题既由治安引起，乃只说前者。

当社会经济发展到一定程度，人们解决了温饱问题、生活变得富足之后，健康、安全自然成为新的需求。或者说，物质生活水平越来越高，对健康、安全的渴望也就越来越强烈。正是从这个意义上看，安全感不仅是一种生活质量，而且是一种非常重要的生活质量。检验这种质量如何的最直接标准，应该是百姓在日常生活中是否心里踏实。如果回乡省亲或外出旅游要担心家里被窃贼上门，如果挤一趟公交车要担心被扒手光顾，如果在路上正常行走要担心被人寻衅滋事，如果在并不僻静的地方并不算晚的时段仍然要担心被勒索、打劫，如果外地来了亲戚朋友要叮咛嘱咐他们防备什么、远离哪里……这样的生活就称不上是高质量的生活。

如果社情民意研究中心调查到我的头上，我也将跻身不能满意的那八成市民之列，这倒不是凑热闹，而是亲身遭遇使然——不久前，不过是傍晚 7 点钟的光景，在灯火通明的广州大道中就被两个家伙公然打劫。老实说，从那以后，改变了不少观念。比方广州街边那些提着棍子的治安员，原来也觉着影响市容，不打自招地暴露广州的“恐怖”一面；现在就不那么看了，因为他们给我以安全感，一种触摸得到的安全感。但按照公安部今年 9 月 3 日发出的通知，对现有治安员将采取“只出不进，逐年减少，彻底取消”的原则，用 3 年时间陆续从公安机关清退出去；2008 年 1 月 1 日以后，各级公安机关一律不得再以任何名义留用治安员。届时，广州怎么办？如果治安状况有了根本的好转，当然治安员就是多余的了；但倘若仍然维持在现在的水平呢？所以，怎样填补治安员留下的空白，是一个从现在起就值得认真研究的课题。

当然，广州的治安状况还没有糟糕到人人诚惶诚恐的地步，但市民心里没那么踏实恐怕也是事实。广州社情民意研究中心近几年的追踪调查显示，社会治安一直都是市民关注的热点问题之一，也是市民最期望政府予以改善和解决的社会发展问题之一。因此，如何给百姓以安全感，是摆在政府面前必须解决的问题。

（2004 年 11 月 26 日）

我所理解的“3·15”

每年的 3 月 15 日是国际消费者维权日。尽管每年的活动都有一个主题（今年的是“健康·维权·食品安全”），但“3·15”在人们的心目中往往是一个投诉日，而且是一年当中投诉的最佳时机。在前两天广州有关部门举办的“3·15”消费者权益咨询活动中，一名六旬老伯激动得跪倒在地，哭着希望有关部门解决他们交了钱却收不到楼的现状，只是无数事例中的一个。

为什么投诉每每冲淡了主题？可能是消费者的理解偏差，也可能是日常的投诉因为行政部门的不作为而不大奏效，更可能是当前的消费环境还是太差，有遍地陷阱的意味，稍不小心就掉了进去，消费者有太多的冤屈。“3·15”前后，往往都伴随着“雷霆出击”之类的行动，的确能解决一些问题，至少在这一时段，不法者也知道应该收敛，避避风头。尽管“3·15”的功效很直接，也很显著，我仍然以为现在的“3·15”，并不是理想状态的“3·15”。1983年，国际消费者联盟组织将这一天确定为“国际消费者权益日”，目的是通过集中宣传消费者的权利，使消费者不断走向成熟。但在我们这里，“3·15”的使命，还仅仅停留于消费者集中宣泄的出口层面。

我所理解的“3·15”，应该是一次总结。央视“3·15”晚会汇集了年度全国十大坑蒙拐骗的案例，那是一种总结；不过，如果只是停留在暴露层面就还远远不够，重要的是“有司”要有一个总结，不是为消费者总结避免上当受骗的教训，而是自己从这些触目惊心的事实中总结出该“长进”什么。在十大案件中，“拔得头筹”的是《“吃人”的仙人掌》，讲的是重庆合川县云门镇石门村农民蒙进元、沈阳市宁官屯乡农民林淑琴怎样上了海南锦绣大地生物工程有限公司的当，导致血本无归，甚至家破人亡。但这仅仅是其中的两个个案，这个早已在海南本部卷款而逃的公司，在长达一两年的时间内居然在全国几十个城市设立了分公司，到处行骗而且得逞。给人民生命财产造成了这么严重的损失，除了“当前社会诚信缺失”，“有司”自己的工作存在哪些问题？给消费者在来年以怎样的安全消费承诺？在这一天都应该有个交代，不要一味强求所有的消费者都得练就一双“慧眼”。

我所理解的“3·15”，应该是一次集中展示制度层面建设程度的有利时机。出了问题，制度的不完善成为不少职能部门脱口而出的理由，但你现在建设到什么程度了呢？这两年没少强调食品安全，为什么食品老是不安全？现在又冒个“苏丹红”出来，是现有制度约束不力，还是约束不到？都要来个释疑解惑，从制度上探讨怎样能更好地为消费者做好维权工作，才能够避免年复一年的“3·15”情形大致相当。同样重要的是，让消费者建立起对制度的信心，否则“有司”一天到晚忙于在条文里做文章，终究于事无补。总之在“3·15”这一天，也要帮助消费者维权，也要解决具体问题，但不应该是以之为主，应该更注重宏观层面诸如净化消费环境方面的事情。说到这里，我倒是希望那些常出国门考察的人，不妨介绍一下人家在“3·15”这一天都在干些什么。

如今的“××日”、“××节”很多，仅3月份著名的就有3月5日学雷锋和3月12日植树节。同样的道理，这些日和节的设立，是要借助主题活动，把所倡导的内容——比如雷锋精神——发扬光大，唤起全社会的关注热情。而倘若一年当中只有在3月5日去做件好事，就是陷入了形式主义。

（2005年3月18日）

城市“宜居”与否自己最清楚

“中国十大宜居城市”评选出炉后，引发了深圳市民对自己城市是否宜居的大讨论。因为当选的这十个城市分别是上海、大连、北京、广州、成都、青岛、杭州、桂林、珠海和厦门，并没有深圳。我想，恐怕是深圳人的自尊心受到打击了吧。他们不是认为深圳在环境、交通、经济等各方面都不输给广州吗？

我不是深圳市民，即使是，也不会参与这样的讨论，不去较那个真。如果说别的排行榜个人拿捏不准，一个城市的宜居与否，个人是有发言权的。宜居城市，即这个城市是否适宜生活。那么，我生活在这个城市，这里的各方面状况如何，用不着别人用一些貌似严谨的百分比数据来告诉我。比如，我明明感到这里各方面的条件都很理想，别人却说，哎呀，你那儿不行啊，那么这里就不宜居了吗？或者相反，我明明感到在这里生活没有安全感，人就待在家里，盗贼也敢进屋，而别人封了个头衔，说这里很好，难道就宜居了吗？没有这么简单。

在我看来，这种评选本身的标准就存在硬伤，它看中的只是宏观上的一些指标，他们所遵循的，不就是“交通的方便性”、“城市是否干净整洁无污染”和“空气质量”吗？当然，这的确是宜居城市的必要条件，但仅仅如此显然是不够充分的。“行”在上面已经有了，宜居不宜居，还要同时考察“衣食住”，柴米油盐什么的，这是百姓每天开门要办的事、必办的事，忽略不得。而现在的调查显示，上海宜居的主要原因是“经济发达，经济发展迅速，经济实力强”；广州入选的最关键因素是“机会较多，经济水平高”；北京呢？很大程度上是由于“是中国的首都，在各方面都具有优势”。就是说，这样的宜居标准，与百姓的生活质量基本没什么瓜葛。那么，这种评选宜居城市，还不如说是在评选宜创业、宜奋斗、宜实现个人理想志向的城市。这就难怪不久前另一项《全球生活质量调查》告诉我们，在亚太区域的城市中，上海的生活质量指数上升最快，在我国排名第一，但在全球215个城市中也只是排在第102位了。

当下不说别的，关于食品安全就有说不尽的话题。在各地食品安全普遍得不到保证的严峻现实面前，所谓宜居的地方只能是相对的，当然，任何时候的宜居可能都是相对的，但我在这里所说的相对，是把一些必须考虑的因素人为地忽略不计的相对，也就是说，是在现阶段状况下的宜居，与真正意义上的相差甚远。比如眼下，连吃点儿颜色偏红的东西都到了诚惶诚恐的地步，宜居难道不该成为一种侈谈吗？排行榜是近年来国人热衷的一项营生，有趣的是，鲜有哪个排行榜不是问世即遭质疑——刚刚看到，广州市北京路、上下九路无缘“首批中国著名商业街”，业内人士旋即指出这种评选结果不具代表性。在公信力摇摇欲坠的情况下，排行榜究竟还有存在的价值吗？我存有疑问。

《深圳市2005年市容环境综合整治工作方案》在前几天已出台

了，从《方案》中，我们看到了他们的目标和任务。现在，摆在深圳人面前的，应该是怎样把文字上的美景转换成生活中的现实，需要的是脚踏实地，而不是为一些没有多少实质意义的荣誉——如果当选正在讨论的这个“宜居”算得上荣誉的话——分散了注意力，误了自己的事。自己生活的城市，宜居与否，自己应该最清楚。

（2005 年 4 月 4 日）

小铅笔事关大问题

再过几天，一年一度的全国高考就要拉开帷幕。省考试中心负责人前天对考生、家长和学校发出了“八大提醒”。其中的“提醒三”是：考生在购买 2B 铅笔的时候，要尽量在大商场购买，以保证质量。

突出强调 2B 铅笔，在于它是今天标准化考试的专用铅笔。考生用这种型号的铅笔将答案填涂在答题卡上，专门的读卡机才能将答案读出。因为笔芯浓度过浓或过淡都容易造成识读的失败或错误，所以，一旦铅笔用得不对，即使答对了，也不一定“判”对，势必要影响到考生的分数。假冒的 2B 铅笔，质量谈不到保证，很容易甚至必然要出问题。事实上，在高考中因为误用假冒 2B 而导致分数被判丢不少乃至被判为零的，在许多地方都已有了活生生的实例。但 2B 铅笔用了好几年了，今年所以当成重点，恐怕源于假铅笔的生产已有了成规模的趋势。上周日央视的《每周质量报告》告诉我们，在河南郑州、北京等地，发现了大量的假冒 2B 铅笔；在江西南昌、浙江武义，执法人员还分别端掉了制造假货的窝点。事情并没有牵扯到广东，未雨绸缪是必要的。

但提醒的目的，终归是为了考生的智力不至于因为工具受损，那么这提醒首先要有可操作性。现在，如果考生钻一下牛角尖，就难免发出这样的疑问：什么样的商场叫大商场，名气大还是规模大？郑州发现假冒铅笔的地方是“河南盈合万货城”，够大了吧；北京发现假冒铅笔的地方是全国知名的铅笔批发地，也够大了吧，还不都是假得邪乎？在伪劣 2B 铅笔的背后，奸商瞄准的是“高考经济”，那就不是哪个商场能够自然幸免的问题；无论什么商场，有没有假货，取决于它有没有道德，讲不讲诚信。专家说有三招能够认识真品 2B 铅笔：一看断面，二看漆面，三看里面。我想，在目前的情况下买铅笔，虽然这套鉴别手段显得高深、艰涩，但要求得保险的话，还非得掌握不可。只是可怜考生和家长，要无辜去劳那么多的神，而这精力原本不必付出，不该付出。

2B 铅笔在今天这样引起重视，其实是个“老”问题。据中国制笔协会副理事长樊继勇介绍，每年高考前夕，一些考生和家长就会打来电话咨询 2B 铅笔的问题，有的还把买到的铅笔送来检测，而每年都会发现假铅笔。谁都知道，在高考“战场”上，一分之差即有可能改变考生的命运，那么，一支假铅笔足以影响一个考生的一生。“小”铅笔既然事关“大”问题，与其单纯提醒，不如负责到底。就是说，与其让成千上万的家庭为真假铅笔四处奔波、提心吊胆，不如由高考考场把 2B 铅笔的事“包办”起来，直接从正规厂家进货，让考生在考场坐定之后，拿起来的就是“放心笔”。

进一步想，这样一种“包办”倘若不是本着利润最大化原则，而是从考生的根本利益出发，即使形式上有“垄断”之嫌，恐怕也并不会有谁提出反对意见吧。

（2005 年 6 月 3 日）

天价厕所？免了吧

深圳福田区决定修建 20 座单价 300 万元公厕的消息传出，坊间大哗。有深圳网友算了笔账：如果每座厕所面积按 100 平方米计算，其每平方米的造价就是 3 万元，而深圳最好商品房的造价，每平方米也不过 0.8 万元。

天价厕所在前几年就已经不是什么新闻了，全国各地，曾经此起彼伏，现在所以又吸引了人们的眼球，乃是在价格上又攀升了新的纪录。可不是吗？2002 年年底的时候，深圳市厕所的“天价”程度还只是停留在 12.8 万元（罗湖区），3 年工夫就涨了 20 多倍。我知道，无论建造什么价码的公厕都自有它的道理。当年罗湖区的那种，是为了大力倡导“公厕文化”，叫“节水型环保型微生物厕所”；现在福田区的这种，则运用了“生物纳米环保技术”，科技进步了嘛。福田区城管办有关专业人士解释说，这种公厕具有综合功能，集垃圾处理、公厕、杀毒于一身。从这里还真没看出什么稀奇，不过较之前两年广州市天河区的星级公厕，在实用程度上至少真是进了一步，后面这个号称既能叹空调、看电视，还能洗衣、理发、托婴、休息。深圳那 300 万元，毕竟投在了设备和工程上，而不是用在与如厕毫不搭干的事情上。

有专家告诉我们，虽然 300 万元的确是个不小的数字，但政府这样决策是对的，因为“政府规划要着眼于长远”，言外之意有百姓在这个问题上鼠目寸光的味道。但是在我们看来，着眼于长远并不等于盲目超前。公厕问题之所以总是成为问题，根本原因在于人们上街时感到如厕不够方便，而非如厕时感觉不够良好。换言之，解决公厕问题当务之急是“数量”因素，而非“质量”因素。这在深圳并不例外，倡导“公厕文化”的时候他们全市就缺 185 个公厕呢。因此，政府部门对待公厕的态度理应趋向中庸，子曰“过犹不及”。在现阶段，使公厕能够与人方便、干净卫生也就足够了。等到把“方便”难的问题解决了，或者等到钱多得没地方去花了，再打那些天价的主意也不迟。

这个专家还说：“对于环保要求而言，什么时候都是越高越好，我们不要总是把环境搞糟了再来补救。”话也很对，但环境的优劣与这些公厕是如此紧密地关联着吗？有一点不知他注意到没有？当年罗湖区的天价厕所乏人去“蹲”，公厕“一天开放15个小时，却只有稀稀落落的10余人使用”。什么原因，也不妨给我们一个解释吧。

不知道是哪个有心人，发现300万元建个厕所其实算不上暴殄天物，人家国外也是这么干的。瑞士日内瓦打算修建全球最豪华的厕所，35个厕所将耗资1300万美元，平均下来，每个厕所的造价达到了31.3万美元（人民币250万元），相当于位于日内瓦市中心的一个一居室公寓的造价。看起来，瑞士人才真是鼠目寸光了，你那个最豪华？笑话！不过，我们的不少事实却已经证明，所谓“高起点”、“大手笔”之类贪大求洋、中看不中用的工程，留下了太多的教训。

（2005年6月22日）

幸亏是演习而已

前天上午，天河北一幢大厦和广州市消防局联合进行了一场消防演练。“为了尽量贴近真实”，消防部门没有通知交警等相关部门予以配合。这一下可不得了，演习不仅造成天河北路交通瘫痪，使数百车辆受到影响，而且连赶来“救火”的消防车，也一度被挤在车龙中动弹不得。

演习，就是进行实地练习。练习的目的是为了暴露问题，找出存在的漏洞并进行修补。从这个角度看，天河北的这次“救火”演习确实有达到了目的的一面。但是一场寻常的“救火”演习竟然导致如此混乱不堪的交通状况，引起挤在车龙里的人们怨声载道，暴露出的问题就已超出了“救火”范畴，更暴露了广州市在应对突发事件时还存在严重的不足。消防局人士不是表示担忧了吗？“无法想象以这样的道路状况，需要进行大规模人员疏散的时候会是什么情景。”这，也正是这次“救火”所以让人庆幸只是演习之处。

所谓突发事件，乃意外地、突然地发生的事件，事先完全不可确定，像火灾。所以，笔者赞成这次“救火”没有通知相关部门——如交警——配合进行。如果通知了，周密地部署好了，来个交通管制或限制，把道路空出来专让消防车过，井井有条固然不假，但那还叫什么面对突发事件，不是成了小孩子玩过家家了？在实际生活中，没有人能预料在哪里、在什么时候一定发生火灾，那么在演习中，也就没必要刻意进行协调。

人们都应该还记得，上个月初，一架法航客机在加拿大多伦多着陆时被闪电击中，冲出跑道并起火燃烧；然而，机上297名乘客和12名机组人员中除了一些人受轻伤外，在飞机爆炸前全部逃了出来，无一人死亡，成为世界航空史上的一大奇迹。奇迹不是凭空产生的，其中一个主要原因正在于“有序”，每个人都能迅速积极地配合，慌而不乱。在前些天那场令新奥尔良损失惨重的飓风中，旅美的林达先生也认为，在短时间内，整个墨西哥湾沿岸的几百万人大撤退，“还是做得井然有序”。在突发事件面前怎样才能“有序”，显然是我们当下迫切需要解决的问题。现在在媒体上经常能听到或看到一个说法，某地突然发生了什么事情，当地“迅速启动了紧急预案机制”。先得承认，这说明如何应对突发事件，越来越引起了各地政府部门的高度重视。但笔者比较狐疑的是，紧急预案真的已经白纸黑字躺在卷宗里，还是为了显得一切成竹在胸，非这么说一说不可？怕就怕这句话沦为“时尚”用语。因为现实中好多恶性事件发生时，如果“有序”的话，损失原本都可以减轻。

类似天河北不通知配合的演习还应该多搞几次，真正能产生实效的预案正是通过暴露出来的问题乃至严重问题累积起来的。被“塞”得动弹不得的市民可能还会抱怨，但这也正可以促动政府对此更加积极作为。

（2005年9月9日）

给“泥领工人”劳动保护

广东商学院教授谢泽宪对珠三角企业工伤状况历时3年的调查结果是令人触目惊心的：工伤者的平均年龄只有26岁，他们85.6%来自农村乡镇，86%是男性，75.1%上岗不足1年，多数未婚。有的甚至连第一个月的工资还没领到，身体已经因工伤致残。

首先得感谢谢教授及其学生3年来的辛勤劳动，这项调查使我们在看到珠三角经济建设辉煌成就一面的同时，还看到了不容忽视的问题一面。面对这样一些数字，有责任感的珠三角企业应当是感到羞愧的，羞愧于他们过于关注了自己的经济效益，过于漠视了员工的身心健康，给那些风华正茂的年轻人造成了不应有的身体创伤！所以这样说，当然也是基于谢教授的调查结果。我们看到，在全部调查对象中，本地企业工伤比率最高，其次是来自香港和台湾的企业，两者加起来超过了80%；而最低的则是外资企业，还不到2%。此外，个体工商户和私营企业的工伤比率接近60%，国有和集体企业还不到6%。这就可见，“泥领工人”（谢教授语）的工伤是可以避免的，就看企业把这个问题摆在什么样的位置。谢教授的调查明明白白地告诉我们，企业对职业安全的无意识和对工人生命价值的严重忽视，是工伤事故多发的首要原因。

在一个正常的企业，关心员工的身心健康，就是关心企业的健康成长和持续发展。在企业倡导以人为本，首先是以员工的身心健康为本，而不关心员工身心健康的企业是不负责任的企业。为了敦促企业必须把员工安全重视起来，珠三角首先应该来个企业大检查，看看有没有、有多少企业为了节约成本，减少安全生产投入，不设安全保障措施，在生产中埋下了安全隐患。其次，才谈得上如何对“泥领工人”进行劳动保护意识的培训。后一个问题看起来与对他们的职业技能培训同等重要，不仅在劳务输出地要先期有所行动，更是企业在招聘员工之后义不容辞的责任。

超过三成的工伤者认为是自己工作不小心造成了工伤，民工们纯朴得真是令人伤心；近八成的工伤者不知道存在工伤补偿，说明有关方面在工伤者的权益保障方面还没有尽到责任。不难想见，由于农村家庭中男性是主要劳动力，他们的受伤，可能让一个家庭失去主要经济来源而陷入困境。顺德某手外科医院副院长一个人 10 年间做了 4000 余例手指移植手术，平均下来竟然每天超过一例。他有那么多的临床“实践机会”，令他“在国际手外科学术会议讲述自己科研成果如何得来时，全场的外国专家为之震惊”。即使从革命的人道主义出发，这种状况难道还不足以使有关方面高度重视起来吗？

农民工在企业务工时容易受伤，当然并非发生在珠三角一地，但是这个问题既然在珠三角存在，珠三角就要首先直视自己，探讨解决办法，把那些令人惊栗的数字压到最低限度。在这一点上来个全国率先，与率先实现现代化同样具有积极意义。

（2005 年 9 月 13 日）

百姓上大医院乃明摆着的选择

昨天新华社“新华视点”《老百姓看病为什么非要上大医院不可》，以记者在北京几大著名医院现场采访的方式，再一次把“看病难”、“看病贵”的问题摆到了台面。记者用一些事例——诸如柳大妈的老伴切菜切破手指还是要上大医院——表明，有病就往大医院跑实在是不划算的事。这个问题当然早就不新鲜了。我们能够理解记者的苦心“规劝”，但是前提性的问题如果得不到解决，怎样的“规劝”也无济于事。

有的医院——主要是大医院——门庭若市，别的则门可罗雀，确实不能算是“正常”的现象。不过，倘要说百姓看病非要上大医院不可是“冲动”的行为，怕也失之于武断，就是言者自己面临选择，未必不落“窠臼”。从我们的现实来看，这是一个明摆着的选择。卫生部的统计数据告诉我们，我国医疗资源的配置分布极不均衡，80%集中在大城市，其中的30%又集中在大医院。就是说，包括人才、设备等在内的软硬件优势，大医院已先天胜出一筹，自然受到百姓的青睐。另一方面，现有的医疗保险制度“偏爱”大医院，不到主要是大医院的定点医院就医，看病费用的报销要成问题。除了这些明摆着的因素，还有百姓基于对大医院之外的医院并不信任的成分，按上面柳大妈的话说，社区医生属于“赤脚医生”的层次，水平低。而且，与看病难、看病贵比较起来，更可怕的还在于遇到庸医假医。谁不知道，地方医院里假冒伪劣的江湖郎中实在太多？

大医院医疗配置既集中又先进的先天优势，决定了不少病人长途跋涉，形成类似“全国人民上‘协和（医院）’”的悲壮景观。对这种实乃本能的选择，我们在任何时候都不可以妄加非议，那些艰难的求医者，毕竟身心已经遭受了一定的创伤。值得探讨的该是怎样改变这样的局面。近前来看，病人挂号时间长、取药时间长、交费时间长、看病时间短，这“三长一短”问题普遍存在于各大医院，严重供不应求导致医生的权力感被放大，忘记了自己只是医疗服务的提供者。卫生部医政司原司长于宗河不是说了吗？“我当过20多年医生，一个上午看20个病人，处理是很粗糙的，现在经常几分钟就把病人打发了，这在医学上非常可怕。”（2005年第31期《三联生活周刊》）长远来看，国家恐怕要通过区域卫生规划，合理布局，合理调整卫生资源配置，并增加投入，优先发展基层的医疗机构，以保障群众的基本医疗，尤其重要的是让群众树立起对基层医疗机构的信心。

有专家认为，中国大医院占尽了两个体制的好处，既占了计划经济体制下垄断的好处，又占了市场经济体制下赚钱的好处。这个局面要得到改变，必须从“我国医疗资源分布不均衡的一个缩影”做起，这个前提问题不解决，百姓看病非要上大医院这个问题本身也就不会得到解决。打个比方说，这就跟家长都想把孩子送进重点学校是一个道理，不同的是，后者属于教育资源分布的不均衡。

（2005 年 9 月 26 日）

市民取水当“网开一面”

《广州市白云山风景名胜区修正案（草案）》日前已提交市人大审议。《修正案》中新增了保护水源和环境的规定，其中景区内全面禁止抽取地下水和取用地表水的条款引起舆论大哗。概因为一旦实行，形象地看，市民倘若捧一把水喝或用来洗手、洗脸等，可能也要被罚款 50 元。舆论大哗之因，正在于其对市民的要求显得苛刻。还好，这个《修正案》尚处于审议阶段，还存在议论的空间。而且，列席市人大常委会的谢庆牛先生已经大声疾呼了：“放过老百姓一马吧！”那么，笔者也不揣冒昧，发表一下自己的看法。

对市民取用山泉水，首先存在一个怎样看待的问题。从山泉水水源逐渐稀缺的角度看，有禁止的必要；但如果从文化传统的角度看，就有保留的余地。白云山泉水当以九龙泉为代表，传说秦代精通黄老之术的安期生曾经在此隐居，引得九位童子出现，旋见泉涌；以小童为龙所变，故名九龙泉。20 年前笔者初来广州即慕名登了白云山。记得那时到了九龙泉边饮一口水，是一件自然而然的事情，犹如到了天津得尝尝人家的“狗不理包子”一样。并且泉边就放着一件公用的舀水家什，由人自饮。后来还知道，市民喜欢饮九龙泉的水，自古就是一个习俗。这习俗即源于试图沾一点安期生这位仙人的仙气也说不定。

对取用山泉水采取全面禁止的做法，当是从白云山发挥“市肺”功能的长远着想，避免竭泽而渔的窘境出现。但这里又存在市民取水与山上及周边酒楼、宾馆、水厂的用水，究竟占有一个什么比重的问题。谢庆牛先生说了，他在山上某局建的某山庄住过，里面连泳池用的都是山泉水！白云山上及周边有多少类似的山庄，我并不知道，但耳闻目睹，那是非常可观的。他们每年乃至每天耗掉多少山泉水不难计算，那么，倘若禁止他们的用水便足以达到保护山泉水的目的，而市民所取相对微不足道的话，《修正案》未尝不可以对前者施以辣手，对市民则“网开一面”。

把市民取用同样列入《修正案》的条款，想来也不是完全没有道理的，反映了市民对白云山泉水的需求达到了过去不可想象的程度。然而，退一步想，这也正可窥见时下饮用水的堪忧之处。自来水的状况就不用说它了，10 月 16 日，国家质检总局公布了对全国桶装水市场抽检的结果，合格率也仅为 65.2%，这已经是桶装水连续第三年抽查合格率不足七成，不合格产品的主要问题是菌群总数超标。生活中须臾不可或缺的饮用水是这样一种状况，而白云山泉水无疑是市民眼里天然的“放心水”，有条件的市民当然要作为首选了。因此，真正的治本之策，还在于怎样重树市民对饮用水的信心。

既曰审议，变动若干条款就存在回旋的余地，何况社会各界都有呼吁。禁止“住改商”一度说得那么决绝，现在也呈现了转机。提醒有关方面今后要多一点审慎，事先广泛征求一下意见，如此强烈的争议可能就会避免。

（2005 年 11 月 4 日）

稳定气价　政府有为

就在全省各地液化气价一片“狂涨”声中，这几天，惠州的液化气价却一直维持在 96 元/瓶的稳定价位上。这是怎么回事呢？因为惠州市政府决定，在 2005 年 12 月 16 日至 2006 年 2 月 10 日期间，动用 70 万元价格调节基金调控城市中心区瓶装液化气价格。惠州市政府的举措，得到了企业和民众的普遍欢迎。这是可以预期的结果。从这一结果中我们不难获得两点认识：其一，政府对日益高涨的气价是有能力干预的；其二，政府如果采取调控措施，是能够取得一定成效的。

市场经济不是没有秩序和放任自流的经济。尤其是当事关公众利益的商品出现价格异动、涨价涨得人们心惊肉跳之时，政府进行的这种干预，实际上是对市场“缺陷”或者市场“失灵”的干预。针对气价上涨的严峻形势，广东省物价局1月6日召开了新闻发布会，公布了一系列措施，其中包括：将严格控制流通环节进销差率，零售环节批零差率不得超过4%，等等；明确将民用气的送气收费列入监管范围，不得通过提高送气费变相抬高气价；并将实行派驻企业价格监察员制度，每日将企业的购、销、存数量和成本与价格执行情况向省物价局上报。这一系列措施，正是市场经济条件下一个有为政府可以而且必须出手的干预。

惠州市采取的办法是“政府补一点、企业亏一点”，力争让市区液化气价的波动范围维持在5元之内，不突破百元大关。其中的“企业亏一点”，值得其他地方的同类企业认真咀嚼。省物价局负责人前几天曾经指出，销售企业虽然讲的是盈利，但也不能一味追求效益，企业有责任配合政府保障供给。其实，企业也未必就会“亏一点”——真的那样，是对企业的苛求，它们不过只是较先前少赚了一点而已。我们看到，在省物价局的措施公布之后，即有燃气公司回应：“毛利率低于20%是没有企业愿意做的。”惠州的企业怎么就甘愿“亏一点”，蕴藏其中的恐怕还有企业经营者的境界问题了。

政府对燃气价格进行干预，我们不能够孤立地看，而应当视之为城市管理系统的一个方面。据广州市供电部门介绍，最近几天广州居民用电大增，致使全市用电紧张。除了冷空气南下使气温剧降，加快居民用电高峰的到来之外，广州瓶装煤气价格冲到百元左右的高位致使不少居民难以承受压力而改用电，正是一个主要原因。据最新统计，广州居民用电同比增长了10%，广州已连续几天高挂红色电力错峰信号。因此，对燃气价格的适度干预，也是使供给与需求达到动态平衡的方式。

在市场经济条件下，谁也不会认为政府的干预是万能的。省物价局也注意到了干预作用的有限性，认为“不能干预到没有气的局面”。同样，惠州也存在顶不住“不突破百元大关”的可能，但相信即使到了那个时候，百姓也会给予充分理解，眼前这种种努力，已足以让他们感到宽慰。

（2006 年 1 月 9 日）

第二套房，为啥要征重税？

购买第二套住房将可能被征高额不动产税。这是国土资源部土地利用司一名官员日前透露的。在咱们中国，关于涨价、征税之类涉及“收钱”的事情，一说“可能”，离“现实”就不会很远了，很有关注的必要。

细读新华网上的那则消息，有许多不大明白之处。比如说：不动产税征收办法一旦出台，那些买别墅、住低密度住宅和买了几套房的，“就得考虑合适不合适了”。我不大明白的是，是要对已经“多出来的”开征，还是对准备买第二套住房的开征？度其语意，该是指后者；但消息说，不动产税的改革将保证个人居住的基本需求，家庭基本的住宅用地税率有可能为零，而对于基本住宅之外多出来的那一部分住宅，即拥有多套住房的，税率肯定要高。那么，这又是要对已经“多出来的”住房开征；如果征是一定的，哪里由得你考虑合适不合适？让人斟酌或掂量的话显得很多余。

曾几何时，“第二套住房”是作为一个消费新概念“在中国兴起的”。有个著名经济学家甚至提出：小康的标准是拥有第二套住房。并且认为应培育更多小康之家，因为小康之家最利于社会安定，小康之家越多，经济就会发展得越好，就能形成良性循环。现在，广东18%的城镇家庭已经拥有两套以上住房，广州每百户居民家庭平均拥有住房数量也已超过117套。作为一个新的消费热点，“第二套住房”的诱导效应也产生了——促使汽车进入家庭。人家没买什么就鼓励人家买；人家买了，忽地又准备课以重税，有没有请君入瓮的嫌疑呢?

为什么要征收不动产税?消息中看到的理由是：国外的不动产都要征收。我们凡事都要与国际接轨，人家已经这样做了，当然没话可说，但我们凡事还讲中国特色，这回不知为什么又要等量齐观了。容我瞎琢磨一下，他们买第二套住房的动机跟我们的可能不是一回事——当然是说多数人，他们恐怕是有钱人才买。环顾自己的周围，有不少人是买了第二套住房的，没买的也有买的打算，但大家都不是富得流油，有闲钱没地方花，而是应了经济学家所说“小康的概念是发展的”。以蠢蠢欲动的笔者来说，当初分到的房改房面积太小，而生活水平提高了，也粗粗具备了改善的条件。看了这则消息，不免遭到当头棒喝，至于“我国经济的长期增长”会不会出现问题，就考虑不了那么多了。

还是那名经济学家在当初预言：“一个农民要进城买第二套住宅，一个城里人要休闲度假买第二套住宅，这个趋势是挡不住的。”现在来看，挡得住还是挡不住，得取决于征收的重税究竟要重到什么程度。一定要征，有“多出来的”住房的人现在也没办法，只能埋怨这种做法不够厚道吧。去年岁末，香港的丁学良教授跟我们打了个哑谜，说“中国真正意义上的经济学家最多不超过5个”，却又不说出名姓，叫我们平头百姓不知哪个经济学家“货真价实”，进而不知今后该听谁的才好。

忽然想到，征收重税是不是为了打击愈演愈烈的炒房风呢?如果是，那可谓“城中失火，殃及池鱼”了。

（2006年1月17日）

用气补贴是一种和谐成本

连日来，广州等地的瓶装煤气价格再次出现飙升态势，以至于去年年底，广州市物价局出台的春节期间不高于 95 元的“呼吁价”，早已显得力不从心，被“涨疯了”的气价远远地抛在了后面。

“早起开门七件事，柴米油盐酱醋茶。”有人考证，这两句诗最早出现于元人杂剧。实际上千百来年，“开门七件事”都是百姓居家生活的要素。今天，对于城市里的居民，处于头号位置的“柴”，无疑就是包括瓶装煤气在内的现代燃料了。煤气、石油气等等，不仅成为国计民生的基本物资，而且也成为了衡量居民生活水平的一个标志。现在，因为瓶装煤气的价格一再走高，不少低收入人群已经不得不弃“气”用煤，《南方日报》昨天头版的新闻照片显示得很分明：久违了的蜂窝煤车又出现在广州街头。概因为在荔湾、越秀等老城区，不少老广州烧开水、煲汤又用起了蜂窝煤。从用气回到用煤，本身已经意味着“柴”的档次的倒退。

我国民间最重要的传统节日——春节即将到来。瓶装煤气价格的高涨，客观上酿造了一种与喜庆不那么和谐的气氛；但是我们也看到，伴随着政府的主观努力，和谐也在扑面而来。那就是，一些地方政府除了积极出台新的措施以期确保燃气市场稳定之外，财政还拨出专款，为低收入家庭、低保户提供临时用气补贴。就我们看到的数字，广州市每月补贴 20 元，佛山市 10 元，河源市 40 元。中山市的具体方案也将于近日出台。虽然补贴的时间有一定期限，暂定为 3 个月，补贴的数目也不尽一致，但是显然，这是各地从自身情况出发的。尤为重要的是，补贴对于那些困难群众而言无异于雪中送炭，构成了一种实实在在的“送温暖”。

关心群众，首先应当是关心困难群体的疾苦，为他们的生活排忧解难。从长远来看，让困难群体尽情享受到改革带来的丰硕成果，要靠发展提供更加坚实的物质基础作为保障，要靠改革不合时宜的制度以更大程度地释放社会生产力；但解决他们在生活中面临的现实困难，同样是政府的责任和义务，或者说百姓的燃眉之急正是政府的当务之急。长远与近前，呈现的是“本”与“标”的关系，两个都不可或缺。出台用气补贴政策，正透露着强烈的民本色彩。单纯从数字上看，补贴10元、20元乃至40元，在一些富裕起来的人的眼里可能算不上什么，对困难家庭来说，也未必从根本上解决了问题，但是可以肯定的是，受惠群众从中感受到了关怀。在一定意义上说，这种关怀也是“和谐成本”的一种，它通过具体的细节体现出来，可能没有固定的表现形式，但其间洋溢着的，是关心百姓、爱护百姓的工作出发点。

抑制瓶装煤气的价格上涨，政府还须努力。也许，在市场经济时代，物价部门对市场的干预难免有失灵的时候，但政府对困难群体的关爱，却永远居于主动的一面，只要心里时刻装着百姓，这种关爱就不会有缺位的时候，就足以抗击失控的市场。

（2006年1月18日）

“方便”怎么更方便？

2月13日《南方日报》有一篇“社会观察”：广州街头为何如厕难？缘起于几位东北游客的投诉，认为广州的风景名胜、商业氛围和市民的热情都给他们印象颇深，尴尬的是公厕难觅，“方便”的时候不够方便。

这个问题真的算是老问题了。记得改革开放之初，外国人就对咱们的厕所留下“相当不良”的印象，不知哪个老外还将在咱们这儿上公厕“恶搞”为“一跳二叫三笑”：一跳，因为污水横流；二叫，因为蛆虫满地；三笑，因为没有隔板分隔如厕者。去今30来年前还是这个样子，古代就更不用说了。《世说新语》记载东晋时的大将军王敦，“初尚主，如厕，见漆箱盛干枣，本以塞鼻，王谓厕上亦下果，食遂至尽”。看，连皇家级的厕所——那还不是公厕呢——也得靠用枣子塞住鼻子来排斥臭味儿，也就是说，宁可以消极的防御抵抗积极的进攻，也没有想到怎么标本兼治。但古人记载这件事当然不是让我们溯厕所这个老问题的源，而是旨在告诉后人，王敦那家伙吃塞鼻之枣，违背常理，是在装糊涂，足以证明他是个大奸之人。

当外国人没有指出我们的厕所的弊端时，早就习惯了的我们并没有意识到这也是一个问题；而在有了意识之后，至今却还没有真正意识到这还是一个大问题。我们所意识到的“大”，只是搞过一系列发狠的举动：投入巨资修建天价公厕。于是全国各地似乎在较量谁对单个厕所的投入高，谁的厕所功能设施齐全。这种从一个极端（缺少）走向另一个极端（豪华）的幼稚行为，不少人包括笔者在内，当它们露头或行将露头的时候，都曾予以当头棒喝，如今它们的命运如何值得关注。这种极端之举实际上暴露出我们中国人的一条软肋：欠缺解决实际问题的思维意识，凡事都有哗众取宠的嫌疑。

据去年零点公司的一项调查显示，在全国31个城市中，“如厕最不方便的城市”是深圳，紧随其后的是广州，冠亚军全在我们广东。这项调查有没有地域歧视我们不知道，但身居其中的我们在街上想要“方便”时同样感受得到不够方便也是事实；不过，基于共同的文化背景，我们即使不是从“维护本土尊严”的角度出发，似乎也可以断言全国其他城市在这个问题上也好不到哪里去。您瞧，前几天上海才刚刚试运行一套“公共厕所信息查询系统”，说是“只需”拨打一个电话号码，或按指定方法发短信到一个手机号码，“就能迅速找到离自己最近的公厕”。相对于他们出版发行140页的《上海市区公厕指南》，信息查询自然是方便了，但最重要的前提是您得记住那两个电话号码，方不方便我不说您（包括上海人）也知道。

昨天《羊城晚报》也报道，深圳如今花6元钱买份地图，也可以

“轻松行方便”，因为新版地图上标明了全市300多处公厕的位置。应当承认，为了“方便”更方便，城市管理者是在不断努力的，只是步子迈得太小，速度太慢，跟不上百姓的满意度。

（2006年2月17日）

“乡村游”的真正魅力

“2006广东乡村游”启动仪式2月17日在广州举行。据人民网昨日电，当天广东全省设立分会场搞启动仪式的有肇庆市的德庆县金林水乡、封开县杨池古村和四会市古法造纸村，肇庆将成为西线“乡村游”的一个热点。

“乡村游”是一个旅游新品种。业界人士表示，将“乡村游”作为一种概念化的产品推出市场是旅游业发展的必然。据悉，广东各大旅行社都将把“乡村游”旅游产品的开发作为全年计划。乡村有城里无可比拟的优势：自然风光、新鲜空气、绿色蔬菜、民风纯朴等等，“乡村游”成为省内游的主要增长点，成为一种趋势毫不足奇。但在我个人看来，以“住农屋、吃农饭、干农活”为内容的农民生活体验游固然是一种新时尚，但类似“田里摘草莓，村里吃土鸡”式的“乡村游”，充其量只能热闹一时，游客的新鲜劲儿过去了，可能也就冷下来了。“乡村游”能否真正形成一个概念化的产品，保持其长盛不衰的魅力，主要还是取决于乡村的历史文化积淀。业界一致看好广东乡村地区旅游资源丰富，主要也应该是指能够呈现岭南文化样貌的乡村文化载体还比比皆是。

因此，肇庆成为“乡村游”的一个热点是很有可能的。从单个城市看，它是国家公布的第三批历史文化名城；从以肇庆为首的行政区划看，它是中原文化进入岭南的前沿阵地。秦始皇凿灵渠，大军自北而南，顺西江而下，吞并南越，将岭南纳入了中原版图。肇庆这块土地颇具岭南文化主要发祥地的味道。人民网电讯中提到的杨池古村，16年前我在“基层锻炼”时曾经到过，那时它还不见于任何公开记载，在去之前当然也毫不知情。一天深夜，跟随当地镇干部去搞“专项治理”，地点就是杨池。记得从镇政府坐农用车出发，走了很久，颠簸得非常厉害的羊肠“公路”窄得没法走车了，便下车步行，天亮时候才到杨池。当年杨池所属的罗董镇人均年收入好像还不到800元，农民住房以土坯房居多，而杨池却是连围墙都是青砖构造的一色高堂大屋，雕梁画栋；村的布局井井有条，全部石条铺地，与其他村落在外观上仿佛迥然两个世界。发现是一种享受，尤其是对人类学出身的笔者，在那么偏僻的地方居然有那么宏大的建筑群落，当时产生的那种惊讶，记忆犹新。

应当说，今天我们所看到的乡村物质文化，主要就是乡土建筑。从一定角度来看，乡土建筑构成乡村生活的舞台，它忠实地记录了昔日的能工巧匠怎样在条件艰苦的情况下营建了它们。与此同时，它也可能因为承载了岭南文化代表人物而增添了丰富的人文内涵。这些乡村物质文化，可能称不上是阳春白雪，也许没有因为被正史记载而广为人知，但其中所表现出的前人的智慧和极高的审美力，足令置身其中的人们感动。这点滴的堆积，汇集而成并滋养哺育了岭南文化。而越是走进乡村，才越能看出它的精美。“乡村游”的真正魅力，正应该在乡村文化散发的魅力上。

（2006年2月20日）

“3·15”之痛

昨天是“3·15”，国际消费者权益日，但是多数人照旧把它当作投诉日。不错，投诉是维权的一个重要组成部分，但在我们这里，却基本上成了唯一内容。事实上，每年的“3·15”都有主题，今年的就是“消费与环境”。但我相信，没有几个消费者去关注主题，甚至留意到还有主题。

这当然怪不得消费者，实在是我们现时的消费环境过于恶劣，一不小心就吃亏上当，乃至带来后患。瞧，年年“3·15”占据人们眼球的，大抵都是哪个消费领域因为过于惹怒国人而“抢”了头筹，成为投诉热点。这里的“3·15”之痛，折射着众多消费者在消费过程中本来应该带来愉悦却偏偏相反的消费之痛。于是，好在有“3·15”，实际上成了投诉无门或者投诉无济于事的消费者宣泄情绪的一次总爆发。我之所以用“宣泄”这个词，全在于除非太典型、太极端的坑蒙拐骗事件，否则“3·15”也并非解决问题的万能钥匙。消费者意识得到这一点，也未必指望这一天能解决问题，曝出来，至少出了一口鸟气。

按照国际消费者联盟组织主席帕金女士的说法，每年中选择一天作为消费者权益日，是为了“让各方面都能听到我们为消费者而发出的声音，并且获得为未来的任务而努力的精神动力”。但是现在，我们的“3·15”还在忙于极其具体的事务性问题，听到的只有消费者对消费现状强烈不满的声音。固然，对投诉热点进行排行，来个“十大”，一目了然，也是为消费者发出的声音的一种，但是，停留在这个“层次”显然还太浅。去年这个时候，笔者也写过一篇类似文字，认为“3·15”应该从制度上探讨怎样能更好地为消费者做好维权工作，应该更注重宏观层面诸如净化消费环境方面的事情。年年都是一副似曾相识的样子，忙碌着完全一样的问题，我以为这是“3·15”的承载使命之痛。

“3·15”之痛，在短时间内看不到好转的迹象，明年、后年，投诉肯定依然成为不是主题的主题。但涉及与“3·15”相关的部门，显然在平时要更加积极地作为，使另外那364天，天天可以能够成为百姓的“出气口”。在“3·15”这一天，主办方还应当在主题上多做文章。比如说，今年这个主题确立的目的，是促进市场秩序的规范，营造安全放心的消费环境，保障消费者的安全权；倡导健康、文明的消费方式，节约资源；减少消费对环境的负面影响，促进人与自然和谐相处。到明年的这个时候，就要给消费者一个交代，在过去的一年里，你们为这个主题付出了哪些努力，成效如何；而不要使活动的主题流于形式，每年都有，但每年都没有给消费者留下印象。

在我们中国，“××日”已有不少，显而易见，大抵都是作为解决具体事情的最佳时刻。所以我们看到，3 月 12 日到了，人们才有种树的意识；3 月 5 日到了，人们才有要去学雷锋的意识，才会出现 400 多人手拎大包小包礼品去养老院慰问、不去则要受罚的小学生队伍。从这个角度来看，“3·15”之痛，并非单独的存在，实际上是“××日”之痛。

（2006 年 3 月 16 日）

百姓权益摆去了哪里

发生在湛江市霞山区的房地产商偷偷拆毁公厕的事件已经过去好多天了，但正直的人们从《南方日报》昨天的报道中，尤其是从叶阿婆“以后我到哪里上厕所”的伤心哭诉中，一定仍然义愤难平。百姓正常使用的公厕可以在瞬间被拆成废墟，我们不禁要质问当事者：你们把百姓的权益摆去了哪里？

群众利益无小事。这是因为小事连着大事，连着民心。而涉及 200 多户上千居民如厕的事，怎么看也还根本不是小事，是占去“吃喝拉撒”整整一半的大事！在最基本的生存层面，温饱之后，还有什么比这更大的事呢？被拆毁的公厕，不是街边供行人方便的那种，少建一个，拆掉一个，过路的人们想“方便”时不方便就是了，至多有看不过眼的人士呼吁一下，抱怨一下，影响这个城市的形象一下，然后，负责任的城市管理者重新考虑公厕规划，不负责任的干脆充耳不闻。湛江的这个公厕不同，那里生活着的百姓，住房很多都没有卫生间，公厕是他们生活的必需，不到那里去“方便”他们没地方去！偷偷地拆，房地产商自己显然也知道干这种事实在见不得人。但是看起来偷偷摸摸的事情，就能神不知鬼不觉，就能瞒天过海？他们在地皮的算计上头脑发达，无所不用其极；在这个问题的处理上，头脑却真是太简单了，简单得幼稚可笑！

房地产商把那座公厕视作眼中钉、肉中刺，甚至在去年霞山区的人大会议上，拆毁之当作一件议案提出来，不过是影响了那片土地的开发价值。不错，因为该公厕的存在，可能使这片土地估算少收 80 万一100 万元，就算这个数字令逐利的商家垂涎欲滴吧，但是商业利益之外的群众利益呢？值多少？怎么估算？谁能估算？为什么不去做一个比较？一拆了之，其恶劣影响又会延伸到公厕之外的哪些方面？说到这里，我们不禁还要再一次发出质问：漠视那么多百姓基本的生存权，那几名提此议案的人大代表代表的究竟是谁的利益，几个开发商的还是 200 多户居民的？他们在提出这项议案的时候，究竟调查研究了没有？如果说有，那么他们调查的究竟是谁？研究的又究竟是谁？

湛江方面已经强烈谴责了这种行为，并责成拆毁者把公厕原地恢复。在舆论监督的强大威力之下，原地重建公厕，实乃必然之举，但这起恶劣事件，不应该只是“恢复”了事那么简单，还应当总结出一些深刻教训。在今年的全国两会上，胡锦涛总书记提出了社会主义荣辱观，简称为“八荣八耻”，这不仅是一个公民的基本行为准则，而且中组部已经发出通知，要把践行“八荣八耻”情况作为干部考核评价的重要标准。“八荣八耻”的其中一个内容，正是“以服务人民为荣、以背离人民为耻”。无论什么人，一旦利欲熏心，就是什么事情都干得出来的，哪怕以身试法，哪怕罔顾天理！

湛江不幸，发生了这样一起不该发生的事件；湛江有幸，落实“八荣八耻”有了生动教材。

（2006 年 3 月 22 日）

由“捐肾救妻”想到“幸福指数”

舒银菊无疑是幸福的，在她成功地接受了肾移植之时，还不知道捐赠者正是深爱自己的丈夫；舒远高无疑也是幸福的，他的“美丽谎言”为妻子带来了恢复健康的希望，而在他看来，那是“作为一个丈夫应该做的一件很平常的事”。

昨天，舒远高夫妇同时接受手术已经过了整整一周。丈夫已康复出院，妻子则度过了急性排斥反应高发期，正式离开肾移植监护室，几天后也可出院。善良的人们听到这一消息，想必都会为这对患难夫妇默默祝福。即便没有丈夫感天动地的救妻行为，生活并不富裕的他们同样是幸福的。因为贫穷，他们当年连结婚的酒席都摆不起，但是毫不妨碍他们相濡以沫 14 载。法国作家罗曼·罗兰说：“幸福是灵魂的一种香味。”如今谈及幸福，这个定义被引用得最多；不过，这个定义也相当抽象，看不见，摸不着。那么，到底什么才是幸福呢？睿智之士从发生在舒远高夫妇身上的故事，不妨寻找一个具体而明晰的答案。

生活的贫困可能影响幸福，但不是幸福与否的决定因素。对一个家庭来说是如此，对一个社会来说也是如此。有研究者认为，一部人类社会进化史可以用三个主题词来进行概括：农业社会的主题词是“温饱”，工业社会的主题词是“富强”，信息社会的主题词就是“幸福”。近年来，美国、英国等发达国家已开始非常关注“幸福指数”这样一个“软指标”。我国各地在制定“十一五”规划的一个微妙变化，也是把人民的幸福问题纳入其中。今年全国两会期间，一些省市领导在发言时更纷纷表示，要把当地人民的“幸福指数”纳入对政府工作的考核。

毫无疑问，“幸福指数”的出现，是社会进步的一个表现。它改变了过去单纯以 GDP 论发展的统计方式，增加了人文因素，更加关注个人的主观感受，使评价标准开始多元化。那么，一个地方倘若再津津乐道于 GDP 数值怎样，就变得不仅没有决定意义，而且没有实际意义；GDP 只是经济发展的一个参考，关键是要看生活于其中的百姓有没有幸福感，也就是群众对社会生活方方面面的高兴度和满意度。如果答案是否定的，那么所谓 GDP 就仅仅是代表政绩的干瘪数字而已。

中国社会科学院最新调查显示，2005 年，72.7％的城乡居民感觉生活是幸福的，比上年下降了 5 个百分点。另有一项调查表明，中国人的幸福感在过去 10 年中先升后降，与经济发展的曲线并不同步。这当中，随着经济条件的改善和视野的开阔，人们对生活质量的要求也变得更为苛刻，幸福感的下降有无可避免的因素，但是，我们现在面临的还并非要求苛刻的问题，而在一定程度上，是改革在不同方向上的不均衡问题。

构建和谐社会，提升人民的“幸福指数”乃是重中之重。从本质上说，“和谐社会”正是幸福生活的最大保障。毕竟，人活着，就是为了追求幸福。在祈祷“幸福指数”不会成为画饼充饥的同时，也衷心祝愿舒氏夫妇幸福终生！

（2006 年 3 月 23 日）

公共安全不可心存侥幸

山西省公安厅昨天证实，发生在山西轩岗煤电公司职工医院爆炸事件的原因已经查明，属于个人非法购买自制的不合格炸药自燃所致。

4 月 10 日的那场大爆炸过去一个星期了，事情虽然发生在山西，但全国都感受到了震动。原本鲜活的 32 条生命就这样无端地消失了，在他们自己毫无任何预兆。现在回过头来再看，两吨多国家明令禁止的易燃易爆炸药，居然可以私存于家属楼底层车库的地下室内而无人干涉，这样的事情无论发生在哪里，都会是非常可怕的事情。问题是，别的人怎样知道自己生活的周边是否存在这种危险，究竟哪些职能部门负责清除这些潜在的危险？如果大家对这一切照旧懵然无知的话，说不定哪一天，类似的悲剧就会易地上演。

事实上，如果轩岗煤电公司的人们公共安全意识没那么淡薄的话，这场爆炸是可以避免的。因为就在爆炸前几天，有人看到嫌疑人王晋生向车库搬运过货物，而王在当地又私开过小煤窑，他搬运的很可能是炸药……当然，这都是事后追忆。但山西在这件事的处理上，值得我们拭目以待。私藏炸药者须负法律责任是一定的；除了他们，谁还应当负责？举个简单的例子，车库的钥匙一直由王晋生掌管，由他想存放什么就存放什么不成？如果把这场爆炸的罪过都归到王晋生的身上，没有别的人负责，就要归结为那 32 条生命在飞来横祸面前的运气不好了。这样的话，活人不害臊吗？

王晋生无论如何也不会想到炸药因为化学反应是可以导致自燃自爆的，在涉及公共安全的大事面前，他像许多人一样心存侥幸。前两天，广州一个酒家发生了火灾，南方日报记者在调查中发现，这起火灾暴露了不少安全隐患。其中包括：酒家以为自己能够扑灭而没有在第一时间报警；起火酒家所在的大楼有住户两三百人却只疏散了百余人。好在火灾没有酿成大祸，一旦……还是不去设想吧，总之，这个酒家就是心存侥幸的最新注脚。那么，我们的社会为了切实维护公共安全，就必须制订出相应的措施，杜绝任何人在危害公众利益上的心存侥幸。

因为少数人作孽而殃及无辜的事情，我们已经听得不少，不想再听下去。在这些问题面前，社会管理者要检讨自己的管理失职了，亡羊补牢不如防患于未然，毕竟不该发生的悲剧发生得太多了。

（2006 年 4 月 18 日）

生命安危比水库安全更重要

5月17日发生在广东丰顺县的私人水库泄洪导致下游大胜村被淹的事件，已经有了初步结论。省水利厅负责人认为：水库泄洪不报告当地水利部门，也不通知下游村镇是错误的。昨天，省水利厅又组成了专门的调研工作组奔赴丰顺，相信事件发生的原委、经过，责任该由谁来承担、如何承担等等，很快就会向世人有个彻底的交代。

在《南方日报》刚刚报道这一消息之时，我们就不难感到这种举动的荒谬至极。如果不是村民自救及时，后果将是怎样地不堪设想！诚然，水库泄洪有台风“珍珠”的影响因素，有蓄水量大大超过了水库容量的因素，如果不泄洪，很可能引发水库垮坝。没有规定强求水库一定不准泄洪，但是，泄洪那是放水，得事先告诉相关的人家，让人家有搬迁的准备。人命关天啊，这应该是一个基本得不能再基本的常识！丰顺县发电局的一位专家称，该局管理的水库至少在排洪前5小时就要向下游地区发出通知。擅自泄洪，在水库老板的主观上，可能出于不懂业务，但在客观上，无疑等于把百姓生命当成了儿戏。

生命安危比水库安全更重要。这是一个在任何时候、任何地点都不能改变的事实。但在这名私人老板的心目中，他的水库显然比下游一个村的百姓生命财产更重要。至少，在他作出泄洪决定的一刹那，潜意识里是这样认为的。我们国家过往的和正在发生的许多教训，都是用血的代价换来的，其中相当多的教训，原本不必付出这样的代价。丰顺这一次没有出人命，算是不幸中的万幸。但在万幸之余，有句话还要发问：难道没有什么管理部门应该对私人水库行使管理职责，由着他们一味发电赚钱而对别的什么不闻不问吗？从发电局专家的语意里，不难推测出这个水库不是他们局管理的水库，那么这个水库该哪里管，甚至有没有什么部门管呢？这个监管的职责不弄清楚，悲剧重演不是不可能的。

水库虽然承包给了私人，其“一举一动”牵涉到的仍然是公众利益，侥幸不得。虽然早在2002年，广东已经做好了2837座小水库的加固除险工作，但毕竟还有1500座尚未完成；而且，更重要的是，不“加固”掌管水库的人的责任意识，水坝牢靠了，隐患犹在。丰顺甲溪水库正给我们上了活生生的一课。

（2006年5月24日）

不很理解“××日”

昨天是第19个世界无烟日。此前，广州市爱卫办倡议当天在全市停售香烟一天。但据南方日报记者的随机调查发现，在前天多家商店还表示并不知情；有的则干脆说，即使收到了通知，人家来买也会照卖。

这也许是世界无烟日的一个尴尬吧。如今，世界或国际“××日”越来越多，“乱花渐欲迷人眼”，不知道是不是与国际接轨越来越紧密的缘故。但不管是什么“××日”，都给人以殊途同归之感，那就是一年之中抓紧热闹这一天。于是，这一天没有见些实效的问题，在一年的其他时间内基本上也就没有指望。设立“××日”的目的显而易见，是为了引起对这个问题的全民重视——不知道是否可以这样理解？但是“××日”太多，什么都要引起重视，等于什么都不能引起重视，这跟“虱子多了不觉痒”基本上是同一个道理。

就算是商家真的在无烟日坚决不卖烟吧，对于摆脱烟草危害的作用又能有多大呢？一天不卖，那364天都在卖；电视上香烟的广告更是365天都在播——当然不再是像三国时的许诸那样赤膊上阵，而是单由香烟的牌子亮相，略去“香烟”二字——以一敌众，效果可能寄望吗？6月5日将是“世界环境日”，北京市提前搞了个“为首都多一个蓝天，我们每月少开一天车”活动，作为对活动的支持，北京市环保局副局长杜少中5月16日履行承诺，步行6公里上班，此举在引起社会广泛关注的同时，也被相当多的声音指责为是一种炒作。这种指责是可以理解的。“不积跬步，无以至千里”，道理说得不错，问题是我们的“××日”往往只走这一步，根本谈不上“积”。一种行为如果不能成为常态，纯粹局限于一时，别说杜副局长了，谁是当事人谁都有作秀的嫌疑。

今年世界无烟日的主题是“烟草吞噬生命”。这不是个新道理，我们现在需要的也不是讲道理。不要说全省烟民的数字比率有多高，就是烟民队伍在向低龄化、女性化方向强行“扩军”的态势，也足以令人忧虑。把这种情况归咎于无烟日是欠缺公允的，但一年之中还有哪一天，吸烟问题更能引起全社会的关注呢？每年的“××日”都是问题成堆，旧的没去，新的、更严重的又来了。那么，“××日”究竟能起到什么作用？可能要检讨一下活动的方式方法了。国外的人们怎么对待“××日”，很想知道，但这方面的信息显然太少。

（2006年6月1日）

“神秘符号”关联安全感

继广州市中山大道某大型社区居民的家门口被人有意画上各种神秘符号之后，笔者所居的中山大学南校区也出现了类似情况。那些不知什么人为了什么而画下的闪电、三角，叉叉、钩钩……，不可能不令人提心吊胆，尤其是早晨醒来或者外出回来，发现自家门上也有类似符号之后。神秘符号不独现于广州，也并不是第一次出现；但每一次无论在哪里出现，都会搅得当地人心惶惶。

人们根据以往的类似事情猜测，这些符号有可能是孩童的恶作剧，有可能是保险业务员、楼盘中介人员等为方便工作留下的记号，更有可能是窃贼踩点留下的标志。无论是哪一种，人们最不希望、最担心的显然是后面这种。俗话说，不怕贼偷，就怕贼惦记。被偷了，除了气愤，毕竟是既成事实，不接受也得接受了；而被瞄上了，不知道什么时候被偷，更不知道是个什么损失后果，非常无奈，才最让人心神不宁。我的一位朋友前天刚刚举家探亲回来，就发现门铃上给人画了两个叉，骇得不轻。半个多月以来他们家一直没人，由不得你不相信的确是给窃贼盯上了。看过《水浒》的人们都知道，神偷鼓上蚤时迁到哪里下手，往往就先留记号。《宋公明夜打曾头市》那一回，梁山大军抵达之后，“一住三日，曾头市不出交战”，吴用就再派时迁去曾头市寨中探听。结果，“时迁去了一日，都知备细，暗地使了记号，回报军师”。《吴用使时迁盗甲》那一回，汤隆也是先跟时迁约好，得手之后，要时迁“但过路上酒店，饭店，客店，门上若见有白粉圈儿，你便可就在那店里买酒买肉吃；客店之中，就便安歇”。你看，事前事后，符号的作用在窃贼——权且不论为了什么——的行动中该有多大。

笔者曾经写过一篇《安全感是一种生活质量》，神秘符号的出现，弄得人们惴惴不安，显然谈不上安全感，也势必影响到了百姓的生活质量。逻辑上推断，孩童恶作剧的可能性不大，倘若全国不少地方的孩童都有此种癖好，那我们的教育就决不只是“应试”及“素质”与否的问题了。因此，很有可能是窃贼或什么人等为了方便工作留下的记号。倘是前者，挑战的仍然是社会治安管理；倘是后者，挑战的则是相关单位的职业道德。无论是哪一种，都需要尽快澄清，因为它关联百姓生活的安全感。

有人建议，如果家门口出现了这种符号，不妨把其他符号一一补全，把留符号的人自己弄糊涂。实在不行，怕只有行此下策，只是这种纯属于消极的防御行为，终究还是生活质量不高的体现。

（2006 年 8 月 7 日）

旅游景点不要有“霸气”

为了迎接2008年北京奥运会，首善之区的许多重要景点目前都在进行翻修，即使在眼下的旅游旺季也不停歇。翻修是可以理解的，“新北京、新奥运”之“新”，想来即包括要使重要景观让人眼前一亮。为了城市中轴线的完整，连消失了近半个世纪的永定门还硬是复原出来了呢，何况货真价实的文物建筑。

非常不可理解的是在维修进行之中，虽然好多重点景观成了“工地”，但门票——基本上都是价格不菲——丝毫不降，原来多少还是多少。景山公园的做法还是好的了，其南门整修，为了不妨碍美观，就在门口用一块大木板挡住，上面贴块塑料布，画着一扇大小与景山公园南门比例相仿的门。这算是为游客着想的了，也是没有办法的办法。但在其他地方，看景点和看“工地”居然同一个价钱，连央视午间的《新闻30分》前两天也看不过眼，播出了好几分钟诸如故宫太和殿等为施工拉开的“绿网”完全包裹以及游客表达不满的画面。但从《市场报》昨天的报道看，各界的声讨之声对公园方面并没有什么触动，各大景点一切依然故我，像在要求门票价格上涨时一样团结一致，颇有“顽抗到底”的意味。

景点“缩水”而门票不降，透露着一股浓浓的“霸气”。公园方面的态度似乎是：爱来不来，没人请你来；你不来有人来。小时候笔者客居北京，经常逛逛公园，也经常看到景点维修，印象最深的是在颐和园里看工匠们重现长廊彩绘，饶有兴味。景点维修对本地人没什么影响，他们来过，而且来一趟也容易，此时不见彼时见。有记者这次就观察到，北京本地人来游览这些传统景点的并不多。但对外地人不同，他们来一趟不容易。就像一名安徽游客说的，他们全家第一次到北京，“既然来了，维修不维修，无论如何也要进去”。何其坚决又何其无奈！名气在外的故宫太和殿、天坛回音壁、北海九龙壁等，人们神往之，千里迢迢地来了，就是要一睹为快；而让人们失望，有关方面理应流露歉意才是。

景点在维修，旅行社对游客广而告之，门票相应暂时下调，都不是难办的事，只要不是埋头想着如何掏游客的腰包。从事文化事业的单位部门，不能干出没文化的事情来。要游客只能无奈地接受现实，其心何忍？可惜，我们许多把行使管理职能视为自家一亩三分地的部门就是这么干的；而且，不只公园才如此。不过我们有理由相信，在舆论的强大压力下，这种局面会得到改观。

（2006 年 8 月 15 日）

打消任何猎杀珍稀动物的念头

在一片质疑和反对声中，国家林业局近日就“拍卖狩猎权”召开紧急新闻发布会，使原定于本月 13 日在四川成都举行的“2006 年秋季国际狩猎野生动物额度”试点性拍卖活动推后举行。推后不意味着取消，为的是在充分听取各方意见之后，以使狩猎权审批更加“阳光”。

4 万美元可以举枪射杀一头野牦牛、1 万美元能猎获一头盘羊……看起来，一些野生动物是死定了的，目前只是如何拍卖猎杀权存在分歧而已。原本低调进行却意外曝光的“拍卖狩猎权”之举，其所造成的影响是恶劣的，在短时间内难以消除。就算按照他们的说法，猎杀有很多前提，“指定时间、指定地点、指定野生动物”，不会给野生动物带来灭顶之灾，但问题的关键不在于猎杀什么、谁来猎杀，以及猎杀多少，而在于破坏了刚刚在大众心目中好不容易建立起来的野生动物保护意识，并且很可能怂恿地方把从前想也别想的事情变成现实。

这不，新华网海南频道昨日报道，海南省野生动物保护中心负责人接受省内某日报采访时表示，海南已具备成为国际狩猎基地的条件，省野生动物保护中心正在做一些初级准备工作，酝酿在海南建立国际坡鹿等狩猎基地，预计在8至10年建成。坡鹿是何种动物？它是仅产于海南的特有亚种，属国家一级重点保护动物，跟大熊猫一样“珍贵濒危”。资料介绍，上世纪50年代海南尚有500余头坡鹿分布于6个县近400平方公里的范围内，但由于过度开垦和乱捕滥猎，至70年代末仅剩26头。据海南省野生动物保护中心的统计，坡鹿数量目前增加到了1600多头——这就使他们有了开杀戒的资本了吧。

猎杀这样一种珍稀动物，不能不引起人们的极大震惊与关注。据说，考虑猎杀的理由是，人工繁殖成功的许多坡鹿已经进入老年，丧失了繁殖能力，如果能够吸引“国际富豪”前来狩猎，每头收入能达到60多万元人民币，为正常淘汰一头收益的20多倍。说白了，“废物利用”吧。这个账看上去算得不错。但在我们中国，言之凿凿地论证得理由冲天的许多事情，一旦既成事实，往往就变得糟糕得不可收拾。我们还对吃什么野生动物划定了界限呢，阻止得了嘴馋无比兼权力神通的人逾越鸿沟吗？根本不能。猎杀一旦开始，阻止得了逾越所谓“三指定”的行为吗？不敢寄望。

保护我们的野生动物，应该像国际上全面禁止象牙及其制品的态度一样，不给任何人在大象身上打主意的可乘之机。我们应该采取坚决措施，打消任何人在珍稀野生动物身上动什么歪脑筋，不论是个人还是政府职能部门。

（2006年8月23日）

防空演习，“功夫”当“在诗外”

前天，广州市举行了新中国成立以来规模最大、内容最全的防空警报试鸣暨“羊城天盾”城市人民防空演习。据悉，今年的防空演习，主旨在于根据广州防空袭方案，提高各级政府和军事机关应对突发事件的能力，推进军事斗争城市防空应急准备。报道说，这场逾 2 万人参加的演习也暴露了不少问题，诸如大学生群体的疏散速度较慢、敌情意识不强，以及防空洞空间不足等等。

暴露出问题是不足为奇的，演习的目的就是为了暴露问题。参演的大学城 1.5 万名大学生，在穿戴防毒面罩过程中，不少人都手忙脚乱，有的十多分钟都未戴上；戴上后，由于防化服内十分闷热、面罩内出汗过多，不少人又偷偷撩开面罩喘气……诸如此类，让人们看到了演习真实的另一面。演习相当于考试，是一种检验，就是要完全暴露考试者的素质，以在今后能够有针对性地加以改进。客观地说，如果参演的人换上别的群体，可能也差不了多少，他们所暴露出来的问题，也当是其他人存在的问题。原因在于，社会承平日久，且国家日益强大，人们已杳然不知战争为何物，知道的也以为战争和自己毫不相干了，防空之类的知识完全是一个盲点。因而，为了使演习达到最佳的效果，更多的准备工作应该放在平时，大力宣传相关知识，正所谓“功夫在诗外”。

此次演习的规模为广州之最，参加人数也不过只有 2 万，但即便再搞几次同样规模或更大的演习，对人口已近千万的广州来说，参加的仍然是极少数。逻辑上看，指望通过演习来达到训练市民如何防空，似乎不大可能。那么，如果平时对防空知识懵然无知，到演习时不抓瞎才怪。比如说，假如广州真的遭到了空袭，我就不知道该躲去哪里，很可能会像没头苍蝇一样到处乱撞，哪里人多往哪里跑。追问原因，主要就是没有任何人在任何时候以任何方式告诉我。如果把我拉去演习，表现跟那些大学生也就只有五十步与百步之别了。

演习是为了检验，检验有关部门和其工作人员乃至普通群众的面对危机情况的处置能力；演习的最终目的则是为了更好地处置真正的危机现实。培养市民的战时意识就显得十分必要。全市防空警报进行过多次试鸣，对我们许多人来说，最多就是听听而已，与自己并无关联，这就失去了试鸣的本意。在现代社会，政府和公众的危机意识都有所增强，但相应的各种应对危机举措也要不断完善。

（2006 年 9 月 18 日）

“走鬼”欠缺的不是规定空间

为了根治“走鬼”现象，广州市城管办最近拿出一份调研报告草案，拟考虑兴建“天光墟”、“日落墟”社区市场，使无牌无证的小贩们能够拥有一个合法的经营空间。报告认为，此举既给了“走鬼”一条谋生之路，又不影响城市环境，两全其美。

“走鬼”摊档和“走鬼”市场造成当地环境的脏、吵，治安差，居民市民对此怨声载道，是一个不争的事实。有人统计说，广州市中心城区有各类乱设摊点一万五千多个，不知道是怎么统计出来的，估计的吧？但一般人都能感受到“走鬼”的无处不在，尤其是夜幕降临之后，大小摊子一铺，一些地段真的到了寸步难行的程度。这些年来，针对“走鬼”，广州市下了不少力气，前几年还曾首创全国第一套城市管理监控系统，也就是在一条主要街道上安装“电子眼”来专门监视“走鬼”及随地吐痰者。当时的报道还说，这套系统将在全市范围内推广，显然并没有推广起来。

应当说，任何针对管理“走鬼”的尝试都是值得肯定的，毕竟这是城管的一种职务作为。但笔者对上面这个方案的前景并不看好，因为“走鬼”们欠缺的并不是一个规定的经营空间。他们之所以“走鬼”，报告里所分析的集贸市场不够方便、自身身无长技等等都是事实，而重要的因素，还在于“走鬼”挑的是人们悠闲漫步的时机，图的是“零场租”经营的便宜。那么，除非划给他们的“合法谋生空间”选在“旺地”，除非要他们入场的前提是“零成本”，否则，达到城管部门的预期构想是不可能的。不要说这批人“进场”了，新一批“走鬼”又产生了，就是进场的也还可以退场。此前曾经有过卖菜人室经营的先例，没进场的抢了生意，令室内经营者牢骚满腹。

“走鬼”是一个全国范围内的问题，别的地方不这样称呼就是了。今年夏天北京一个小贩因为三轮车要被没收而刺死了城管副队长，正是“走鬼”与城管冲突的一种极端表现。由此可见，这个问题如果解决不好，还会激化社会矛盾。从根本上说，解决“走鬼”要靠发展生产力，让人们共享改革成果；而从近前来说，则要考虑到“走鬼”背后折射出的是一类人群的谋生方式。因而，无论广州市城管办的方案可行与否，能够从“走鬼”的角度看待问题，变一味管制为积极疏导，出发点是值得嘉许的。这也是任何时候城管部门都应该认真考虑的重要因素。

（2006 年 12 月 11 日）

终止燃气初装费的深层意义

从昨天开始，管道燃气初装费在广东走到了历史尽头。省物价局日前出台了以停止收取初装费为主要内容的规范管道燃气价格管理的意见，按照这个意见，各地必须停止以管道燃气初装费、增容费、开户费等名目收取的费用。今后，任何单位都不得再向用户或房地产开发企业收取此类费用。

曾几何时，管道燃气初装费的存废争论，是广东百姓的一个热门话题，正反双方争论的激烈程度，完全可以载入维权历程的史册。在事情尘埃落定且以“废”而告终之际，无疑宣告这是一场属于市民的胜利，属于舆论的胜利。其意义不仅在于终结了一项持续多年的收费之举，更在于让人们看到了进一步规范政府行为、限制垄断利益的可能性。一定程度上看，当初征收管道燃气初装费，对促进管道燃气发展和稳定燃气价格方面曾经发挥了积极的作用，但是，即便始而合理的事情，也不等于永远合理。随着改革尤其是企业经营体制改革的不断深入，政府职能部门在决策中就有必要从法规政策的角度，审视当初可能合理、如今貌似合理的各种收费行为，及时地作出新的裁定，最大程度地维护百姓的利益。

借取消管道燃气初装费的东风，也许是逐一清理公共基础设施收费存在的其他不规范地方的时候了。我们不是还有许多名目繁多的收费吗？手机入网费、集资建校费、机场建设费，诸如此类，哪一些收费是合理合法的，哪一些是借着“惯性”滑行的，又有哪一些披的是霸王条款的外衣，都需要做一个详细的甄别，该收的当然可以继续收，但是不该收的，就应该坚决取缔！对于管道燃气初装费的存废，省物价局举行了多场座谈会，人大代表、政协委员、专家学者、消费者、经营者、行业协会等各抒己见，改革方案十易其稿，终于厘清了这个必须厘清的问题。这是一种严肃认真、对百姓负责的态度，在对待任何收费尤其是乱收费的问题上，这种态度都值得推而广之。

无数事实告诉我们，公共事业一旦成为垄断事业，就很容易损害百姓的利益。稍稍有点儿年纪的人都会记得，当年昂贵的固定电话初装费，正是在千夫所指的情景下寿终正寝，这应该是“庶民”胜利的开始。可以预见，随着政府行政职能行使能力的提高，随着市民权利意识的不断觉醒，除了管道燃气初装费之外，还会有其他的以种种不合理收费面目游荡的幽魂，先暴露于阳光之下，再于世间无处遁形。

（2006 年 12 月 28 日）

公厕免费值得嘉许

从昨天零时起，广州市越秀、海珠、荔湾、天河四区的公厕全部向市民免费开放。值此，广州市区范围内的 783 座公厕中，已经有 677 座实现免费使用，免费开放率达到了 86%。不用分析都可以得出结论：这是广州为市民做的一件好事。

语云“人有三急”，其中之一就是上厕所急，而“如厕难”却是全国许多城市公共场所的共同现象。公厕成为问题，大抵是伴随着改革开放的进程才为国人所逐渐意识。那个时候，公厕的“脏、乱、差、少”在我们早就习以为常，不觉得什么，但“老外”却不能接受，至于中国的公厕问题曾经一度成为他们的投诉热点，因为厕所问题吓跑了外国游人、失去了商务谈判机会的事情也屡见不鲜。正是从那个时候开始，国人在鲜明对比之下，始知道公厕与文明原来存在密切关联。

然而国人掀起的所谓“公厕革命”，忽地就走向了另一个极端：大建豪华公厕。1996 年 12 月 8 日，广州诞生了全国第一家五星级的公厕，除了单纯的洗手间的功能外，在那里上厕所还可以提供外来工冲凉、电话电报、传真、邮件收发、洗衣以及小卖部等服务，洗手间里更开设了空调和背景音乐。10 年后有记者前往回访，发现除了洗手间和小卖部，其他的功能都维持不下去了。实际上建造豪华公厕的消息面世之时，市民就并非欣喜而是诟病，但似乎丝毫影响不了后面的决策者效尤。就在前年，深圳市还决定修建 20 座单价 300 万元的“天价公厕”呢！不知道后来实施了没有。想一想并不奇怪，“高起点”、“大手笔”之类贪大求洋、中看不中用的工程，在我们的土地上比比皆是，公厕又焉有例外之理？归根到底，这种修建行为还是为了装点门面。

人们对公厕的要求其实就是“方便”的时候能够方便，在陌生的公共场合找起来也不费周折。而所以不方便，就是因为公厕的数量太少，而不是质量达不到国际水准，作为便民的公益设施，清洁、卫生也就足够了。或者说，把数量的问题解决了再突出质量，才算得上不是本末倒置。豪华或天价公厕，与现时国情无疑南辕北辙。有消息说，广州市今年计划再建 100 座公厕，这个数字对公厕需求是个什么概念，我们不大清楚，但是显然，工作的这种方向是对头的。

据说在欧洲上公厕也要收费，而且费用还不低。国际上已然有“轨”而不去“接”，相反，市、区两级财政每年还要掏出几千万元进行公厕维护，广州市在这一点上的做法本身就是非常值得嘉许的。如果说在改革开放之初，公厕的形象关乎一个地方的文明形象，那么在现在，公厕的形象则关乎到一个地方的执政理念，成为是否真正落实以人为本的一个标志。公厕免费开放，步子迈得当然更大。

（2007 年 2 月 13 日）

且慢，还是留住“3·15”

今天是“3·15”国际消费者权益日。前两天，郑州市的 4 名律师集体上书中消协，建议取消这个日子。理由是，属于消费者的节日，就应该让消费者过得满意；而每年“3·15”期间，消费者赶集式的投诉，维权部门超负荷工作，商家更是众矢之的，已经导致现在的“3·15”名不副实。

道理固然有一定的道理，至少是在“哀其不幸”。但这是个跨越国界的节日，如果真的取消的话，也只是我们单方面一厢情愿，权益日还在，不过是我们不跟“国际接轨”了而已，人家照样还会过人家的。不错，“3·15”在我们这里已然形式化甚至戏剧化了，但“3·15”弄成现在这个名不副实的样子，应该是“中国特色”的一个品种，然而无论怎样，节日本身都是无辜的，该检讨的是我们对它的做法。时至今日，“3·15”几乎成了消费者集中伸冤诉苦之日，毫无快乐可言，这是“3·15”的异化；另一方面，我们却要看到异化之后的“3·15”所起到的“出气口”作用。每年“3·15”到来之时，就算组织者、商家等等都是在作秀吧，毕竟在这一天它们不得不放下平日里高贵的架子，暂时低下高昂着的头，有战战兢兢如履薄冰之感。在这一天，毕竟消费者可以理直气壮地状告一回，那些痼疾问题得到了解决，毕竟还扬眉吐气了一回！

因而，取消的建议且慢，还是应该留住“3·15”。当“3·15”

的异化不可避免，何妨退而求其次，就发挥其已然被异化了的功能呢？

郑州4名律师建议将“3·15”改成“365”，也就是让消费者的维权不是局限于这一天，而是天天都过维权日。这个想法无疑很好，但是未免失之于天真。在我看来，“3·15”之所以走了样，不是没有缘由的，其中之一正是因为司职的相关部门平时不太作为，才使“3·15”慢慢演化为逼其作为。“3·15”的威力，诸如年度央视“3·15”晚会对伪劣产品和不良商贩的曝光等等，毕竟相干部门、相干人等不敢小觑。那么，“3·15”这一天，也在客观上构成了消费者权益保护的最后一道防线。说到这里，我那个一直不大明白的问题还想再问一问：别的国家怎么过“3·15”？推而广之，他们怎么过植树节？常出国或出过国的人们不妨介绍一下，让咱们参照参照，找一找我们过这些节的时候，总是不三不四的原因！

“3·15”取消不得，退一步说，我们的许多“××节日”都已经失去了意义，甚至连重要的传统节日也魅力日衰，难道都取消了吗？不能，也不可能。愤怒归愤怒，愤怒之余，还是应该多出出使之向好的方面转化的主意。一棍子横扫过去，快则快矣，又有什么积极意义，消费者再有委屈到哪里去愤愤不平地大吼一声呢？

还是留住“3·15”吧！

（2007年3月15日）

“歧视”登记表早点收回为好

昨天《北京晨报》的一则消息说，不少非京户籍员二最近都收到了一份“流动人员登记表”，表格的内容设计“让人哭笑不得”。比如在“基本情况”的姓名栏里，竟然设置了“绰号”栏，乜就是在姓名后面要写上自己的外号。填写完“基本情况”后，还要选择填写“内容太气人了”的“高危人员信息”，当中的选项包括是否散发过小广告、兜售过盗版淫秽光盘等等。除此之外，还要填写有哪些“违法可疑行为”、“被打击处理情况”。

一个散发过小广告但侥幸没有被抓到的人，他可能老老实实地填报自己“从业”的经历吗？恐怕不会。国家要求年薪超过 12 万元的纳税人要在 3 月 31 日前自行进行申报，还须三令五申地提醒，还须以不申报后果则如何来进行威慑呢，遑论处于高危状态的违法之徒。凭什么认为他们的境界就高过衣冠楚楚之士？这样的表格设计其实超越了非常滑稽可笑的层面，而带有明显的歧视色彩，表现在它把所有非京户籍人员都当作了“假想敌”，认为他们具有潜在威胁首都秩序的可能，尽管表格的出发点可能是想更好地保证首都的治安。

不能否认，在任何地方，都有那么一部分流动人员素质相对较低，做过一些严重危害他人、危害社会的事情，但这并足以导致“原住民”们以偏概全，一棍子横扫过去，打翻所有非户籍人员。如此正规的表格尚不知是北京市哪个部门的“杰作”，但是显然抵触了北京市自己的努力方向。2005 年 3 月，北京市十二届人大常委会第十九次会议废止了实行 10 年的《北京市外地来京务工经商人员管理条例》。有关法律界人士当时即认为，废止该《条例》意味着取消了外来人员务工歧视性规定，今后政府的管理和提供的服务对外来人员与北京市民都将是一视同仁。前两年，广东也启用了新版劳动用工合同，新文本消弭了在招工手续、福利待遇等方面，外来工与本地户口职工的用工歧视，体现了平等原则。看起来，“宏观”方面的指向，可能为“微观”方面的偏差毁于一旦。

填表时有个“绰号”栏，给人的感觉是要回到宋朝，那个时候才可能人人都有绰号。《水浒》里的一百单八将我们都知道，呼保义、玉麒麟、智多星，或因为长相，或因为特长，或因为使用的兵器，都有绰号。就连忠义堂石碣上没列入名姓的也有，比如宋江之前的山寨之主晁盖叫做托塔天王，晁盖之前的山寨之主王伦叫做白衣秀士，连被鲁提辖三拳打死的猪肉佬郑屠，也响当当地叫做镇关西。但即便在当时，绰号除了聊博一笑，其实也没有什么功用。今天的有关方面要绰号干什么呢，敢是要从中发现什么线索？

如今，户籍所承载的实际价值已经越来越小，一个大都市的建设者，还以户籍不户籍来划分、来区分，非常狭隘。北京市的这个登记表，完全没有首善之区所应有的海纳百川的那种胸怀和气魄，早一点收回的好。

（2007 年 3 月 27 日）

无锡水危机所不能告一段落的

据江苏省疾病预防控制中心 6 月 2 日下午报告：当天上午 8 时至 10 时，对无锡市几个自来水厂的出厂水水质进行了取样检测，结果显示达到饮用水标准。值此，自 5 月 29 日无锡市因太湖蓝藻暴发，导致城区大量居民家中自来水发臭引发的“水危机”，也许暂时告一段落了。

不能告一段落而且必须厘清的是，这场“水危机”究竟是天灾还是人祸。这不是见仁见智的问题，尽管二者可能兼而有之或者必居其一。弄清这个问题，对于无锡不再重演此类悲剧、对于其他地方未雨绸缪，都具有不可忽略的重要意义。如果是天灾，就带有一定的不可抗拒因素，在“人定胜天”早已受到质疑的今天，那就是“天也枉之为天”；而如果是人祸，就应当启动相应的官员问责机制，要有人，有一些人对此负责。国家为治理太湖投入了上百亿元的资金，居然没有给太湖流域的人们带来记忆中清洁的湖水！

无锡方面认为是连续高温高热，导致太湖蓝藻在短期内积聚暴发，再导致水源水质恶化。不过，众所周知，困扰无锡市民生活的蓝藻早已成为太湖的常客。住在太湖边的市民反映，近年来每到夏天蓝藻都要不同程度地暴发，“这次闹大了，大家才关注，事实上蓝藻让太湖已经病得不轻”。而早在 1996 年 4 月 14 日，时任国务委员的宋健在国务院环委会太湖流域环保执法检查现场会议上即非常动情地说：“‘太湖美，美在太湖水’，这首赞歌已经变了味。再唱这首歌就不是在歌颂，而是使人感到其声呜呜，如怨如慕，如泣如诉。”前两天，当太湖蓝藻危机暴发后，有人又把“太湖美”改写成了“太湖霉”，媒体名之以“恶搞”。然而，此所谓恶搞，谁能说又不是写实？

太湖已成为我国在经济繁荣发展进程中付出代价的一个缩影。昨天新华网的一则报道说，云南省政府近日公布，10 多年来各级部门共投入 47.62 亿元治理滇池，但水质未获根本好转。滇池水体恶化不仅制约了滇池流域工农业生产的可持续发展，还严重影响着数百万群众的生活质量。事实上，从滇池到大江大河，都面临着日益严重的水污染问题。在广东也不例外。自从 20 世纪 80 年代中后期开始，随着经济的高速发展，城市河道几乎“有河皆污”，虽然经过这几年的补救有了很大改观，但不少河道已到了难以治理的地步。2005 年底，我省北江发生的镉污染，直接威胁到了英德，并间接威胁到了佛山、广州的饮水安全。

山河土地是一个民族最基本的生存条件。自来水不能饮用，做饭、洗漱只能临时去买纯净水、矿泉水替代……几天来，无锡的市民们就是这样度过了先前难以想象的日子。为应对市民的用水危机，无锡市政府决定在保证纯净水市场正常供应的同时，经过法定程序启用一批被封闭的深水井，作为应急期间的生活用水补充；同时，对 6 月份的自来水水费将实行半价收取。但是，这一切毕竟都只是治标的措施。太湖蓝藻事件告诉我们，水危机并不仅仅有如前年岁末松花江、湘江因突发事件造成的严重污染，更有如量的累积而引发的质变。后者较之前者，破坏力同样惊人。

一个令人生疑的问题是，为什么国家投入了那么巨额的资金，水污染不能得到遏制，反而变得越来越严重？同时，一个值得关注的问题是，当地方环保工作中普遍存在现实困境之时，国家采取何种举措展示权威，以治本来保障人民的生活质量。解答这些，可能都需要解剖太湖蓝藻事件这个标本。

（2007 年 6 月 4 日）

肉价补贴，之后还该怎么办？

猪肉价格持续高昂已有一段时期了。不久前《南方都市报》的一幅贯穿版面上下的漫画表现得很形象：大肥猪微微地回着头，盯着自己长长的尾巴上“拴”着一串其他农产品……一看就能明白，那是在说副食品价格随猪肉价格在连带上涨。

日常生活要素价格突然上涨，支出增多，任何家庭都将受到影响，程度不同而已，而受冲击最大的无疑还是低保家庭。不用专家指出我们也知道，低保户平时的日常开支已经捉襟见肘，物价上的任何风吹草动都可能影响他们的生活质量。事实也正是如此。那些低保家庭“介绍”自己不吃肉而转吃别的，且“发明”种种新吃法以保证身体营养的报道，看着都让人心酸。

广州市政府常务会议日前研究决定，对全市城乡低保和低收入困难家庭实行猪肉等副食品临时性物价补贴，今年 5—7 月每月每户补贴 20 元，共计 60 元。据悉，全市 5 万多户低保和低收入家庭共 13 万多人将从中受惠。昨天上午，海珠区在全市率先组织了 18 个街道的 257 个居委会，对全区低保和低收入家庭发放了副食品临时性物价补贴。可能有人觉得，这点补贴简直杯水车薪，顶什么用呢？但受惠者显然不这么看。有个阿婆就算了笔细账：按照每斤猪肉涨 2 元计算，这 60 元就相当于补贴了 30 斤猪肉的差价。

早在 2005 年，全国政协委员、民建广东省副主委刘昌谋即在全国两会上提出建议，对城镇低收入者建立“困难群体基本生活消费的价格上涨动态补贴”制度。这个建议与广州市的本次补贴之举是否存在因果关联，不在本文讨论之列；但是显然，建立健全城镇居民基本生活消费品价格变动应急救助预案制度是非常必要的，这样，当城镇居民基本生活消费品价格出现较大幅度增长，且持续时间较长时，可以及时启动应急救助预案，为城镇低保家庭提供应急生活救助。因此，广州市政府积极作为的这种姿态和行动，值得为之叫好。

不过我们同样关注的，是政府——当然不只是广州市政府——在“治本”方面将采取怎样的姿态和行动。也就是说，通过采取怎样的手段和措施，让猪肉价格降下来，降到一个正常的、合理的水平，以使那些比低保家庭条件略好，但还称不上富裕的家庭也能够正常地吃肉、正常地生活。我们更关注的，是政府今后将怎样避免某种商品动辄一家伙极度短缺、一家伙又极度过剩的尴尬局面。按照我们寻常百姓的揣度，鼓励养猪该是当前的重点，那么我们就有理由生出些许担心，到某个时候，猪肉的价格又严重下跌了，挫伤养猪户的积极性。在许多问题上，这种似乎非此即彼的现象都在上演，都在重演。

在市场经济时代，政府的宏观调节作用比计划经济时代要更加重要了。完全要市场说话，市场有时可能就搅乱正常的社会生活。“救火”是政府的职责，但一味“救火”而忽略“防火”，也是没有尽到职责的表现。这是政府部门在这次肉价上涨事件中应该吸取的教训。

（2007 年 6 月 14 日）

给天然气入户置换提点意见

《南方日报》不久前报道，去年 8 月 30 日，广州天然气入户置换工作已从广州大学城拉开序幕，全市将分成 100 多个片区实施。昨天，置换到了笔者居住的那个片区。现在的煤气用起来没觉得不好，为什么要置换成天然气？不大明白；不过退一步想，置换总有置换的道理，有关方面应该总是为百姓着想的吧。但是一换方知，也许用起来会好过先前——这有待时间的检验，眼前的代价可是不小。

首先是“硬件”设备——燃气灶、热水器，专业人员上门检查过了，说是一概得换。咦，不是有改造一说，还可以免费改造一件吗？很不凑巧，咱家的都在不可改造之列。既然专业人士让咱们换，讲清了不换的害处，谁胆敢拿举家安全来开玩笑？换吧。然而好端端的东西，才用了没几年就这么报废了，还真是有点儿舍不得，尽管“以旧换新”能折个几十块钱，可改造的是什么样呢？免不了周围串通串通，问问朋友邻里，结果发现大抵都不能，都不能“幸免”不换。这就难免让人狐疑，是不是真的一定不可改造？当然，狐疑而已。不消说，这是我们的社会为诚信缺失付出的代价之一，这笔账不知该记在谁的头上。

在置换过程中，又花了不少比较意外的钱。给笔者家安装热水器的两个小伙子，人很有礼貌，上上下下，忙得满头大汗。但他们一会儿说这个（原来的辅助零件）不合格，一会儿说新的原装机配件不合我家的“地形”，得另外更换，这却令我非常不解。原来的热水器也是他们这些专业人士安装的，连品牌都是同一个，怎么彼时可以，此时就不行了呢？问到哪里去买，得，你还用不着出门辛苦，人家带着呢；不过谈起价钱，心就凉了，由得他们大口一张，没有任何凭据，也没有任何发票，说多少就是多少。不换？按他们的说法那是绝对不行；换？就不是狐疑了，而是明显地感觉挨宰。平时修修补补的，本人也经常光顾五金店，大概知道一些配件的价格，他们这个谱在我看来真是离大了！不过还要庆幸他们嘴下留情，再加几倍的钱你也没招，置换只在昨天，敢拖吗？得，什么也别说了，赶紧掏腰包吧。吃了这么大亏，却又是为了咱好，这该算是什么心情呢？我不知道，那些生活困难的家庭或是低保家庭该怎么办，猪肉价格上涨，已令许多家庭叫苦不迭，何况几千几千地往外拿？

广州市还有不少片区尚未进行天然气入户置换。正是因此，给天然气入户置换工作提点意见就还有一定意义。我以为，今后的片区置换，有关方面应该首先界定如何非换不可，能够让市民欣然接受；其次是如何制约施工人员漫天要价。据市政园林局介绍，广州市天然气利用工程总投资高达 23 亿元。公家和私人都花了这么多钱，结果应该是皆大欢喜才对得起双方的“投资”。未雨绸缪，一旦避免了不该出现的问题困扰市民，天然气置换工程可能就是真正意义的“民心工程”了。

（2007 年 7 月 26 日）

别再失去农村这个精神家园

文化部部长孙家正日前在江苏南通举行的“第三届世界大城市带发展高层论坛上”做了文化与在城市发展中作用的主旨演讲。孙部长说：“丢弃传统，割断文脉的发展，往往使城市成为日益增加的、毫无个性的建筑物的堆砌。如果这样，这座城市的风格和灵魂将随之消失，城市记忆也将荡然无存。而一旦失去记忆，我们便难以找到回家的道路。”

新华网昨天的这则报道说，孙部长的讲演中充满了让人感动的人文情怀，让在座的人们对这位中国高级官员平添亲近之感。我想，所谓亲近感之得来，在于对那些关心中国传统文化的人来说，这样一位权威人士发出这样的声音，也许意味着某些方面的文物保护政策将进行调整，使城市历史文化不至于继续毁灭下去而带来的欣慰吧。

中国城市的文化风格大多已经不堪提起，在现代化的旗帜下，建设得千城一面。而且，许多原本的历史文化名城因为对文物的不甚客气——要拆就拆，要搬就搬，也早就变得名不副实。残存的文物建筑，被分割得七零八落，个个都成了孤岛或盆地。去年我到广州三元里的三元古庙走了走，对照当年留下的照片，发现这个“国保一号”非常可怜，古树参天、波光粼粼的惬意图景，被那条从旁边凌空飞过的公路高架桥破坏殆尽。保护文物环境固然是一个不低的要求，可是，我们的城市规划者但凡有一点文化意识，做到相互协调总不是不可企及的吧？

在城市的文化记忆上做文章已经不大值得了。像北京复建所谓永定门、改造前门以期再现所谓古都风貌，这种非驴非马的货色虽然到处都在热衷，但如同张艺谋的大红灯笼一样，高高挂起来了不假，却属于没有丝毫历史内涵的伪民俗、伪文化。那么，还是把着眼点更多地投向乡间吧。再不关注的话，乡村文化的记忆可能由于人地矛盾与自然损毁，也要迅即远去。我就听说，在粤东一些地方，因为人多地少，农民建新房不得不拆老房作宅基地，包括一些很有历史价值只是暂时还没有文物保护级别的房子。相对而言，乡村更能代表我们民族的记忆和想象，更是值得我们守望的诗意家园。

城市文化灵魂消失的罪魁祸首主要在于建设进程中的破坏——拆迁，由人的有意识的行为主导；乡村文化灵魂的消失，多少出于无意识的行为。前不久去了广东饶平县的围屋道韵楼，建于明末清初，是全国重点文物保护单位。整座楼呈八卦形，卦与卦之间巷隔开，楼内充满 8 的倍数——72 间房、32 口井、112 架梯；此外，围楼内广场中有两口井，象征太极中的两仪阴阳鱼眼。难得的是，楼内至今还有居民生活其中，真正属于“活”的文物。但是，登楼之后，明显地感觉到该维修了，坚实的墙壁也裂开了很大的缝隙，眺望对面，廊柱都已倾斜。当地人说，他们想维修，但上面不拨钱，无能为力……

道韵楼的境遇该是乡土建筑境遇的一个代表。去年，当瑞典人买下徽州古建筑要整体搬迁到他们国度时，我们截下了，但截下之后怎么办？可能依然是任其自生自灭，像农民说的还不如卖几个钱。我们的城市文化风貌已然消失了，别再失去农村这个最后的精神家园。如果我们建成的新农村也不是中国式的，与中华民族的历史、文化传承并没有一脉相连，那就会跟我们的城市建设一样，留下无法挽回的败笔。

（2007 年 9 月 24 日）

对城市景观灯饰的一点看法

9月23日晚8点到8点半，上海外滩“万国建筑群”和小陆家嘴地区所有景观灯同时熄灭了半小时。与此同时，哈尔滨圣索菲亚教堂、北京王府井大街、西安大雁塔、南京夫子庙、武汉汉口江滩、深圳世界之窗等全国另外6个城市最负盛名的标志性景观，也相应行动，“在同一时刻隐去了它们美丽的霓裳”。

灭一会儿景观灯，是作为“节能减排全民大型体验活动”的一项内容来进行的，所以要如此，是因为“平时对能源紧缺现状的宣传还不够普及”，而搞这么一个活动，“有助于加强全社会的节能意识”。不用说，成效是可以计算得出来的。上海马上就告诉我们，半小时“熄灯”大约可省电费1500元左右，这还是他们在建筑上“大多已换上高压钠灯和金卤灯等光效较高的灯具”的结果，言外之意，换了在其他地方，节约的意义更大。不过，我对此类只属于“瞬间”行为的现实意义和历史意义一向存疑，就像对待刚刚过去的“无车日”一样，那种所谓成效都是理论上的，因为热闹过后该怎样还是怎样，所以节约了的数字只是存在于计算中，下一次什么时候再搞还不一定。这一次在上海，7点59分的时候，熄灯按钮“伴随着现场300多名市民齐声高喊倒计时”按下，倒让人觉得只是为刻板的日常生活增添了一点新奇的色彩而已。

城市里大搞景观灯，入夜后大放异彩，在一些经济学家眼里可能跟马路上堵车一样，视为地方繁荣的一个标志。景观灯好不好看呢?好看。这是不容否认的事实。从飞机上望下来，好多城市都是一片灯海，比起原来的黑咕隆咚自然要漂亮得多。可是，如果在灯火通明、煞是耀眼的背后，直接伴随的是电力供应紧张，捉襟见肘，就显得没有必要了。这几年一到夏天，告诫百姓如何节约用电的声音不是都会循例响起来吗？与其动员百姓，不如动员者自己先身体力行。间接地看，在我们当前这个发展阶段大搞景观灯，很容易让人跟“面子工程”扯上千丝万缕的联系。在华灯璀璨的背后，容易给人一种假象，掩盖那些发展还不尽如人意的方方面面。例子就不举了，大家都心知肚明。总之，只有待到万事基本大吉之日——比如城乡的鸿沟填得差不多了、但凡该改革的领域都有个大致眉目了，景观灯饰才可能让人从心底里看得舒坦。

从前有一段时间，人们杞人忧天，急于弄清楚粮食太多吃不完怎么办，从而有了种种看似笑话的祸害粮食之举。现在我们都很清楚根本还没有到电力用不完怎么办的程度，怎么也开始对电力挥霍了呢？城市根本用不着时时都是华灯璀璨的样子，至少在现阶段，保持足够的、给人以安全感的照明亮度就行了。或者，在重要节日来临之际，亮一亮也未尝不可。在这次全国7个城市的熄灯活动中，部分社区居民的家中也在一段时间内“关闭不必要的灯光，以亲身体验能源紧缺对日常生活造成的影响”。其实，对多数家庭来说，这一点根本无须告诫，该关的灯谁都自然会关，主动去关，只有那些慷公家之慨的地方，才会时时显得无比大方。

（2007年9月25日）

“静音区”还可以多划一些

广州市越秀区准备出台《人民公园管理规定》，对公园实施功能分区管理，以中轴线白石狮子为界，分为南北两面，北面为静音休闲区，区内不得进行任何形式的歌舞活动；南面为歌舞曲艺区。相关管理规定近期将公示征求意见，近水楼台，笔者先表示赞赏这个规定，而且认为，“静音区”不仅该划，还可以在城市里多划一些。

“静音区”显然是针对“噪音区”而言的。我们中国人比较喜欢制造噪音——当事人肯定不这么认为，应该是传承的一种文化习性。18世纪曾有一件很轰动的大事，英国使节马戛尔尼借给乾隆皇帝祝寿之机来“觐见”，试图对话，因为他不肯给乾隆双腿下跪最后灰溜溜离开了。在阅读佩雷菲特那本记述此事的《停滞的帝国——两个世界的撞击》的时分，其中有个细节让我印象深刻。老马来了，咱们照例弄了一通欢迎锣鼓，礼节嘛。20世纪90年代的北京亚运会开幕式上，我们就依然是以“威风锣鼓”来迎接八方来宾的。谁知那时候老马非但毫不领情，反而就此得出结论说我们中国人根本不懂乐音，就是比赛谁制造的声音大，好像谁擂得响谁才最有价值。当然，咱们的人以其人之道还治其人之身，对他们所谓高雅的西洋乐器也同样毫不“感冒”，到他们演奏的时候，在场的清朝官员们要么聊天，要么四下张望。

我们中国人当然是懂乐音的，别的不说，广东音乐就早已名噪世界。但我们中国一些人喜欢通过制造噪音为自己带来快感、为他人造成痛苦也是实情。出国旅游，在任何地方都旁若无人地大声说话，被视为国人需要克服的几大陋习之一。广州正在搞第五届车展，张广宁市长在参观时，对某厂家播放的震耳欲聋的音乐颇有微词：“搞表演也不能这么吵。”他当即要求把音乐降下来，以免影响市民参观。早几年去过北方几个城市，发现黄昏时分，十字街头的某一方向动辄有一支比较壮观的队伍，伴随着喧天的锣鼓自得其乐。在公众场所，有人喜欢闹闹嚷嚷，有人喜欢安安静静，都是比较正常的。两者一旦冲突，“闹嚷”严重侵扰“安静”，则不言自明。这个时候就显示出了“分区”的必要，制约那种不分场合、不分时段的闹嚷。那么，划出一块地盘，让喜欢闹嚷的人们去闹嚷，让不喜欢闹嚷的人们能够找到一个安静的环境，基本上可以两全其美。

不仅在公共场所，居家也是一样。左邻右里如果不分白天黑夜地不断传出哗啦啦的麻将声，寂寞的宠物狗动辄发出狂吠，提出意见后邻居再恶语相向，就是很烦人的一件事情。但是没有什么办法，因为避免这种情况完全凭借国人自身的道德约束、修养约束。所以对喜欢安静的人来说，如果周围的环境如愿以偿，只能庆幸自己挨了个好邻居。靠庆幸生活，肯定不是有质量的生活。

人民公园收门票的时候，里面有个邮市，我时常光顾，顺便在里面走走，大树参天，环境优雅。印象之中，人民公园是广州市第一个拆了围墙、免费开放的公园吧。此举在当时之赢得民心，无须赘言。现在划分“静音区”应该也是第一个。这是越秀区的行为，这个头带得好。建议别的区不妨仿效，使“静音区”再多划一些，尤其在城市里那些庄重的、标志性的或人口比较稠密的公共场所。

（2007 年 11 月 22 日）

让国人认个错实在很难

因为选择在不合适的时间（星期一早晨上班高峰期）和不合适的地点（原本交通就比较拥堵的路段）拍摄电影，高楼里假装冒出的熊熊大火把羊城市民吓了一跳不说，还导致了广州几条主干道塞得一塌糊涂。两天来，面对舆论几乎是一边倒的批评，本以为当事的《烈火男儿》剧组会有一点儿愧疚之意，不料，恰恰相反，在他们的制片主任那里，媒体行使的正常监督职能，却成了炒作。

“倒打一耙”这个成语大家都很熟悉，手边没有《辞源》可考证，不过应该是从猪八戒那里演化出来的吧，众所周知，八戒的武器正是钉耙。不过读《西游记》的时候，印象中并没有看到八戒要出这种回身来一家伙绝技战胜对手的描写，倒是与之本质一模一样的关云长的拖刀计——佯装败走，将刀垂下，而突然回头攻击——见得更多一些。是不是害怕玷污了英雄的形象才“强加”给八戒的呢？反正虱子多了不咬人，那么多屎盆子都扣在八戒脑袋上了，多此一个不为多？闲话少扯，《烈火男儿》剧组的表现，正应了“倒打一耙”的释义——不仅拒绝对方的指摘，反而指摘对方。制片主任说了：“这部片子是为广东消防官兵作正面宣传的，为什么大家的意见就那么大?”瞧，他很会偷换概念，舆论指责的是他们为了自己拍戏不顾及公众利益的行为，他给转嫁成了人们针对片子本身。放在特定的历史时段，这是一顶了不得的大帽子。可惜，现在并不是从前。

让国人认个错实在很难。近年来也间或见到过几个公开道歉的官员，算是承认工作失误吧，比如洪洞矿难后临汾市长李天太的表现。但是嘴上说说归嘴上说说，他的各种官职终于还是被罢免的，颁布了好几年的《党政领导干部辞职暂行规定》里标得清清楚楚的“引咎辞职”一项，好像就是纸面上的文字。这就难免使人怀疑，先前的所谓道歉纯属众目睽睽之下的被迫低头。这一幕，其实我们在早期的央视《焦点访谈》里见得最多：暗访时跋扈得要上天，曝光后忽焉焉一脸诚恳。最搞笑的是，时下还有一种“责令×××引咎辞职”的语式出现。比如去年邯郸市农业银行金库发生近 5100 万元人民币被盗的特大案件后，中国农业银行责令河北省分行行长瞿建耀引咎辞职。好好翻一翻《党政领导干部辞职暂行规定》吧，第一章第二条说得很分明，“引咎辞职”和“责令辞职”根本就是四种辞职中的两种。引咎辞职要求由本人主动提出，责令辞职则是下逐客令，何来“责令”之下的“引咎”?“引咎”了还需“责令”吗?

在我的印象中，真正意义上的引咎辞职在我们的国度还根本没有。也就是说，让国人在真正意义上认个错实在很难。不过可以肯定，当所谓道歉或认错流于表面，性质相似的恶劣事件就不可能杜绝，“县官”滥用职权的事件新近又添了一例，可资为证。我以为，只有当国人认错变得比较“容易”的时候，才说明我们这个社会在经济之外真正向前进了一步。当然，在这样的背景之下，要求以为从事着高尚事业就可以唯我独尊、牺牲一切公众利益的一个剧组认错，多少有一点儿苛求。但是，解决这个问题毕竟比涉及政治生活层面的那些要容易得多。换言之，连这么个小小的“土围子”都拿不下，我们也就不要奢望其他了。

（2008 年 1 月 9 日）

禁止免费塑料袋别走极端

国务院办公厅日前下发的《关于限制生产销售使用塑料购物袋的通知》规定，自今年6月1日起，在全国所有超市、商场、集贸市场等商品零售场所实行塑料购物袋有偿使用制度，一律不得免费提供塑料购物袋。国家环保总局一名人士说过，2008年将会是环保政策调整较为集中的一年，可以称为环保政策调整年。想来《通知》的出台正是其中之一。

翻一翻记录，2003年11月笔者就发过一篇《塑料袋应当有偿使用》，那是由上海拟在2004年所有超市实行有偿供应塑料袋起兴的。题目已经亮明了自己的观点，但是，真的要实施了，并不觉得可以非常乐观；不过即便如此，也不能激进。中消协副秘书长武高汉日前表示，支持对塑料袋推行有偿使用，“甚至可以采取惩罚性的收费制度，来抑制消费者过多使用不可降解的塑料袋”。在他看来，如果只是收几分钱、几毛钱，不足以起到警示作用。这就是一种激进的态度。塑料袋虽然背负了“20世纪最糟糕发明之一”的恶名，但是和多数百姓的日常生活已经关联在了一起，塑料袋问题也算是民生问题了吧。

免费使用塑料袋的习惯不是百姓生来就有的，而是超市、商场以及后来的菜市场“培养”出来的。没有超市的时候，我们不是提着篮子、拿着网兜一样可以去买菜吗？而且，一根草绳就可以拎着一块肉、一尾鱼漫步回家，没人觉得不妥。后来被养成了用塑料袋的习惯，开始觉得确实方便，后来才知道那玩意埋在土里居然200年不会腐烂。但是，习惯，即使是不良习惯，也是需要时间来克服的。国务院的《通知》给了5个月的“倒计时”，按我的理解，就属于给人时间适应的一种。一家伙禁了，还要“惩罚性”，来势固然汹汹，却未必能收到好的效果。

宋朝的张乖崖为崇阳令时，有个小吏从钱库偷了“一钱”，他先命杖之，后命斩之，理由是：“一日一钱，千日千钱，绳锯木断，水滴石穿。”张乖崖当然是希望以儆效尤，然而非但其希望落空，反令后世以其有酷吏之嫌。武高汉先生之说，固不可与之等同，然而，咬牙切齿的发狠，肯定不能从根本上解决问题。而且，他所说的“惩罚性收费与塑料袋成本之间的差价应专门用于环保事业”，在方方面面欠缺监督的今天，还是免提的好，那笔钱公众固然付出了，但很可能最后跑到爪哇国去，了无踪影。

有偿使用塑料袋，上海曾经试图率先，却在实际操作中由于缺乏相关实施细则，加上有的超市因为担心影响销售而迁就消费者，消费者本身又反对收费，所以最后弄了个不了了之。全国“一律”之后，比上海的力度要大得多，解决的希望也大得多，但是还是要循序渐进，别走极端。

（2008 年 1 月 11 日）

博物馆免费开放不是目的

从今年起，全国各级文化文物部门归口管理的公共博物馆、纪念馆，全国爱国主义教育示范基地将全部实行免费开放。虽然中宣部、国家文物局等有关单位下发的这个通知仍然拖了条“尾巴”——文物建筑及遗址类博物馆暂不免费，但是较之先前，比如广州全市范围内试行的每月一天免费，已经是一个了不起的进步。

去今 130 多年前，我国近代著名思想家、第一位报刊政论家王韬写了一部记述自己欧洲之行的《漫游随录》，里面对大英博物馆有一段精彩的议论，说它“博采旁搜，综括万汇，悉备一庐”；尤其提到，大英博物馆“于礼拜一、三、五日启门，纵令士庶往观，所以佐读书之不逮而广其识也，用意不亦深哉！”这里的“纵令”，从字面上来理解就是免费开放，不知大英博物馆在 130 年前是否的确做到了这一点。据踏出过国门的人士介绍说，博物馆免费在国外如今是一个比较普遍的存在。

但博物馆免费之后，能不能发挥其应有的功能，是值得我们关注的一个问题。有报道说，博物馆免费所以拖了条“尾巴”，在于博物馆的吸引力“两极分化”现象严重，好看的地方，大家争着去；不好看的，没人去。在北京，故宫博物院和首都博物馆，即使目前票价分别为 60 元（旺季）/40 元（淡季）和 20 元，一到节假日还是出现人满为患的情况，参观秩序和文保压力非常大；而实行免费的西周燕都遗址博物馆等就备受冷落。因此，高知名度的大型场馆很难实行免票。这牵涉到的实际上是对博物馆的认识问题。在王韬眼里，博物馆的功用在于“佐读书之不逮而广其识也”，但现在许多人去博物馆，却是去看稀奇的，把博物馆单纯地理解成收藏宝贝的地方。去故宫的人，有多少是想瞧瞧皇帝宝座、后妃住处什么样的？当然，这也是“广其识”的一种，但不能局限于此。应该说，这是大众素质有待提高的一面。

另一方面，如果博物馆能够像王韬说的“佐读书之不逮而广其识”，那么，反过来对博物馆也提出了很高的要求，无论什么品种的博物馆，它都必须能够引人入胜。用这个尺度衡量一下，我们的不少博物馆恐怕就不及格了，还仅限于干巴巴的简单陈列，背景、灯光，布置得都很漂亮，文字也摆在那儿了，大抵还简明扼要，可惜只是堆在那儿而已，不是专业或有一定研究的人士读之不明就里。如果一个博物馆让观众在展品前逗留的时间太短，那就说明它根本构不成吸引力。我在广州的不少博物馆参观过，发现好多观众都可以用快步行进来描述。这不是参观博物馆的应有步伐，也就是说，博物馆的软件建设大有亟待提高的一面。

究竟是大众素质“连累”博物馆降低水准，还是博物馆必须放下“阳春白雪”的面目以适应大众需要，是一个可以继续探讨的问题。

但是显然，大众的需求与博物馆的面向，不可能通过免费就自然而然地实现对接，相得益彰。因此，博物馆免费开放只是第一步，它不是目的，目的是使博物馆“用意深哉”，尽管对我们国家来说还有一段漫长的道路要走。

（2008 年 1 月 29 日）

智商虽高，但职业操守低下

昨天，东航云南分公司证实，中国民用航空局派出的工作组已抵达昆明，开始调查发生在 3 月 31 日的东方航空公司云南分公司 18 个航班“集体返航事件”。距离事件的发生差不多一周时间过去了，虽然工作组姗姗“去”迟，动弹了总比不动要强吧，大家都需要尽早知道这一恶劣事件的前因后果。

据说，培养一名飞行员的费用昂贵，仅在航校期间的培训费就高达 70 多万元；毕业后到上岗前还要经过严格的培训，此后每年的培训也不是一笔小数目。所以飞行员辞职，往往要遭原单位的“天价”索赔。比如 2007 年 5 月，东航云南分公司飞行员郑志宏因辞职被单位索赔 1275 万元；后经提起诉讼，法院一审判决东航获赔 137 万元，二审将于近期开庭。先天的优良条件，昂贵的培养费用，使飞行员堪称高智商的精英人群；因其智商高，争取利益的手段自然不能落俗。广州的一些清洁工前一阵子讨要欠款，来个“罢清洁”，导致他们负责的区域臭气熏天。机长们的智商则要高得多，他们不“罢”，而是按时起飞，不过飞到目的地再飞回来。而他们这么做，也是“依法”的——根据目的地的天气条件，机长有权决定飞机是否降落或返航。事情干得真是天衣无缝。且不说除了东航之外，其他航空公司的航班均能正常降落，单就 6 个目的地 18 个航班所碰到的情况全部都像东航解释的“天气不好”而言，简直是侮辱国人的智慧了。

东航的一些飞行员可能有自己的难言之隐。无论是什么原因导致了这 18 个航班几十个员工“集体返航”，他们处理自己问题的极端方式，客观上显示出他们的职业操守低下是确凿无疑的。限期“补税”可能是事件的导火索。东航云南分公司的一名飞行员透露，今年 3 月份之前，他们的小时费是按照 8%的标准上缴税收的，但之后，公司要按照 20%—30%的标准收税。同时，公司要求飞行员将去年全年“欠交”的税补上，并规定最后期限是 4 月 7 日。这样，一名机长补缴去年的税收就达六七万元。如果这个原因成立，“集体返航”就纯粹是无理取闹。如果这个纳税标准是有法律依据的，那么这些飞行员还可以称得上法盲。依法纳税不是每个公民应尽的义务吗？同样是为了自己的待遇，飞行员们的行为还不如被冷面旁观者讥讽为“跳楼秀”的农民工的。那些万般无奈的农民工兄弟无论做出姿态要跳楼还是跳塔吊，毕竟只是个人的行为，而机长们则是拿旅客作为筹码，全然不理会他们被浪费的时间、被耽误的工作，乃至宝贵生命的安危。

按照民航局“十一五”规划，五年间需要补充 9100 名飞行员。业内认为，以中国现有的飞行员培训能力，缺口达 3000 名以上。供给严重小于需求，飞行员就是彻头彻尾的“卖方市场”。正是有了待价而沽的资本吧，最近两年，飞行员为了达到自己的目的，采取绝食、罢飞、集体请假等极端方式的此起彼伏。在这些前提之下，更加考验中国民用航空局对“集体返航”的处理技巧。决不能姑息纵容是无疑的，但是施以重拳的话，乘坐这样的飞机以后会有安全感吗？在一项网络调查中，已有 71.4%的人表示“闹事飞行员飞的所有航班均不考虑乘坐”。怎么处理是他们的事，现在本人比较关心的是，东航云南分公司的领导是否该引咎辞职呢？

（2008 年 4 月 7 日）

对数字电视敲响的一个警钟

《南方日报》昨日报道，广州社情民意研究中心调查显示，过半受访市民认为数字电视“收费高，服务差”。同日《南方都市报》报道，随着13套付费节目试看期的结束，市民们再想像以前那样“占便宜”是不行了，要么荷包里再往外多掏点儿，要么给你一片“马赛克”。

看了这个调查结果，有一种庆幸自己家里还没安装数字电视的感觉，只不知这种庆幸还能够持续多久。有市民建议不要强迫改装，我非常赞成，但知道被强迫恐怕最终避免不了。农村里盛行过“逼民致富”，仿佛只有干部们才知道种什么赚钱；城市里同样也可以采取这种办法，逼民丰富精神世界，节目的品质如何自然另当别论。不过，尽管数字电视可能有说不完道不尽的好处，就像早几年的豪华公厕可以洗衣托儿听音乐干一些与“三急”毫不搭干的事情却代表着未来的发展趋势一样，但我应该还是有选择的自由，我脑袋不大开窍，接受新东西迟缓，不行吗？这个选择的自由，也未尝不是给业界留下的一个可资竞争的空间。

由数字电视不能再白看，不知怎么想到《水浒传》里的张横，就是《没遮拦追赶及时雨　船火儿夜闹浔阳江》那一回描写的事情。宋江和两个公人为了逃避穆弘的追赶上了张横的船，谁知船开到江心的时候张横却问他们要吃“板刀面”还是要吃“馄饨”。“若还要‘板刀面’时，俺有一把泼风也似快刀在这板底下。我不消三刀五刀，我只一刀一个，都剁你三个人下水去！你若要‘馄饨’时，你三个快脱了衣裳，都赤条条地跳下江里自死！”总之是要取三人的性命，而起因不过是宋江他们上船时不小心露了富，张横“听着包里落舱有些好响声，心中暗喜”。这个类比肯定有极其不当之处，至少数字电视没有要取性命的意思嘛，但性质又实在差不多：既然上了我的船，就由不得你了。当初广州市有线数字电视整体转换工作全面启动时已经说好了，数字电视的月收费不会超过 26.5 元，可是现在，像报道中的市民谭先生那样，若想再看自己喜欢的《天元围棋》，每月必须多掏 36 元！

从自家装个天线的那种电视（不知道浓缩成四个字时该叫什么）到有线电视，再到数字电视，科技在进步是一个不争的事实，满房顶的电视天线时代不仅是视觉污染的问题。但我们也不难发现，科技进步的幅度大大快于管理进步的幅度。数字电视一谈钱，就伤了大家的感情，花得不值；其实有线电视又何尝没有暴露出种种问题？比如看香港那几套节目，本来间隙也想看看他们的广告，一来作为了解的一个侧面，二来作为一种欣赏——他们不是还专门搞过十大广告之类的评选吗？确实有些赏心悦目。但不行，把持着有线电视生杀予夺权力的人，丝毫不顾及用户的感觉，为了自己多来两个钱，随意插播他们卖出的东西，而且不少是劣质货色，干得更出格的，甚至占用正常的节目时间。

无论哪种电视发展阶段，出现这些人为导致的问题，说到底都是“眼睛指向”的问题。眼睛盯着服务，就不难兑现当初的一一承诺；而眼睛总是盯着自己的口袋，转过神来就会去盯着市民的口袋。广州社情民意研究中心的调查，应该是对数字电视发展敲响的一个警钟。

（2008 年 4 月 23 日）

从“五四”假期的尴尬中检讨些什么

今年的五四青年节首次有了假期，但这个假期不像同样首次有了假期的清明端午中秋那些传统节日一样，让人欢欣，却反而有些“添堵”。5 月 4 日之前，是哪个年龄段的青年该休这半天的问题弄不明白；5 月 4 日之后，则是该休的青年假期根本得不到落实。有记者在广州采访发现，多数机关单位和企业的年轻人都照常上班，高校和中学也做法不一。由于事前告诉大家可以拨 12355 投诉，于是共青团广州市委的这个服务热线被投诉者搞得全天基本占线。

一个出于良好意愿的放假办法，落到了这般尴尬境地，该检讨些什么呢?

首先应该检讨的是《全国年节及纪念日放假办法》。按照其第三条规定，“青年节（5 月 4 日），14 周岁以上的青年放假半天”。这里面无疑有一个先天性的缺陷：没有明确放假适用人群的年龄上限。而关于“青年”的年龄段问题又从来都是一团糨糊。在我们国家，共青团、国家统计局，对于青年的年龄划分标准就相差甚大；在世界上，联合国、世界卫生组织，也都各有各的一套标准。既然概念本来就模糊，《放假办法》为什么还要留一条上限欠缺的“尾巴”？我这个法盲实在不大清楚，在《放假办法》里添上这一笔究竟有多难，即便青年的“界限”偏差太大，这里明确一个自己的标准难道不行吗？所以，谁该休这半天所造成的混乱完全是人为因素导致的，本来是可以避免的。

其次应该检讨的是对法律法规的尊重问题。这个问题委实无须多说。时下不管出了什么问题，有关部门或人士喜欢说两句话，一曰没有法律，二曰法律不健全，法律挂在嘴边，却是作为失职的借口。别的事且自由他，在“五四”休假问题上，尽管吵吵嚷嚷，团中央毕竟给出了 14 岁到 28 岁的明确区间，那么“广州的多数机关单位和企业的年轻人”为什么还照常上班呢？说到底，就是其所在单位和企业无视法律法规的一个表现，好点儿的吃顿饭补偿补偿也就算数了，差点儿的全当没那么回事。我们在建设法治社会，但是尊重法律的意识还远远没有形成，更不要说法律信仰了。在这样的背景下，即使法律将来健全得无以复加，我们也不敢奢望其应该取得的成效。

由“五四”这个“部分公民放假的节日”也想到了一些不该想到的问题。比如《劳动合同法》颁布之后，引起了一定程度的混乱——

如果我们老实承认的话，我注意到，许多专家学者把这种混乱归咎为对《劳动合同法》的误读。条文明明白白地摆在那里，为什么会有那么多的人误读？就算的确是误读吧，能被那么多的人误读，逻辑上也说明这部法律本身肯定有太多含糊之处，有太多值得商榷之处。类比来看，一个何其简单明了的青年放假问题，都等闲平地起了这么大的波澜，遑论涉及双方切身利益需要咬文嚼字的各项条款？避免此类问题的根本，正是立法的慎重问题。

今年的“五四”已矣，但明年以及今后还有。所以我们还得关心一下青年用这半天干什么。如果是为了在青年中倡导“五四”精神，让爱国精神回归，那我认为失之于天真，也不可能收到预期的效果。因此，就像同样有了假期的重要传统节日那样，要为这假期增添适当的内涵才行。否则，有跟没有也就差不到哪里去。

（2008 年 5 月 6 日）

“限塑令”仅仅迈出了一小步

从昨天开始，“限塑令”在全国范围内正式实施。所有超市、商场、集贸市场等商品零售场所实行塑料购物袋有偿使用制度，一律不得免费提供塑料购物袋。这意味着，中国正式告别了免费使用塑料购物袋的时代。然而我们须知，告别本身不是目的，目的在于呵护我们的生存家园。

为什么要“限塑”？道理很多人都比较清楚，塑料的结构稳定，不易被天然微生物菌破坏；塑料制品混在土壤中不断积累，影响农作物吸收养分和水分，破坏土壤环境；塑料袋焚烧会产生大量有毒气体，危害环境和健康。正是因为它的这些特性，塑料袋曾被国外媒体评为“20 世纪人类最糟糕的发明”之一。目前市场上大行其道的塑料袋大抵正具备那些劣性。一个小小的塑料袋固然很不起眼，但由于免费，由于唾手可得，更由于不需要理会后果，势必导致或已经导致使用数量的巨大。中国塑协塑料再生利用专业委员会去年底的一个统计数据说，全国仅每天买菜要用掉 10 亿个塑料袋，其他各种塑料袋的用量每天在 20 亿个以上。这些给人们生活带来便利的塑料袋，同时成为了“白色污染”的祸首。

塑料袋在人们生活中已经成为必不可少的生活用品。在这种情况下对塑料袋实行有偿使用，旨在利用经济手段治疗人们的白色污染依赖症。从可持续的现代发展思路来看，“限塑”是一定的，只在于时间的迟早、力度的大小而已。行动的时间越早，力度越大，越有益于后世子孙。但“限塑令”对于环境的保护，还仅仅是迈出了一小步。首先，它只是令塑料袋的使用相对减少，相对于限制之前而言减少，而其绝对数量仍然非常可观。昨天，我们去超市或者集贸市场买东西仍然会发现，那个小塑料袋还是有的；塑料袋的有偿使用，仅仅限于外面那个大的，而买一个大塑料袋，也就是多花两三毛钱而已。对不少人来说，可能根本不在乎那两三毛钱；或者，与自备购物袋相比较，还是花钱买一个更方便。因此，“限塑令”即便得到不折不扣的执行，其效果仍将十分有限。

其次，迄今为止还没有比较理想的塑料袋的替代品问世。从实用的角度看，购物塑料袋不仅有装商品拎回家的功能，而且还有二次利用为垃圾袋的功能。新华网最新的一项调查说，对于如何处理使用过的塑料袋，77.24％的人选择当垃圾袋用，13.16％的人表示会多次循环使用（最后仍然是做垃圾袋），只有 9.60％的人选择直接丢掉。因此，我们在限制购物塑料袋的同时，对于其二次利用的功能万万不能忽视。倘若限制购物塑料袋了，将来完全代之以布袋或者纸袋，那么装垃圾用什么也需要一并考虑进去。如果装垃圾还是要用塑料袋，人们要特地去购买，不仅购物塑料袋限与不限对环境造成的污染差不了很多，而且有顾此失彼之嫌。因此，如何找到既能兼顾百姓各方面生活便利同时又环保的塑料购物袋替代品，成为科研工作者的当务之急。

衷心期待“限塑令”一定程度上能够改变人们业已养成的不良生活习惯，虽然这远非一朝一夕可以做到。如果科技对塑料造成的危害始终无可奈何，“禁塑”就将成为关键。由“限塑”到“禁塑”，无疑还有一段比较长的道路要走，单凭一纸政令力所不逮。眼下，“限塑令”这一步必须迈出，我们记住这仅仅只是一小步，就不会以为从此万事大吉。

（2008 年 6 月 3 日）

奥运纪念钞何妨敞开供应？

昨天开始，奥运纪念钞开始兑换，几乎举国上下的城市都在为之“疯狂”。广州、深圳的大批市民一大早就到银行网点排队．不过，大抵乘兴而来，败兴而去。无他，发行量太少，全国只发行 600 万张，满足不了人们的需求，以至于广州一家收藏店的老板打出每张 100 元的牌子，就在银行门外专门等着收购面值 10 元的纪念钞；以至于拿到了纪念钞的市民兴奋地高呼“新股票，新股票”。

此情此景，刘禹锡的那首《竹枝词》又油然响在耳边：“瞿塘嘈嘈十二滩，此中道路古来难。长恨人心不如水，等闲平地起波澜。”这末了两句，我引用过好多次了，因为对一些事情来说，它确是切中要害之笔。奥运纪念钞引发全国范围的“抢购”，正是如此，有人为地制造怨言之嫌。发行它究竟是为了什么？奥运纪念钞嘛，当然是为了纪念国人百年圆梦。然而，效果却好像是为了让人囤积居奇。有人可能要说这是客观结果，但是这种客观结果纯由主观因素所导致，事先放出风来说就发行 600 万张，这种结果就是完全可以预见到的。抬杠说一句的话，福娃之类的奥运纪念品怎么没人抢购呢？多嘛，有的是嘛。

由奥运纪念钞不由得想到了中国的邮票。这样联想很自然，都是国家发行的有面值的东西，应该可以叫商品了吧。不关心中国邮市的人，也许不知道中国还在发行邮票。这不奇怪，邮票是一种邮资凭证，寄信用的，而现代人的通讯手段便捷了，基本上也就不写信了，前几年国家博物馆不是还搞了个征集家书活动吗？表明家书正在成为文物。即便你写信，在邮局也买不到纪念邮票或特种邮票，也就是花花绿绿比较好看的那些，能买到的只是普通邮票。但现代人基本不写信，作为邮资凭证的邮票却没有淡出历史舞台，每年的纪念邮票、特种邮票照样发行不误，该出多少套还是多少套，印量也不见得少了多少。结果，这种形同鸡肋的东西，要么就是买来单纯地收藏——只要不打保值的主意，要么给什么单位买去翻来覆去地组合一番，用来制作豪华邮册，豆腐盘成肉价钱。为了刺激邮市的兴旺，前几年甚至有两次大规模销毁邮票的愚蠢举动。市场既然消化不了那么多，为什么一定要发行那么多？印制邮票难道是没有成本的吗？

没有人要的东西弄出来那么多，而肯定受人欢迎的奥运纪念钞在发行量上又如此羞羞答答，决策的人究竟是怎么想的？余，法盲也，不知道“怎么想的”属不属于《政府信息公开条例》规定应该公开的内容。不属于的话，自动收声；属于的话，倒真想知道。

奥运纪念钞能不抢吗？1980 年发行的《庚申年》猴票所以成为“中国邮票价格的地标”，不在于它是第一轮生肖邮票的第一枚，也不在于它的原图金丝猴由著名画家黄永玉绘制，印制精美，栩栩如生（永玉先生绘图的“白鹤”邮票就乏人问津），而主要在于它的发行量：800 万枚。1982 年我国第三次全国人口普查的时候，是 10 亿人；而 2000 年第五次人口普查的时候，已到了 13 亿人。10 亿对 800 万，13 亿对 600 万，这个类比可能不太恰当但多少可以说明一点问题，人多了，东西少了，此长彼消，又是关注度这么高的涉及奥运的东西，满足不了心愿的人们怎么可能不啧有烦言呢？

奥运会对每个中国人来说都意义非凡。明明知道全国人民有这种收藏的热情，不必制造囤积居奇的效果。奥运纪念钞何妨敞开供应？

（2008 年 7 月 9 日）

“正当”广告的插播也该整顿

广电总局日前再发通知，严禁有线电视网络机构在节目转播中插播广告。凡事都是有起因的。国产动画片没人爱看，广电总局就规定了国外动画片的播出比例，最后干脆在黄金时段禁止播放。此一番，想来该是某个地方台在转播央视《新闻联播》的时候，插播了“根治泌尿病专用药”广告的缘故吧。严格究起来，“有线电视网络机构在转播和传输节目过程中，插播商业广告，甚至是非法的医疗、药品游动字幕广告”，既非“个别”，也非“近来”，所以现在要劳通知的大驾，因为“某电视台”太岁头上动土，胆子太大了，“在社会上造成了严重不良影响”而已。

广电总局发出的通知很多，不夸张地说，有目不暇接之势。不过，众所周知，有的通知问世之日即是引起质疑之时，有的则如泥牛入海，发完之后，就全然不见了踪影。于是，要禁止的情况依旧，不见通知发生了何种作用，也许就是这种无人追究才刺激得“某电视台”敢于铤而走险。空口无凭，聊举若干实例。名人以患者、消费者身份代言的医疗、医药和保健品广告得到禁止了吗？没有吧。电视台在转播传输节目时，不得以游动字幕、叠加字幕、挂角广告等形式播放商业广告得到禁止了吗？也没有吧。我们现在打开电视机看看，哪个电视频道如果没有这些东西才真称得上稀奇，算你发现了新大陆！鉴于这些既往的经验，广电总局的这一个通知能不能起到作用还须拭目以待。就算不能吧，我还是要建议能不能再发个通知，接着禁止插播广告来就手整顿一下节目之间的广告。

不知道别人的感觉如何，我对电视节目之间的“正当”广告有时真是深恶痛绝。广告制作的品质低劣先剔除不谈，在播出上也丝毫不顾及观众的心理。一个是没完没了，让人为要看的节目等得失去耐心；另一个是想来就来，简直不分场合。比如说，电视剧的片头出完了，动听的主题歌唱完了，观众的情绪也调动起来了，正该进入正题了，却突然又开始了吼叫不休的各种广告。除了央视一套做得还行，横扫一棍子，可能所有电视台都不会感到冤枉。从前家里的电视有“画中画”的功能，“要补锌”、“要补钙”，随你的便，但请猫在小框里去悄没声息地喋喋不休吧；可数字电视不久前来了，“画中画”的功能失效了，为了一个可看的节目，只有忍着了。我认为这种问题涉及电视台自身的职业道德问题。他们操纵着社会公器，就把自己的经济利益行为强加给了千家万户去承受。

有个问题我一直没想明白。广东得风气之先，早就可以收看香港电视节目，为什么大小主持人把他们的嗲声嗲气早就学到了不少，却迟至今日也没有把人家广告播放的做法学到手？看香港的电视广告，不能不惊讶于人家对那个“度”把握得相当之好，不至于让人感到厌烦。尤其是在影视节目之间，人家插播广告的时候让你简直觉得正该起身休息一下了。鄙人“媚港”乎？怕不尽然。我们的社情民意机构可以找其他市民了解了解，让数字说话。

话说回来，对广电总局的这一通知，我当然是拥护的，只是比较担心，他们就这样埋头发下去，别像那些节日来临的时候规定领导干部的几不准那样，针对的对象把它们纯粹当成例牌声明，私底下该干什么还干什么。失去应有的威严，再好的禁令也会沦为一种摆设。

（2008 年 7 月 14 日）

图书馆如何服务公众更值得期待

国家图书馆日前对外宣布，国图二期新馆暨国家数字图书馆 9 月 9 日将开馆待客。届时，新增读者座位 2900 个，日均接待读者能力 8000 人次，国家图书馆的馆舍总面积也将达到 25 万平方米，成为世界第三大图书馆。对这样一个大型文化设施，我们没有理由不表示欢迎，但接下来要关注的是它可能起到的功效，也就是能否物尽其用。我们的许多图书馆还仅仅是一座或一组堂皇的大楼。

在不少国人眼中，图书馆基本上等同于藏书楼。笔者也持这种观点。一则介绍宁波天一阁的材料说，它是明代兵部右侍郎范钦创建于嘉靖年间的私人藏书楼，也是亚洲现存最古老的图书馆，把二者干脆直接画上了等号。有人研究，英文"图书馆"一词来自拉丁文，其原意的确就是藏书之所。但在现代社会，"图书馆"一词的外延早已伸展，至少不再等同于藏书。图书文献的收集、整理和保存，固然是整个图书馆工作的基础，然而图书馆更主要的职能，是要面对公众开放，使公众能够充分利用这些图书文献。而藏书楼里的书，则是专门用来传之后世的。还以天一阁来说，不要说外人进去难比登天——余秋雨先生考证说，在黄宗羲之后，"近二百年的时间内，获准登楼的大学者也仅有十余名，他们的名字，都是上得了中国文化史的"；就是范氏子孙自己也很难进去，因为凡阁门和书橱门的钥匙分房掌管。据说，清代嘉庆年间宁波知府的侄女钱绣芸为了登阁看书，至于嫁入范家，不料人家还有"书不出阁，女不上楼"的家规，可见其藏书的目的纯粹就是为了保存。

今天的人们容易把图书馆等同于藏书楼，在于好多图书馆名义上虽然开放了，但偏重的还是收藏的功能，而且"好"东西更秘不示人。因此，不要说宋椠元刻、明版清刊休想能一睹芳容，稍微珍贵一点儿的也轻易不能见到。于是图书馆里呈现的大抵是寻常的"大路货"，用不着来这里一样看得到。这里面当然也有客观原因，就是国人的素质还过于不乐观，不少人丝毫不懂得爱惜这一公共财产，没"经眼"几个人，一本"面貌清秀"的图书可能就"蓬头垢面，衣衫不整"了。早几年，发生在国家图书馆的"撕书"行为，甚至有成为职业化的趋势。有些缺德的人去到那里，专门就是为了撕书，或者据为己有，或者把撕下来的书页卖给信息咨询机构。这种恶劣的状况不知道现在好一点儿了没有。在这样的人文背景下，谁敢把好东西拿出来？但是，宵小之徒将来也不会绝迹，“道高一尺，魔高一丈”，图书馆就这么藏着掖着下去显然不行，得探寻管理的办法。

有两种人应该不用去图书馆，一种是从来不读书的人，另一种是因为有钱而喜欢什么书就能把什么书搬回家的人，除此之外，都是要利用也应该利用图书馆的人。国家图书馆跻身世界第三，表明硬件已经上去了，如何把公众服务好，这一软件就值得期待。我没有去过国家图书馆，但看到过不少去过的人留下的文字，很遗憾，尽是诉苦或者抱怨，不方便、服务差、收费高之类。国家图书馆以前也的确有过这样的规定：借外文书需要担保书、外地读者不能借书、刻录一张光盘最少要花 50 元，如此等等。现在，当国家图书馆对规模的追求达到了很高的目标之后，紧接着应该转化为对功效的追求。二者如能并举，则读书人幸矣。

（2008 年 7 月 16 日）

在严格执法与恻隐之心之间

昨天《南方都市报》有一则新闻，看了有种怪怪的滋味，就是广州交警在景泰街一带展开针对改装电动三轮车非法上路的整治。这样的风暴式行动一定会有战果的，果然，街上的众多三轮车夫措手不及。他们知道，车肯定是没了，但是想要回装在车上的电池。于是，照片上一个小伙子正死死抱住电池不放，文字告诉我们他终于被数名交警制服，电池重新被抛到了货车上。还有一个，为了电池从景泰直街一路跑着追警车，一直追到 3 公里外的三元里大道，最终怏怏而归。

看了这样的新闻，你动恻隐之心了吗？你也许没动，至少交警没动，但是我动了——因此我这种人肯定当不了执法者。车夫们为什么对电池那么在意？在他们看来，能多拿回一件东西是一件。从即将被没收的电动三轮车身上，他们在慌乱之间显然也拿不回别的东西，难道还来得及拆轱辘？据记者了解，一辆加装了动力装置的三轮车卖价一般为千余元，其中蓄电池就要600元，占车辆价格的近一半。这就更难怪了。

交警没收经过改装且非法营运的三轮车，我们首先要肯定这是完全合法的行为；恳求也没用，当然是担心车夫们把电池拿回去组装成新的电动三轮车，再非法上路。然而，设身处地地想一想，倘若车夫们没有别的谋生技能，他就终究还要走回这条路。前两年，无照商贩崔英杰用尖刀刺入了北京市海淀区城管副队长李志强的脖颈，起因就是崔英杰赖以谋生的三轮车屡次被城管没收。在最后一次，崔英杰紧紧拽住三轮车哀求着："什么东西都可以拿走，请把我的三轮车留下吧！"可惜，他的哀求没有起到任何作用，于是悲剧发生。崔英杰并非恶魔，李志强也是尽职尽责的城管队长，那么我们该反思的就是，为什么会发生这样的悲剧？怎么才能不再发生这样的悲剧？

即便我们没有目睹景泰街当时的情景，但闭上眼睛想一想，一路跟着警车跑了3公里，就为了求情把电池还给自己，该是怎样令人心酸的图景？同时也说明对别人来说无所谓的电池，对他会有多么重要。就像崔英杰要他的三轮车，站着说话不腰疼的人自然认为，至于吗？不容否认，电动三轮车搭客现象确实该整顿了。在广州的一些地铁站口，只要没有执勤的人在，搭客仔就会蜂拥而至，夹道欢迎出来的人们，还不断地吆喝，很烦人。不过搭客仔之所以存在，终究还是在于百姓有这种需求。摩托车被禁之后，便利的交通设施没有同步跟进。景泰街的街坊们就说了，搭客三轮确实方便一部分群众出行，希望能在不影响交通安全的情况下放三轮车一马。这说明，街坊们也是动了恻隐之心的。

"恻隐之心，人皆有之。"在任何时候，严格执法无疑都是必要的，恻隐之心也未必是说一定要纵容。但二者之间有没有一个平衡点？有的话，究竟在哪里？这应该成为全社会关注的一个问题。我们已经看到，崔英杰们身上的"小事"没有处理好，酿成了大的祸患。

（2008年7月17日）

为青海高考文科状元喊冤

今年青海省高考文科状元已被证实为“高考移民”，目前，有关部门已决定取消其在青海的高考录取资格；她所填报的志愿为清华大学，而在清华大学的录取当中未给该考生投档。在这里，笔者不免要为这位状元喊一声冤。

冤在哪里呢？消息告诉我们，“这名考生的户口、学籍、高考报名审查等资料均齐全，但这些资料中漏洞百出，有信息不实之嫌”。资料齐全，意味着在事先的资格审查中，这名考生完全符合当地的报考条件——至于资料是怎么齐全的，那是牵涉到“吏治”的另外一个问题。因为其“移民”的前提，资料自然会漏洞百出，那么，当初为之办理相关手续的各个部门难道发现不了吗？连我们局外人都知道这是秃头上的虱子，他们难道不心知肚明？因此，“高考移民”的出现，高考录取制度的缺陷是一个方面；而导致“高考移民”成功，关键却在于“吏治”。东窗事发，只将板子打在考生的身上，就让人为考生感到很冤枉。这样的板子，我们已经见识许多了。

现行的高考录取制度，在遴选标准上还非常不平等。比照同一所高校在不同省份的录取分数段，就能一目了然，在此省可进重点院校的分数，在彼省可能还踏不进高校的门槛。没办法，教育资源不平等，导致教育质量参差不齐。这在古代也是一样，那时候不叫高考而叫科举而已，今天的人们总是力图澄清二者的区别，但却美滋滋地借用了人家的状元称谓。为了金榜题名，昔时也有“科举移民”。比如说唐朝，县试、府试之后，合格者始给予解状，送尚书省。因为京兆（长安）、同州、华州（俱在今陕西境内）解送的录取比例最大，而解送名单上列为前十名的，有时全部及第，一般也十得其七八，所以天宝（玄宗年号）后士子“莫不去实务华，弃本逐末”，也就是动“移民”的主意。我们看到，下邽（今陕西渭南）人白居易，“始举进士，与侯生俱为宣城（今安徽宣城）所贡”；和州（今安徽和县）——另说为苏州——人张籍，则为韩愈本人在徐州主试时所荐送。当然，那个时候不叫“科举移民”而叫“冒籍”，冒用籍贯的缩略吧。

青海这位状元之所以“露出马脚”，是因为考得太好，用当地官员的说法是，“牧区教育质量普遍不高，考出这么高的分数实属罕见”。可见该“移民”毕竟还是一个人才，即使她不用“以牧区少数民族考生身份享受35分的政策性加分”，单凭620分的成绩在多数省份也都大大跨过了一本线。人才而没有书读，旁人不对其感到惋惜？明代宗景泰四年（1453年），“顺天举冒籍者十二人”，处理的办法是，“已中式者斥不录，未中式者终身不许入试”；旋即，以其过于严厉又“令斥回者仍许再试”。今天我们该怎样对待这个人才，十分值得关注。应当是两种结局吧：一种是事后“明察秋毫”的人们幸灾乐祸，把平日里不当回事的规章忽焉看得无比重要起来，对此“毫不手软”；另一种是像前几年海南的那位“高考移民”的状元一样，给香港高校网罗了去。倘若还有第三种：谁都不要，回家去补习一年，那就更要为之喊冤了。

客观地说，国家既然制订了录取水准的地域差别，“高考移民”就势必对移入地的考生造成了不公平。在这个前提下，“吏治”尤为重要。但凡能“移”成功的地方，一定是“吏治”不堪一提，得了好处（应该如此吧，臆断）就“门户洞开”的地方。这个问题不解决，今后还不知会有多少“高考移民”，就不知还要为多少人才喊冤。

（2008年7月22日）

“北京可乐”被否，很好

虽然北京小吃的新英文菜单会在8月前出炉，但此前备受争议的

“豆汁”翻译成“北京可乐”已被否定。否定得好！“豆汁”如果变身“北京可乐”，结果只能是让人感到可乐——在我家乡那里，说什么“可笑”往往就说成“可乐”。

豆汁是什么东西？除了北京人或在北京生活过的人，可能不大清楚，望文生义的话，还可能当成豆浆。不是的，那东西是用发酵的绿豆熬成的。笔者在北京生活过8年，从来没喝过那玩意，喝过的人说有股子酸味。当然，这算是“中性”的评价，因为不爱喝的说它像泔水，酸臭，而爱喝的则说那是酸香，真是道不同不相与谋。而且，喝豆汁是很讲究的，要佐以辣咸菜丝、焦圈（类似油条）。这样来看，“豆汁”译成“可乐”，想法不错，“借助可乐的意象让外国游客记住”，但名目一致了，我们知道实乃南辕北辙，老外不明就里呀，口渴了咕咚来上一口，不龇牙咧嘴才怪。那么，这种风马牛不相及的“借助”，效果可能适得其反。

因为奥运，我们才发现给北京小吃起个合适的“洋名”原来还是个那么大的问题。早干什么去了？但是，当务之急并不等于着急，也不等于把传统特色异常鲜明的东西简单地披上洋皮就可以了事。其实，不光中国的菜名很不好翻译，把一种文化形态转换成另一种，无论转换什么，都非易事。吴宇森的电影《赤壁》，英文名是 Red Cliff，在他们自然是有道理的，但有人说了，那不是象征革命的“红岩”吗？外文转换成我们的也是一样，首先很难对应准确，其次很难体现神韵。

已故台湾大学历史系教授逯耀东先生是位美食家，北京三联书店出版了他的《肚大能容》和《寒夜客来》，都是谈吃的，但他自己只承认“是一个馋人”。逯先生在“两肩担一口，东西南北走”的“觅食”过程中，“渐渐发现中国饮食虽是小道，却有深厚的文化基础，非仅茶余饭后的谈助而已”。因此我以为，北京的乃至中国的菜名翻译，不妨就先用汉语拼音代之，老外爱吃什么，自会钻研这叫什么。标准的译名，留待奥运之后去精雕细琢，急急忙忙地对待饮食文化，不够严肃。

（2008年7月24日）

“状元礼”不妨定位为娱乐活动

周六上午，在肇庆市德庆孔庙这个全国重点文物保护单位，第七次上演了“状元礼”。报道说，来自全省各地的几个高考分科“状元”，依照上古时的打扮，借道宋街，迈棂星门、跨青云桥，来到大成门前。然后，在“老先生”的引领下，“向庙门三鞠躬；分别击响三下状元鼓，报告孔圣人状元到庙；再进大成殿向孔子雕像三叩首敬拜、恭上圣香、敬献锦帛”。这大概就是“状元礼”形式上的全部内容了。

“状元礼”是科举时代的产物，今天不论什么地方搞类似的礼仪，都只能是从形式上与之发生关联，在本质上，二者没有共通之处。而且，毕竟科举废除已经整整 103 年了，科举皮之不存，“状元礼”毛将焉附？但形式产生的影响却不可低估。来自佛山南海的陈女士说，她已是第二次携带子女来德庆孔庙参加“状元礼”，她称对孩子读书成长很有启发。以己意度之，可能就有“状元礼”上“状元”们分骑高头大马留影、一展“威风”的因素。当年秦始皇在全国各地摆“威风”，至少在看热闹的人群中就拨动了两个人的心弦，一个是刘邦，一个是项羽。前一个在羡煞之余还有点含含混混：“大丈夫当如是也。”后一个则毫不隐讳地认为：“彼可取而代也。”一个说我也应该那样，一个说我也能够那样，两句话表达的是同一个意思。我想，当时围观的人群中，有这些想法的肯定不止他们两位，其余的没有事迹，不值一提罢了。所以，若干年后，倘若本省有若干高考“状元”说自己的动力正来自于德庆孔庙的“状元礼”，都是一件正常不过的事情。这可能也是主办方力图收到的效果之一吧。

原本遍布全国各地的孔庙如今还幸存多少？幸存下来的都该像德庆孔庙这样成为级别较高的保护文物了吧？孔庙的形制委实没有多大

区别，比拼的只能是建筑工艺，光是欣赏一座房子，未必对游人构成多大的吸引力。广州的孔庙有幸变身农民运动讲习所，为中国革命培训了一批农运骨干，内涵自然丰富，对那些只是单纯扮演了学宫角色的孔庙而言，如何让静止的文物生动起来，是一个不小的难题。前几年，北京的孔庙要为高考“状元”立碑，消息出来之后便没有了下文，不知现在进展得如何。德庆孔庙做的也是“状元”文章，探索的这条路径却未必可以复制。当然，如果德庆孔庙只是单纯地“复古”，既没有意义，也会复制得不伦不类。所幸的是，庙方用景区部分收入作经费成立了“德庆孔庙奖学基金会”，让“广东高考状元”与广大学子面对面交流学习成才经验，同时奖励高考“状元”。那么，我宁愿把“状元礼”理解为贯穿其中的一项带有娱乐性质的活动。

唐代诗人章碣云：“坑灰未冷山东乱，刘项原来不读书。”刘邦、项羽当年艳羡的，仅仅是当皇帝的威风；“状元礼”要令学子艳羡的，是“读书”所应受到的尊严。今天的高考总是在不断撇清和昔日科举的干系，德庆孔庙却反其道而行之，主动靠拢，在屡受“外界质疑，褒贬不一”的背景下，连续搞了七届之多，显示了他们绝不是一时心血来潮。假以时日，这个年度例牌活动可能发展成一项新民俗。不过，既曰新，就要多一点新意，诸如“上古时的打扮”就显得怪异；而且，千万不要以为自己在振兴什么，我就是借用这个平台，足够了，则孔庙的“新生”也算找到了一个门径。

（2008 年 7 月 27 日）

弹文革主题餐厅

中新社日前有一篇《北京奥运遭遇“文化大革命”》的报道，看到这个标题着实吓了一跳，不过仔细看去，却原来是在“推介”位于北京郊区的一个打着“文革”旗号的主题餐厅。如今的主题餐厅那么多，挑这么一个跟奥运扯在一起，不是有推介的意味吗？报道告诉我们，在那个餐厅，红旗漫天飞舞，红色标语张贴在所有显眼的角落，激扬壮烈的歌曲响彻云霄，拿着“红宝书”的“红卫兵”们向毛主席画像激昂地宣誓效忠……

百年圆梦的北京奥运与臭名昭著的“文革”居然可以“相提并论”，实在是如鲠在喉，堵得慌。二者可以如此地关联在一起吗？我认为不可以。写这篇报道的记者想来是个“×零后”的年轻人吧，因为按我的浅薄理解，但凡对“文革”那一段历史真正有一点了解的人，恐怕都不至于这么说话，更不至于满嘴津津乐道的口吻。“文革”是什么货色？1981 年通过的《关于建国以来党的若干历史问题的决议》有最权威的定论：“实践证明，‘文化大革命’不是也不可能是任何意义上的革命或社会进步。”因此，就是要彻底否定“文革”的声音，曾经在一段时期内国人尽皆耳熟能详。如今虽然听不到了，但是并没有改变对它的定性。在餐厅那里，身着女“红卫兵”服装的侍应用“同志”称呼每一个顾客，“大海航行靠舵手”的歌声震耳欲聋，诸如此类，仅仅是“文革”表面热闹的一面，而在这表面热闹的背后，却是对国家对民族所造成的灾难性危害！

众所周知，巴金老人生前最大的心愿就是建立“文革博物馆”。他说：“‘不让历史重演’，不应当只是一句空话。要使大家看得明明白白，记得清清楚楚，最好是建立一座‘文革’博物馆，用具体的，实在的东西，用惊心动魄的真实情景，说明二十年前在中国这块土地上，究竟发生了什么事情?!”包括文革主题餐厅在内的不少事实证明，巴老的这个设想具有多么强烈的现实意义。记得英国电影《希望与荣耀》（*Hope and Glory*）里有这样一个情节：二战期间的一个英国城市，因为德国空军可能要来轰炸，学校宣布停课，于是小学生们包括主人公在内，都高兴得把书包抛到天空，高叫“希特勒万岁”。但那是儿童，不谙世事的儿童，他们所暴露出的完全是天性的一面，如果哪个成人这样欢呼，就一定是“英奸”了。同样的道理用在文革主题餐厅上，可以说是商人不知文革恨。

时下怀旧的主题餐厅很多，在这个价值多元、包容极强的时代，当然都可以有生存的一席之地，独独关于再现“文革”场景的，值得商榷。“文革”固然“有如时光穿梭”，对多数国人来说已经恍若隔世，如果它“火热地每天举行”，究竟是怀旧的萌发还是历史的倒退，就有待进一步探讨；但归根到底，办餐厅的与抬轿子的，甚至前去捧场导致餐厅生意火爆的食客们，就如巴老所说，根本不知道或者浑然忘却了在“文革”时代，中国大地上“究竟发生了什么事情”。如果一定要搞一个文革主题餐厅，倒不妨循着文革博物馆的思路尝试一下，当然，那得做好顾客根本吃不下饭的心理准备。

从报道中可以看出，这个文革餐厅已经存在十年了。退而言之，存在就存在吧，没必要在“全世界的眼光在都注视着象征着北京奥运的‘鸟巢’、‘水立方’时”，以为发现新大陆似的把它拎出来。另一方面，当那段国人不堪回首的岁月居然可以以正面姿态出现、成为赚钱的金字招牌时，愈发显现出建立文革博物馆的必要性。

（2008 年 7 月 29 日）

广电总局的板子要落下来

国家广电总局的一名官员日前表示，对那些虽不违法，但内容低俗、对社会风气造成一定负面影响的广告，也要在审查、监管中严加把握。该官员尤其点了“脑白金”和“黄金搭档”的名，认为现在播出的这些版本会误导下一代的社会价值观念，对未成年人造成非常恶劣的影响。

这名官员所指出的问题的确是令不少电视观众比较反感的问题；不过，反感归反感，却又无可奈何。“今年过节不收礼，收礼只收脑白金”，它就那么在全国各地的电视台甚至在央视中轮番不断地嚷嚷个不停，观众能拿它怎么办？观众没办法，广电总局应该有办法，遗憾的是，广电总局往往没有拿出办法。要说他们尸位素餐，也是冤哉枉也，光各种禁令就不知发了多少，然而，再遗憾的是，那些禁令基本上都没有达到预期的效果。归根到底，在于板子虽然举得很高，却迟迟不见落下来，使那些本来该打的屁股暗自窃喜。这样说，当然也会冤枉他们，对江苏省东台电视台和山东省滨州电视台违规插播广告，板子不就落下来了吗？只是相对于那么多违规的现象来说，落得还很不够。

北宋有一段时期私盐贩卖猖獗，苏辙说实在没辙，管不住；王安石不同意，认为“法不峻耳”。苏辙说最高都判死刑了，还要怎么“峻”？王安石打比方说：如果一个村子里有一百户人家贩卖私盐，而只抓了一两户，其他人家肯定会当被抓的是笨蛋，怎么就抓住了你们呢？所以，自以为聪明的他们还会继续干。如果抓了五家，情况就会不同了，有人要害怕；如果抓了十家，“则其余必戢矣”，肯定有所收敛了；如果抓了二三十家，“则不敢贩矣”，为什么呢？“人知必败，何故不止？”也就是说，大家都知道贩私盐就要完蛋，铁定如此，也就没人干了。那么，王安石所说的“法不峻耳”，实际上也可以理解为法不“均”耳，干了同样的事情，如果多数人能逃脱惩罚，法就起不到恐吓的作用。这段近千年前的逸事，足以给今天的广电总局甚至反腐败领域一点儿借鉴意义。不是说丧气的话，东台和滨州这两个电视台为什么受到“修理”？是玩出了火吧。那么多违规的电视台，比如广电总局也曾明令禁止“挂角广告”，可曾有人搭理？发个禁令便如泥牛入海，套用王安石的话说，叫做：“人知其必不败，故不止。”

对一些不良现象，如今比较流行“怒斥”或者“拍案”，当然是本领域、本行业内说话掷地有声的官员才有这个资本。看那些义愤填膺的程度，你绝对不能说这是逞一时之口快，但令我不解的是，你是管这个的，你还怒斥那些人人皆知、人人皆恨的东西干什么？你不去动手整肃，反而跟着百姓发发牢骚，问题还有没有解决的希望？移之于时下的广电总局，你还不断重申××号禁令的内容干什么？对照起来一一执行啊！“现在一些（电视）台处于恶性竞争状态，已经到了不顾脸面的地步。”你都认识到这个程度了，怎么还能“君子动口不动手”呢？

（2008年7月31日）

“铁定涨价”还听什么证？

在听到涨价就让人心里发毛的时代，管道天然气据说又要“铁定涨价”。经验表明，在我们这个社会无论哪个领域要涨价，理由基本上只有一条：成本高，现在是亏损经营，因此要适时理顺所谓价格关系。这些话，耳朵都听出茧子来了，但今后肯定还要继续听下去。

有趣的是，广州市物价局说暂定于明年1月上旬召开听证会，现在开始征集听证代表。倘若“铁定涨价”的话，还听哪门子证呢？哦，听一下、证一下究竟涨多少吧，而且这是按照程序办事，程序合法，涨了大家就没什么好说了。不过，咱天然气部门先别光想着自己碗里那点儿东西，舆论的质疑还是不能当成耳旁风，比如：“老百姓从没有要求用天然气，凭什么先是强制全部置换，气价上一个档次，现在又来加价？”现在回头看一看，再想一想，的确不是滋味。就是呀，先前凭什么，现在又凭什么？先前家里还使得好好的并没出什么毛病的煤气灶、热水器，弹指间就变成了垃圾，凭什么就都不让用了？换新的，好处承诺了一大堆，其中之一记得就是用气会比原来便宜，这才过了多久，凭什么就开始涨价了？

平心而论，作为管道天然气用户，我丝毫也没觉得置换之后比原来便宜了，并且也一点儿没觉得炒菜时间比先前快了多少——也就是传说中的热量增大了多少。你可以说我的感觉不对，科学数据摆在那里，必须承认，那我只有老老实实地承认；但我交多少气钱的单据也是摆在那里的，便宜没便宜，认得阿拉伯数字的人都一目了然。要涨价了，我们知道“广州的管道天然气投入成本是最高的，比武汉甚至高了3倍”，这可能是事实，那么，许多人想必和我一样，同时还很想知道广州的为什么“高”，究竟“高”在了哪里。在世风如何不太好评估的现在，我们更不好做什么恶意的推测，但把问题摆在桌面上是件“双赢”的事情：我们明白了，你们也不必像窦娥一样“蒙冤”。

如今有一种现象值得重视，那就是把百姓当成了愚氓，要由聪明的人逼着向前。比如在许多地方，农民都不懂得该种什么东西了，要由干部们强令种什么，美其名曰“逼农致富”。家庭中的“数字电视”也是一样，不管大家对原来的模拟电视态度如何，不分青红皂白，一律得弄个机顶盒。不过，看的台固然多了，但多出来的要么千台一面，要么都是收费的，赛车、围棋之类。那个收视群体的规模如何，不大清楚，总之不感兴趣的也必须得弄个盒子就是。中国的许多事情都是这样，明明是强求了咱，人家却是在为咱考虑，为了方便咱，倒是咱有些不识抬举了。这一点，不知道别人的感受如何，我是非常想不通。

诚然，物价上涨带有一定的必然性，具有合理的成分，这一点，经济学家们早已经论述了很多，一二三四，分析得相当透彻。这样来看，管道天然气要涨价不是不可以，但首先不能语焉不详，其次一定得有一个充足的理由。现在要涨的理由，恐怕还不能服众吧。

（2008年11月5日）

让公民审阅政府预算成为常态

深圳有三位公民，从2006年起就开始了他们漫长的“公共预算之旅”，虽然在十几个中央部委、十几个地方政府面前，他们提出的查看预算案申请都遭遇到了“壁垒”，但在今年5月27日，还是终于如愿以偿，看到了深圳市政府的2008年度部门预算草案；10月27日，卫生部也向他们公布了一份接近完备的本级部门预算。据说在新中国的历史上，这两次回应都是第一次。

什么是公共预算？按照专业人士的定义，它是国家的财政收支计划，集中反映着政府活动的范围和方向。我国早在西汉编订、后世名之以“十三经”之一的《礼记》，就已经有了预算的影子。其《王制》篇谈到“冢宰制国用，必于岁之杪，五谷皆入，然后制国用”，以及“量入以为出”云云。当然，那个时候的“预算”，是“肉食者”操控的事情，其他人无须过问，也无权过问。而在今天，不仅每年的全国及地方人代会上，人大代表审查和批准同级政府的预算成了一项重要内容，而且在 2007 年 4 月，国务院发布了《政府信息公开条例》，其中明确规定：各级政府的预算和决算报告是需要主动公开的“重点政府信息”，必须向公众开放并提供便利的查阅条件。这就是说，公众拥有了知悉公共预算的权利。

公共预算的实质，是“取众人之财，办众人之事”。编制并执行好公共预算，能够确保所有的公共资金都用于公共目的，防止决策者将之用于私人目的，同时减少各种浪费。但能不能达到这个目的，还需要通过公开而构成的监督。深圳这三位公民先前碰壁的现实表明，各级政府对此显然还“并不习惯”。不难想见，一个向社会公开的公共预算，将有助于公众非常清楚地判断一些问题。比如，在未来一年或者更长的时期内，政府打算做什么事情；这些事情是不是我们希望它做的；做这些事情分别要花多少钱，是不是该花那么多钱，这些钱花了之后会不会产生效果。洞悉了公共预算，才能利用好公众监督政府、参与管理国家事务这一有效途径。因此，深圳这三位公民的执着直到成功，足以令我们感动。由此同样不难想见，一个预算公开的——政府，把一举一动置于公众视野之下，正相当于透明的政府，也就是我们常说的“看得见的政府”；而与此恰恰相反，一个预算不公开——不愿公开或不敢公开的政府，可能就是一个“看不见的政府”。两者相权，无疑那个“看得见的政府”，才是真正对公众负责任的政府。

读懂公共预算，需要相当的专业知识。三位深圳公民中，一位资产管理公司的 CEO、两位财务分析人员，印证了这一点。正是因此，他们得到满足的“第一次”，不仅促成了一个良好开端，而且更具实质性的意义。假以时日，当公民审阅政府预算成为常态，政府毫无保留地将预算公开，则我们平常耳熟能详的、有待建立的法治政府、责任政府、绩效政府等等，可能就渐渐接近了。

（2008 年 11 月 7 日）

多一点“梁山伯”式的网友

网友“我叫梁山伯”发表的万言书《东莞：“风暴眼”中的世界工厂》引起了舆论的广泛关注，赞弹有之，这是一种非常正常的现象；不正常的是，这样纯属建言献策的帖子在其出生地却莫名其妙地被删除了，不是网站删的，也不是作者删的，不知道是谁干的。

好在我们还可以完整地看到这篇文字，从而能够知道“我叫梁山伯”的言建在了哪里，策献在了哪里。“雾里看花的倒闭数量”、“东莞产业是否伤筋动骨”、“消极的环境与积极的企业”、“今明两年形势怎么看”以及“东莞如何过个暖冬”，全部五个部分，逻辑清晰，层次分明。在最后“如何过”这个部分，“我叫梁山伯”更提出了六条具体的建议：压缩财政支出、稳定中小企业、实现抱团取暖等。通观全篇，解析全面透彻，可谓给读者上了一堂生动的东莞形势分析课。我们旁观者也看得出，作者对东莞情况的了然于胸，论据信手拈来，眼观六路。而且，尽管是 1.5 万字的篇幅，但晓畅易懂，可以一气呵成读下来，全是骨头和肉；时下太多的文字则正相反，规模倒是不小，尽皆清汤寡水，看个开头就没法再看下去，摆出个架势唬人而已。

“我叫梁山伯”的建言究竟如何，见仁见智，但作者冷静的观察思考，相信一定能够启迪关心东莞现状及发展前景的各级人士。南方都市报记者经过调查，确认“我叫梁山伯”的真实身份是广东某资信评估公司总经理，长期在东莞工作，就像他自己说的，“在东莞接触的企业不少，对东莞的经济和政局也相对较熟”。这就更让我们对其分析的专业性产生信任。此时此刻我们都知道，在全球金融海啸的影响下，在广东“双转移”政策的推动下，处于“风暴眼”中的东莞，面对不同于以往的发展态势，一味地唱高调无济于事，发一些《虎门完了，东莞完了，广东完了》之类的帖子也完全不负责任，我们正需要多一点“梁山伯”式的网友，不以物喜，不以己悲，坦坦荡荡地正视客观现实，以积极、理性的姿态迎接眼下及今后的各种挑战。

开个玩笑说，作者虽然取名“我叫梁山伯”，却不是沉浸于与“祝英台”的卿卿我我，倒有点儿《水浒传》里“梁山泊”的风范，像《好汉歌》里唱的，“该出手时就出手”。在这里，“出手”就是协助东莞破局。万言书的问世，也体现了他作为一位业界人士、一位公民的社会责任感。令人费解的是，这样的言论有什么发不得呢？删了“我叫梁山伯”的帖子，这种做法本身就与时下倡导的思想解放背道而驰。在东莞发展的指导思想究竟是“腾笼换鸟”还是“就地转型升级”之际，任何探讨也都不该是“一种既多余又麻烦的因素”，有关人士还是认真读一读马克思的《评普鲁士最近的书报检查令》吧。因此，真希望能多一点儿“梁山伯”式的网友，而少一点儿对删除什么就行动迅捷的人物。前者才是国家的希望所在。

（2008 年 11 月 11 日）

铺绿网是否为蒙骗遥感？

东莞市横沥镇六甲村给 200 多亩荒地铺上了块块绿网，干什么呢？村民们说村委会为的是蒙骗遥感卫星的检查，村委会则说是为了保持土地潮湿和防止杂草丛生，以便来年再种树苗。各执一词，莫衷一是。

村民们那样说，当然有他们的依据。比方铺在地上是为了保湿，那么铺在被挖空的荔枝林上的呢？铺在该拆的违章建筑房顶上的呢？甚至铺在堆放路边的一些废石头上的呢？不知村委会该怎么解释。即使没有村民们列举的这些证据，“蒙骗”说在我们看来也有道理，因为国人能干出这样的事情，也惯于干出这样的事情。去年云南不是有个县用喷涂绿油漆的办法来“绿化”荒山吗？远远看去，果然郁郁葱葱。油漆可以“绿化”，绿网自然也可以，虽然蒙不了本地人，但蒙得了“远远望去”，何况是个高高在上的貌似精确其实傻乎乎的仪器设备。美国的卫星曾经对拍到的客家土楼惊恐万分，把这“1500余座呈巨型蘑菇状”的不明建筑物，当成了我们新的核武基地。你看卫星会“走眼”到什么程度？在这样的前提下，六甲村铺网之举倘若是为了对付遥感卫星，得手的几率显然比油漆“绿化”那里要高得多。

横沥六甲村那里铺绿网究竟是为了干什么，非常有澄清的必要；澄清之，乃不至于令村委会无端背上黑锅。而澄清这个问题并不难，出一点儿馊主意：先调查一下近期那里是否要“遥感”，那里是否曾经因为绿化或者复绿问题在省里或市里挂过号就行。倘若他们要蒙骗的话，自然是有原因的，不会无缘无故地花几十万元干这样的事。换言之，纵有蒙骗之意，此举也不会是孤立的存在。有意思的是，当地的老牛先上当了，有记者在现场看到，一大群黄牛被这些“绿地”吸引过来，还用嘴去舔这些“绿草”。

在调查清楚之前，六甲村铺网的动机姑且存疑。但我们需要正视的一个事实是，如今上面要干什么，下面都有对付的办法。你说下面虚与委蛇，却也有失公允。因为上面的每一举动，尽管无不打着冠冕堂皇的招牌，大抵都是雷声很大，而下面就像《西游记》里的那个袁守诚，连老龙王要下“三尺三寸零四十八点”雨都能算得出来。于是上下双方也好像达成了共识一样，大家面子上过去就行了。上面知道你在蒙我，我不跟你计较；下面知道你这是走形式，我跟着你走就是。这是一种很坏的社会风气，但大家都在心照不宣地接受，不知道要延续到几时。而长此以往，我们的国家、我们的社会将是个什么样子？实在不敢想象。

倘若六甲村就是要蒙骗，会开启一个恶劣的先例——已经有了自然又当别论。这个恶劣先例就是，现在各种貌似精确的数字已经没有了多少信誉，所谓用精密设备遥感出来的图像也要另眼相待才行。你在天上看下面是绿地，还美滋滋地拍出来示人，拉倒吧，真是不折不扣的被人卖了还帮着数钱。从这个意义上看，也更有弄清楚六甲村铺网究竟的必要。损失了的信誉追回来已大不易，就不要再失去新的了。

（2008 年 11 月 19 日）

给治理河涌以必要的信心

为了确保在 2010 年 6 月底前水环境质量有根本好转，今后广州将会再次投入数百亿元资金用于全市水环境治理。张广宁市长更明确表态：水环境治理是建设“首善之区”的重要内容，是改善民生、造福百姓的民心工程，是改善城市面貌、提升城市功能的重要举措，也是市委、市政府的头等大事。把整治河涌列为政府的一号工程，我们没有理由不为之叫好。

河涌密布，是广州城市的一个特色。一则资料说，广州市区主要河涌多达 231 条，有 913 公里长，光是老城区重点河涌就有 35 条。有人说，如果广州的河涌也有记忆，那么在其记忆的最深处一定蓄满了浓郁的岭南风韵。有人同样浪漫地憧憬，在连成一体的河涌上泛舟荡桨该是何等的惬意。然而，河涌的存在也是一柄“双刃剑”：水质优良的话，则小桥流水，树影婆娑，不啻天赐美景；而水质恶劣的话，好像王羲之的洗砚池一样墨黑一团，再加上漂浮着各种生活垃圾，就要令人作呕。古人云：“与不善人居，如入鲍鱼之肆，久而不闻其臭。”而与河涌毗邻，要颠覆这种说法，叫做久而仍闻其臭，时时而闻其臭。无论如何，市民不能适应那种环境，那种环境也不是科学发展的追求。河涌的现在，显然正处在历史与未来之间的关键节点上。它还能不能拾回旧时的记忆，进而能不能给人以美好的期待，完全取决于当下的努力。

广州市全面推进水环境治理已10年，虽然乌涌、大沙河等河涌景观明显改善，但市水务部门也坦承市区河涌的水质始终没有得到根本性的改善。听起来似乎有些悲观，但是，如果河涌的整治没有取得应有的成效，努力就还须继续下去，这也正是广州市准备采取超常规措施综合整治的前提。而之所以先前治理的成效甚微，说明这么多年来积累起来的问题的复杂程度、艰巨程度异乎寻常。唯其如此，广大市民也要给治理河涌以必要的信心，如果能够贡献聪明才智的话，就贡献聪明才智，总之不要也没必要泼冷水，图一时嘴快，赢得一点儿廉价的喝彩。任何冷嘲热讽不仅无济于事，而且还会涣散“军心”。曾几何时，珠江的水质可堪提起？但是每年的横渡也进行过几次了，尽管还只能局限于特定的某一天，然而毕竟能下水了。见过十几二十年前广州珠江江面的人，就知道实现一年下水一天，也已经很了不起了。学会“历史地”看问题，就不会站着说话不腰疼。

张广宁市长日前表示，到2010年，他游珠江，而各区区委书记、区长则要选择辖区一条河涌去游。用破釜沉舟的姿态，显示广州市一定要把河涌治理好的决心。开弓没有回头箭，人们都在拭目以待。而检验河涌的水质是否真正得到了改善，一个是能够游泳，再一个是里面游着鱼虾，鱼虾绝不会欺人。倘若“昨夜东风吹雨过，满江（涌）春水长鱼虾”，则那个渐渐遥远了的岭南风韵的水乡就意味着真正回归了。当此之时，无声而胜有声，至少胜过那些貌似功绩其实“虚拟”的各种荣誉称号。

（2008年11月23日）

“千余硕士争当猪肉佬”并不正常

广州“千余硕士争当猪肉佬”有越来越热闹的趋势。民间与专业人士，显然没有达成共识。《南方日报》今日报道说，一位“白发苍苍的老伯”就此破口大骂，认为是对中国教育制度的侮辱；而“职业咨询专家”认为这是大学生们心态的回归，愿意下基层去锻炼。也许目光浅陋、不够专业的缘故吧，我有点儿赞同老伯的观点。

招聘 30 个卖猪肉的职位，吸引了 1300 名研究生前来应聘，招聘企业一时风光无两。但我想，他们恐怕不要为这种虚幻出来的热闹所迷惑，更不要洋洋自得，以为自己这里魅力无限。谁都知道，这几年高校毕业生本来就业形势就严峻，屋漏偏逢连夜雨，今年又赶上了全球金融危机。企业要借“机”储备人才，这样的出发点无可非议，能不能达到这样的目的则要存疑。我胡乱琢磨，硕士们一窝蜂地要去当猪肉佬，与一窝蜂地去挤考公务员的那座独木桥，并没有什么本质的区别。只要有一个“缺口”，再加上 8 万到 10 万元的诱人年薪，即便比赤裸裸地操刀在手卖猪肉还没有技术含量的岗位，也一样会拥去大量的学子。语云“饥不择食”，用在这里再恰当不过。

“千余硕士争当猪肉佬”应该不是一种正常的现象。倘若以食品专业、营销专业的硕士为主，问题的性质当然也会有松动的余地。现在不然。《水浒传》里有两个跟卖猪肉有关的人：一个是绰号镇关西的郑屠，职业猪肉佬；一个是操刀鬼曹正，林冲的徒弟，“祖代屠户出身，杀猪剥牛手段极好”。这两个人，文盲也很有可能，但工作都很出色。鲁提辖（后来的鲁智深）前来找茬——打抱不平，“要十斤精肉，切做臊子，不要见半点肥的在上面”，郑屠自己动手，半个时辰也就搞掂了；曹正上山之后，专司屠宰，负责好汉们的大碗吃肉，该是何等艰巨的任务？但他一样指挥得游刃有余。

同样是卖猪肉，肯定今非昔比了，但究竟什么是卖猪肉的“研究生水平”，还要我们拭目以待。对莘莘学子来说，如果真的像专业人士认为的那样，是要“用自己的知识去改造传统产业，为其注入技术和管理活力”（这话怎么听都像书斋里的书生之见），于国家于社会那倒真是何其幸也；然而，有没有想过另外一种情形，人来了，只是当作一条权宜之计，是没有办法的办法？“以所见知所不见”，这是很有可能的。那么，即使公司最后如愿以偿地招到了人，胜出的人也的确经过了激烈竞争，硕士们的观念是否得到了转变，也还是要慎重作结论为好。

珠三角的“技工荒”已经喊了好几年了，有个调查说，到 2010 年，广东全省需要技工 1157 万人，预计缺口高达 180 万。一边是实用的人才稀缺，一边是握着高学历文凭的人严重过剩，这样的咄咄怪事不难使人得出这样的结论：我们的人才培养方向出了问题，整个社会的人才结构严重不合理。然而，我们好像嘴上重视实际无视，每百人中受过高等教育的要占多少，更感兴趣的是纸上的这个数字。我之所以认同老伯的“耻辱说”，也正是这个原因。

（2008 年 12 月 3 日）

凭借财政使农民老有所养

北大教授王锡锌以特约观察员的身份做客央视《新闻 1＋1》节目时说，中央财政对农民的最低生活保障没有投入，一分钱都没有；每年财政支出的保障这部分，主要是用于城镇居民。这样的消息不独我们诧异，连央视记者柴静显然也感到吃惊，她追问道：“一分钱都没有吗？”

目前中国 60 岁以上的农民人数是 1.1 亿人，以 65 岁以上作为养老保障门槛的话，也有 6000 万人。财政的零投入意味着，这个庞大人群除了依赖自己的子女之外，老无所养，国家成了甩手掌柜。明白了这个前提，人们对发生在今年 9 月 8 日 69 岁的湖南祁东县农民付达信的抢劫案就会加深一层理解。付达信一生未婚，无儿无女，在即将丧失劳动力之际，选择了抢劫的方式达到进入监狱的目的，以期在那里实现“不愁吃，不愁穿”的梦想。看似匪夷所思的案例，如果我们设身处地，则不免体会到个中的心酸。而不难想见，这个“零投入”政策如果持续下去的话，杳不知还会发生些什么样的令我们这个社会蒙羞的极端事情！

国家没有钱吗？在改革开放 30 年后的今天，讲这个话国人都要笑了，我们最赖以自豪的就是经济成就。不说别的，前几年的公款吃喝就达到了几千亿元，在整治丝毫不见好转现在索性不提了的情况下，这个数字只会大幅向上攀升而不会有丝毫减少。举近前来说，举正事来说，明年 1 月 1 日起取消公路养路费等六项收费后，为了安置相关人员，中央财政也一下子通过资金调度方式向地方财政提前拨付了 125 亿元。给 6000 万农村老人最低生活保障要支出多少钱呢？以每人每月 120 元计，需要 700 亿元。王锡锌教授说，这笔钱在富裕地方可以由他们的地方财政来支出，而西部以及一些贫穷地方由中央财政来转移支付，需要支出的大概是 400 亿元，只相当于 2007 年国家财政收入 5.1 万亿的不到 1%。

这样来看，由中央财政拿出农民养老的这笔钱，非不能也，实不为也，年度预算上根本没有这个项目。个中因由，要待专家释疑了。实际上，不到财政收入 1%的成本，不仅是国家可承受的，而且也是非常必要的。十七大报告指出，必须在经济发展的基础上，更加注重社会建设，着力保障和改善民生，努力使全体人民学有所教、劳有所得、病有所医、老有所养、住有所居，推动建设和谐社会。这里的“老有所养”，指的是“全体人民”，自然也包括农民在内。倘若在公共资源支出的分配上，今后仍然存在着巨大的不公平，就背离了报告的本意。

“老吾老，以及人之老”，孟夫子时代的理想追求，理应化作也可以化作今天的现实。从长远来看，探索建立农村养老保险制度，使农村老年人同样能够分享发展成果而幸福地安度晚年，已成当务之急。即从当前的现实需要来说，扩大内需的阳光，也应该照耀到农村老人群体这个似乎被世人遗忘了的“角落”。

（2008 年 12 月 26 日）

鉴定假币又成了“学问”

编号 HD90 的人民币百元假钞引起集体恐慌之后，银行方面很有值得检讨之处。首先是反应奇慢，假币出来两三天了，他们还毫无动静，也不说真，也不说假，背地里也许在紧急协商，表面给人的感觉好像事不关己。其次是终于开口了，无外让大家自己看水印、听声音、检查金属线……央行上海总部公布的 HD90 假币特征图，倒是剥掉了假币的“高仿真”外衣，然而简直就是一堂艰深的“货币鉴定学”课程。

在咱们中国，如今一举一动都变得离不开“学问”。吃的、喝的，要看准这个、认明那个，一会儿这样，一会儿那样，每日不绝于耳。不知道有幸当选“幸福感”的那些城市，这些问题是否成其为问题，是的话，则不知该感所从何来了。这些“学问”本来是不该百姓掌握的。央视白岩松前两天说，永远交给大家怎么识别假币，其实是一种推卸责任的方式。我非常认同，虽然明明知道银行方面也只能做到这一步，打击制造假币责任毕竟不归他们，而职司于此的部门显然也力不从心。

考古材料表明，秦朝法律已经记载有人举发盗铸钱。盗铸，就是造假币，其与货币本身同时出现也不足奇。所以如此，在于货币这个一般等价物实在不一般。西晋鲁褒的《钱神论》说了：“钱之所在，危而使安，死可使活；钱之所去，贵可使贱，生可使杀。是故忿诤辩讼非钱不胜，孤弱幽滞非钱不拔，怨仇嫌恨非钱不解，令问笑谈非钱不发。”此论堪称经典。今天打击制造假币，数量特别巨大、情节严重的才被处以死刑，从前比这厉害得多。王莽时，“一家铸钱，五家坐之，没入为奴婢”。北宋产生了纸币，虽然今天尚未见到实物，但留存于今的“南宋行在会子库印钞铜版”上有这么一句：敕伪造会子犯人处斩；元人《伪钞谣》说得简明：“设科定例非不重，赖此趋利甘捐躯。”

对待假币，明朝冯俊的态度无疑最为可取。《玉光剑气集》说，其为举子时“逐什一之利于山东”，回来一看，“皆伪银也”，一边说“无陷后人”，一边“悉投于河”。偶见今天一道初二政治课“单元检测”题，正用此例。题目说：冯俊在进京赶考的路上将随身携带的东西换了些银子，在住店时却发现换来的银子是假的。店主劝他：“如果你一点点花出去，就没有人能发现银子是假的。”冯俊斩钉截铁地说：“我可不能去害人!”说完，毅然将银子扔进河里。你认为冯俊：A. 应该听店主的，这样可以减少损失；B. 具有诚实守信的美德、值得我们学习；C. 是个书呆子，成不了大事；D. 缺乏经济头脑，做事过于迂腐。这几个答案，神经正常的人不管心里怎么想的，都会选择B吧。这样的考题能考出什么，还真不大明白。

在HD90面前，方方面面好像都束手无策。击鼓传过来的花，不幸落到谁的手里，唯有自认倒霉，难怪广州一些商家甚至以不收百元钞来规避风险。不知道国外的这类情况怎么样，是否也如此严重干扰公众正常生活。那些公款出国的人别老惦记去旅游、去赌城什么的，也考察考察正事。

（2009年1月13日）

高楼火灾自救，难免令人心寒

前两天，广州市海珠区一栋居民楼中仅仅是一套住宅发生大火，还是烧出了不少问题。先是大楼内的消火栓没水，再是云梯车好不容易来了，也鼓捣了足足半个钟头。等于说，大家眼睁睁地看着那户人家化作灰烬。这且不算，在后续报道中，我们被告知受消防能力的限制，15 层以上住宅发生火灾基本靠自救。这就着实令人心寒了。

所以心寒，在于前人早就给我们留下了“唇亡齿寒”这个成语。广州最牛云梯才能够达到 18 层，只能救 15 层的火，而现在广州兴建的楼盘还有低于 15 层的吗？那么，住 15 层高楼以上的人家该怎么办呢？《三国演义》第十一回写道，糜竺“尝往洛阳买卖，乘车而回，路遇一美妇人，来求同载，竺乃下车步行，让车与妇人坐。妇人请竺同载。竺上车端坐，目不邪视”。妇人被感动了，临别对糜竺说：“我乃南方火德星君也，奉上帝敕，往烧汝家。感君相待以礼，故明告君。君可速归，搬出财物。吾当夜来。”糜竺赶快“飞奔到家，将家中所有，疾忙搬出”，那天晚上“果然厨中火起，尽烧其屋”。但实际生活中没人能像糜竺这么好彩，而事先得不到通知，剩下的大抵就只有祈祷的份儿了：千万不要发生火灾。而一旦不幸降临，就只有听天由命。以我的有限智商，实在想不出还有别的什么办法。对，也不是百分百坐以待毙，要选择往楼上走，直到天台，到那里再看吧。总之，听专业人士的话：“切勿盲目跳楼。”

由此又引出了一个非常想不通的问题：广州的消防能力如此捉襟见肘，明知不济，为什么对高层、超高层建筑的兴建仍然乐此不疲呢？究竟是楼盖得太快还是消防设施跟进得太慢？高层建筑的消防问题有没有被重视起来？我们从各种报道中还知道，在很多住宅小区，就算云梯车来了也进不去，因为花坛之类的设施令云梯车没有地方停。活人当真让尿给憋死了。这或许也表明，不论是住户还是管理部门，大家都还抱有一定的侥幸心理：不会出事。但是残酷的生活现实并不以人的意志为转移，稍远的如深圳“舞王”歌舞厅、最近的如福建长乐拉丁酒吧，却是要偏偏出事。就一两个偶然得不能再偶然的细节，能够酿成惊天的伤亡惨剧。当然，也只有到这种时候我们才会发现，出事的地方这也不合格，那也没通过验收。在海珠区那个小区，大火烧起来了，大家才忽然发现消防栓里没有水，那么，我们在别的地方见到的面貌堂皇的消防栓，究竟是不是摆设，也就难免让人狐疑了。

中国的许多事情都是这样，由一根小小的导火索，能够引爆出令人胆战心惊的一大串问题。不长记性的是，除了当时的貌似“雷厉风行”，没多久还依然故我。财产瞬间化为乌有，海珠区那户起火的人家何其不幸；而倘若由此暴露出来的问题得到有关方面的重视并予以解决，那我们要狠着心肠说一句，这种“死得其所”又是何其有幸了，虽然这样的所谓有幸跟黑色幽默没有什么两样。

（2009 年 2 月 4 日）

广州动物园搬迁须听取民意

广州动物园的搬迁问题，强烈地牵动了市民的心。让人不可思议的是，这么大的一件事情为什么仅仅是由网友发帖“捅”出来而不是事前广而告之；当舆论如此沸沸扬扬的时候，该说话的部门为什么仍然保持沉默？国外电影里的大侠佐罗说，无声就是默许。那么我们只能认为确有其事了。

搬迁问题在我看来，核心并不在于搬去哪里，帽峰山太远，有25 公里之遥，去一趟不方便；然而如果近一点，这种悄然酝酿、即将拍板的做法就是可取的吗？且不说广州动物园承载的是几代人的集体记忆，它的去留，不该漠视公众参与决策的权利，单就社会方方面面强调公开、重视公开的时代趋势下，这种“偷偷摸摸”的决策行为也是欠妥的。公众对涉及切身利益的公共决策有发言的权利，而决策者必须倾听他们的声音，重视他们的权利。没有那个帖子，我们是否要等到他们动起手来才知道呢？搬迁成本据说逾 10 亿元之巨，倘若一意孤行下去，花那么多钱，舆论又几乎一边倒地表达反对，导致的结果就是“双输”了。

2004 年的一则报道说，从 1996 年始，全国已有 30 多个动物园进行了拆除或迁徙。按照人们总结出来的规律，空置出来的土地将遵循“动物园——准绿地——游乐园——房地产开发”的演变模式。倘若这个模式的确是那些搬成了的地块的最终结局，那么无论怎么解释，也不难理解定要搬迁的“司马昭之心”了。广州动物园留下的空地有一个很妙的安排，把儿童公园迁过来，看上去公益的属性没有变。但是掌握了相关资料的人士发现，目前占地 43.3 万平方米的广州动物园，仅仅划出超过 1 万平方米用于儿童公园，其余 40 多万平方米是留给其他的公共项目还是作为商业用地做地产开发还未确定。这就难免大家祭出“小人之心”了，有关方面必须理解，谁叫掌握着权威资料的你们秘而不宣呢！

建设部有名官员说过，城市动物园设施不但是科普教育的场所，也是城市绿地系统、城市基础设施的重要组成部分，是城市公益事业的重要内容。他是针对一度沸沸扬扬的北京动物园搬迁而言的，在其他地方也完全适用。记得就在不久之前，广州市一位领导对城市改造没有保护好“老字号”还痛惜不已，殊不知，“老字号”并不仅仅是戏院、酒家、店铺之类，拥有 50 年历史的广州动物园同样也称得上是“老字号”。仅有 30 年楼龄的白天鹅宾馆，因为占有了改革开放历史的某项第一，也足以挂上文物的桂冠，不知道为什么在广州市新近公布的 103 处保护单位中仍然难觅芳踪。每一代人，都有责任保护好记录城市发展的“足迹”，不要仅仅为了眼前的经济利益，就刻意——在他们当然是无意——抹掉城市的历史。

作为城市中心所在，广州动物园被四面合围、进逼的商业利益挤压得喘不过气来，对之垂涎三尺的开发商如过江之鲫，恐怕是不争的事实。但在涉及公众利益的事项面前，我们还是寄望有关方面不要草率行事。今夕何夕？不是拍拍脑袋想干什么就干什么的时代。

（2009 年 2 月 5 日）

最高摩天轮来得有点突然

昨天的报道说，广州新电视塔将在 450 米高的塔顶观光平台上增设观光摩天轮，届时，它将成为广州城市建筑物观光制高点。好事应该是好事吧。安坐在“水晶”球舱内，将整个城市风光从各个角度都能一览无余，市民还可以指点一下自家的所在，该是何等惬意？但是，这个“摩天轮”似乎来得有点突然，比较意外。

印象中，当初关于新电视塔的新闻，人们熟知的是它的“力求世界第一高”——当然，不单是 450 米的塔身高度，还要加上 160 米的发射天线。然后，便是津津乐道它造型优美的“纤纤细腰”了。新电视塔也说了有观光功能，但观光塔是否等于“摩天轮”，不得其详。当初，为了充分发挥其观光功能，广州市城建部门还设想建设一条过江观光隧道连接珠江新城、海心沙岛和新电视塔。总之，好像并未道及“摩天轮”这个项目。每天上下班的时候，我都从离新电视塔不远的广州大桥上经过，不由得总要对它瞄上几眼。早就看到它完成主体工程了，完全成型了，塔身在夜里还时时透出很漂亮的淡绿色的光，使我以为就要竣工了。忽然之间，“世界上最高的摩天轮”准备横空出世，我所说的有点儿突然，就在这里。

很多人会和我一样饶有兴趣地想要知道，这个“摩天轮”原本就在计划之中，还是建着建着来了“突发奇想”。综合昨天的一些报道，说该设计方案预计将在 2009 年 4 月完成审查，11 月开始安装，2010

年2月完成安装，8月完成调试验收，在2010年10月1日国庆节前有望投入使用。这样来看，方案尚未通过审查的“摩天轮”，肯定不在当初的计划之中了。那么，至少我又饶有兴趣地想要知道，这个“摩天轮”怎地想起要建，其间又经历了怎样的一个过程？即便是“俊媳妇”，如今也公开地“见公婆”了，有关方面不妨像老谋子揭密奥运开幕式如何进行的一样，现在就揭开谜底，满足大家的好奇心。我不大清楚，这是否属于知情权的一种。

由广州新电视塔即将诞生的两个第一，想到国人的一种“之最”癖好。严格地说，其中的一个第一还没正式问世就已经作古了。“摩天轮”暂不知道，塔高不是一共才610米吗？去年底，设计总高度达632米的上海中心大厦已经开工了！最不可思议的是，现在连爆破拆除建筑物也到处都在争第一，仿佛炸得目标越大越不用心疼，反而可以越兴奋，兴奋得有了四处张扬的资本。这个就不去理它了。我还对另一个问题饶有兴趣，那就是体育运动是有极限的，比方博尔特在北京奥运会上9秒72跑完了百米，尽管他还有再快的空间，但是1秒钟、半秒钟总跑不下来吧？只是我们还不知道极限值在哪里。那么，建筑的高度有没有极限呢？应该也有。但从各地竞攀的势头上看，好像没有。

我不知道，这种情形该令人高兴还是忧心忡忡。

（2009年3月18日）

由技校生就业率98%而感慨

《南方日报》今天头版头条报道，即使在当前金融危机就业困难的情况下，全省技校应届毕业生就业率仍高达98%。作为一个老技校毕业生，看到这样的消息自然非常高兴，同时以为类似的消息应当给包括教育部门在内的决策者一定启发，给一味着眼高学历的社会风尚一点警醒。人均可挑3个岗位，一方面表明技校生仍然是市场的宠儿，另一方面折射出高校毕业生的就业尴尬。一些高校为了既定的所谓就业率，甚至玩弄数字游戏。高校就业难并不是现在才有的新鲜事，在大规模扩招之后就已经一年比一年严重，因为国际金融危机的冲击，今年雪上加霜了而已。

技校生就业率如此之高，令人感慨。珠三角技工缺口多少万，技校毕业生如何抢手，高级技工薪金如何诱人，这些年也不断听到。吊诡的是，为什么技校却一直不受青睐？怕是现实和历史因素作用的结果了。历史地看，比如笔者就读技校的时候，学生证上盖着的大红印章是“技术工人学校”，也就是说毕业出来的身份是“工人”，即便与中专之间，也隔着鸿沟一道，后者的身份是“干部”。在今天，则显然是因为它处于“学历教育”的最低端了。也许更重要的是，在省里和地方的年度“主要经济指标”上，“高等教育毛入学率”才是一个统计项目，如技校等发展的规模再大，也被忽略不计。种种因素叠加，使技校生的市场需求程度与社会重视程度全然不成正比，所谓给决策部门“启发”，就是要他们面对确凿事实去修订旧有的观念和评价指标。

技校的就业率如此之高，以愚意度之在其毕业生的实用能力。笔者当时读的是铸造专业，两年时间内在车间实习大半年，既掌握了一定的书本知识，又有相应的实践经验，毕业后并不需要师傅传帮带，马上就能胜任。记得实习的时候正赶上为葛洲坝水利枢纽工程生产电机叶片，地坑造型，三班倒。那么复杂的曲面型腔都经历了，寻常的就更不在话下。相对而言，一些高校毕业生则难免面临“眼高手低”的问题。虽然上上下下一再要求大学生转变就业观念，生活中也确有顶级名牌大学的毕业生去卖肉、去穿糖葫芦、去干一些以从前的眼光衡量非常不可思议的工作，但“转变观念”的终究只能是极少数，如果多数高校毕业生从事与所学专业无关的事情，非但不能视为转变观念的成功，反而该借此判定为高等教育的失败了。

“世界先进制造业和现代服务业基地”，是《珠三角发展规划纲要》明确的五大战略定位之一。在这两个基地方面，技校及技校毕业生就大有用武之地。今年全省技校招生 26 万，将扩招 6 万人；到 2012 年技工学校在校生将达到 100 万人，还将建设一批示范性技工学校，国际的、全国的、省级的，计划非常庞大。不知前面所说的“启发”是否起到了立竿见影的作用，同样不知的是，这个庞大的计划是为大而大，就技校而技校，还是与纲要进行了统筹考虑，与全省整体发展进行了统筹考虑。

（2009 年 4 月 14 日）

任志强先生欠一点思考

华远集团总裁任志强“和居民工资收入相比，房价等于没涨”的言论一经媒体报道，立即引来了骂声一片。对此，他自己肯定有足够的心理准备。在人们对高房价诟病不止的今天，“没涨论”显然是冒天下之大不韪，不招来痛骂才怪。

也许任志强先生认为别人都是感性的，他自己更理性吧。说他信口雌黄，颇欠公允，人家是算了一番经济账的：1978 年，全国 GDP 大概 3000 多亿元，现在是 30 多万亿，增加了 100 多倍。1978 年月工资全国平均 28.6 元，到现在增加了 100 倍；1978 年大白菜 2 分钱一颗，现在 2 元钱，也增加了 100 倍。而房价呢？只增加了 16.6 倍，和工资收入相比相差太远了，房子等于没有涨价。即便涨了，也是 30 年来涨得很低的一种商品。看了他算的账，先不解国家层面为什么要强调让百姓共享发展成果呢？工资收入与 GDP 明明是同步增长的嘛！

任志强先生很会算账，在从前要是担任“上计吏”——类似于今天的统计工作者——肯定会非常称职。那工作既要求“习于计簿”，又要“能欺上府”，会做数字文章。很遗憾，他拿白菜打比方只是看到了问题的一面，有人拿电脑来打比方，问题就呈现了另外一面。10年前买一台普通电脑也要1万元，现在比那时配置好得多的，也只要2000元。那么，是不是现有房价该是10年前房价的1/5才算合理？而数据显示1999年全国商品房平均房价在1984元/平方米，那么，是不是现在全国商品房平均房价应该在396元/平方米呢？以子之矛，攻子之盾，令当年楚国那个牛皮吹得震天响的小贩“弗能应也”，现在倒要听听任志强先生怎么作答了。

如今百姓的住房难，是全国普遍存在的问题，与上学难、看病难等等，构成了“新×座大山”，各级政府无不坦承的确如此，都不再是回避的态度，都在致力于解决。就说住房吧，其中的一个解决渠道是建设经济适用房和廉租房。则住房之所以难，就等于给出了答案：难在住房贵，许多人买不起；那些买得起的，许多也沦为了“房奴”。任志强先生如果不是“两耳不闻窗外事，一心只盖商品房”的话，就应该认识到房价贵不是大家嚷着贵，那是真的贵。算账是那样，现实是这样，这个十分矛盾的现象说明了什么？从这个角度上说，他在算完细账之后，抛出结论有一点儿迫不及待，欠了一点儿思考。他认为中国老百姓不是没钱买房子，相反，一半以上的购房者都是一次性付款，这说明老百姓不是不想买而是怕房价会跌，所以大家心虚不敢买。这些，不知道是不是他的思考，是的话，却要让人想起“饱汉子不知饿汉子饥”了。

关于住房，已经有不少公众人物因为自以为是的言论栽了跟头。最近就有“买房就是爱国”说、“廉租房不设厕所”说等等。今后不论是谁，在抛出自己的论调之前，多思索一下，不要浑然漠视现实，浑然漠视公众情感。当然，如果自认为那就是思索的结果，笔者只好噤声不语了。

（2009年4月19日）

听一听"来自全国观众的声音"

有消息称，广电总局建议央视建立《新闻联播》评价体系。据了解，一旦实行，将是该栏目开播31年来，首次建立正式完整的评价体系。所谓完整，意见就显然不是仅仅来自上级领导，还要来自民间，来自普通百姓。央视第一代播音员赵忠祥说得好："真正的品评，还是来自全国观众的声音。"

品评者，评论高下也，把意见尤其是不同意见表达出来。《新闻联播》的权威性是毋庸置疑的，但不等于它已经做得尽善尽美，没有什么可改进的地方了。诚然，他们的"哈欠门"、"补妆门"、"白字门"之类，对国家电视台来说失于严肃和严谨，但这些外在的东西，当时聊博一笑可也，没必要揪住不放；主持人"变脸"了，换新人了，也属于形式上的变化，过度解读，同样舍本逐末。不过，人们关注细枝末节的原因，也可能是因为《新闻联播》此前高高在上，不可品评，不敢品评。

真正关心《新闻联播》的传播效果，还是应当关注实质上的东西，听一听"来自全国观众的声音"。既然要让观众说话，观众各抒己见，出发点又是为了把栏目办得更好，有些"逆耳"之言就是难免的，甚至是必然的，这就委实需要一点或许多雅量。现在，央视具体的措施和建言方式正在讨论当中，说明他们做好了相应的心理准备。

小子不敏，然近水楼台，先说为快。在我看来，《新闻联播》在信息的提供上尚不及央视的其他新闻类栏目，比如午间的《新闻30分》、晚间的《新闻360度》（可惜不知什么时候停掉了）等等。每天的节目给人的感觉都似曾相识，而且会议太多，但即便是关系国计民生的会，报道中往往仍然是谁出席了，谁讲话了而已，讲的又总是放之四海而皆准的话。举年度全国两会报道而言，央视其他栏目无不各显神通，纷纷亮出个性品牌。柴静今年谈他们《两会观察》的创新点时给我的印象尤深。她说，第一年他们沾沾自喜的是追访到多少明星代表委员、多少高官；但是到了第四年（今年），她和她的节目组已经开始理解，必须回答最基本的问题，两会是什么，两会的主体是谁，他们要做什么。反过来我们看《新闻联播》，对两会这一出重头戏，无论从形式到内容，几年来几乎一成不变，八股得很。

接受来自各方的评价，最犯难之处可能就是来自上级领导的声音与“来自全国观众的声音”的调和了，媒体夹在中间，往往两头受气。那么，必欲使评价体系不是立了白立，还需要上级领导同样听听“来自全国观众的声音”。这样，《新闻联播》在发挥“书同文、车同轨”作用（赵忠祥语）的同时，也能兼顾新闻规律，令人民大众喜闻乐见。毕竟，让人们发自内心地去赞叹，比颜面上的或礼节性的廉价表扬要有意义得多。如果《新闻联播》真的能够通过评价体系达到初衷，其意义就超出了提升自身节目质量和影响力的问题，而势必能够起到良好的带头作用，给地方的权威媒体示范改进的方向。

（2009 年 4 月 21 日）

对“三轮车”博士的考验刚刚开始

38 岁，高中学历，8 个月前还在蹬三轮车养家糊口，现在被复旦大学列入了 2009 年度博士生拟录取名单，导师为古文字学家裘锡圭先生……这一连串的字眼放在一起，反差之大，否泰如天地，足令此消息石破天惊。事实也的确如此。看网上的跟帖，即可粗知受到关注的程度如何。

报道说，为了录取蔡伟这名特殊学生，复旦大学专门去了一趟教育部作沟通。所以如此，因为即使按照复旦自主招收博士生的宽松制度，蔡伟的条件仍然特殊了些。因而，录取他，真正表现出了复旦

“不拘一格”的非凡魄力。也正因为不拘一格，出现一些质疑的声音也就是非常正常的。毕竟，古文字学是专门之学，不是依靠丰富的社会经验能够累积起来的，要精通训诂、音韵，要懂得文献的比较和文义的推勘，这一切，人们一下子和下岗工人、蹬三轮车运联系不到一起来。而且，如今哗众取宠、一味吸引眼球的事情太多，象牙塔、学界也不甘寂寞。更重要的是，由于社会诚信的极度丧失，人们对涉及破格的一些事情，难免要怀疑暗箱操作。

蔡伟的学术水平看来是不容怀疑了。裘先生说：“现在搞古文字的，很多名义上是教授了，实际上没有他这个水平。”相信这是一句气话，在裘先生的视野中，圈子里有不少南郭先生就是。蔡伟解决了裘先生的两个不解问题，一个是释尹湾汉墓出土简牍中“佐子”的“佐”为“嗟”，一个是释郭店楚墓竹简《老子》中“莫之其亘”的“亘”为“极”，裘先生认为“其言甚为有理”。不要看报道里如此轻描淡写，这种释义一定不是说说这么简单，背后必有两篇大文章。忽然想起爱迪生的那句名言，天才就是1%的灵感加上99%的汗水那句。这几年有人说，这句话只是人家的前半截，后半截不知被什么人什么时候给阉割了，而那才是这句话的关键，笔者要借用的也正是那半句，道是：但那1%的灵感是最重要的，甚至比那99%的汗水都要重要（大意）。偏才蔡伟的身上，正具备那1%吧。也正是因此，蔡伟的被录取并没有多少可复制性，只能是不可多得的个案。很让人担心的是，“蔡伟现象”引起轰动效应之后，别的高校一哄而起。

蔡伟是我国恢复学位制度后，第一个以高中学历报考复旦大学博士的学生。对他而言，考验可能刚刚开始。复旦大学研究生院副院长顾云深说，蔡伟的知识结构较偏，知识结构有所欠缺，“比如语言学、历史学、考古学的知识，都需要恶补”。现在，蔡伟“决心用自己的研究成果来说话，来证明自己”，某种程度上来说这是必须的，对于检验复旦不拘一格的成效也是必要的。今天人们津津乐道吴晗先生当年数学考了零分照进清华如何，梁漱溟先生如何，沈从文先生又如何，正因为他们在后来以辉煌的成功证明了自己。我相信，当年还会有不少被破格了的别的人，因为日后默默无闻而不再被提起罢了，沦为成人版的“伤仲永”。

愿蔡伟不会停下进取的脚步。

（2009 年 4 月 28 日）

“范跑跑”的眼镜很无辜

汶川地震博物馆将于 5 月 11 日开馆。那个令举国同悲的日子转眼间要到一周年了，这个博物馆该是今后人们记忆乃至触摸这场灾难的重要载体。藏品中有一些非常著名：武警部队第一艘进入映秀镇的冲锋舟，坠毁的邱光华直升机的残骸，“情义男”吴加芳背妻的摩托车，等等。令笔者不大理解的是，藏品中还有“范跑跑”的眼镜。

“范跑跑”的故事已经尽人皆知，要不了多久，也许人们会忘掉他的大号叫做范美忠，就像《水浒传》里的高俅。读过这部书的人都知道，高俅本不是他的名字，因他“自小不成家业，只好刺枪使棒，最是踢得好脚气毬”，于是“京师人口顺”，都叫他高毬；“后来发迹，便将气毬那字去了毛傍，添作立人，改作姓高名俅”。“范跑跑”的叫开，该归结为“全国人口顺”了。这两天看媒体报道博物馆的事，无不呼之曰“范跑跑”。但“范跑跑”毕竟不是高俅一类的恶人，将来大家就这么“口顺”下去的话，委实值得商榷。现在先回归正题，为什么要收藏“范跑跑”的眼镜？

看得出，这个博物馆的用意是全方位记忆地震，不仅要展示地震的惨烈、救灾的英勇，还要用道德的尺子去度量地震中的一些人和事。“范跑跑”代表了责任感的丧失，兼且洋洋自得、不以为耻，自然是不二人选。尽管在凤凰卫视《一虎一席谈》中本来道理占尽的辩论对手却因“气急败坏”而令“范跑跑”挽回了一定形象，但是毕竟改变不了他“跑”、他临阵脱逃的事实。然而，他的眼镜跟地震又有什么关联呢？吴加芳的摩托车是他把亡妻尸体背回家的载体，范跑跑的眼镜仅仅是因为地震发生的时候正架在他的耳朵上吗？

“范跑跑”的眼镜很无辜。事情是“范跑跑”干的，将来在博物馆里接受人们指指点点的——恐怕会这样吧——却是他的眼镜。打个不大恰当的比喻，这个眼镜有点儿像杭州西湖岳王庙里那些“铸佞臣”的“白铁”，无端端地代人受过。有意思的是，这副眼镜是“范跑跑”自己被人“通过做工作”再“以旧换新”置换来的。《三国演义》里，曹孟德马踏青苗，违背了自己当斩的禁令，为了表示兑现，来了个“割发代首”。地震时正在讲授《红楼梦》的“范跑跑”，现在敢是记起了此典？那么，此举也许意味着“范跑跑”从《一虎一席谈》时道歉的层面——郑重向学生道歉，因为给学校、校长带来压力而向校长道歉，向可能被自己那篇文章伤害的人道歉——上升到了忏悔的层面、为后人警示的层面。苟如此，则今后我们谈论范美忠，如果不是关于地震，还是直呼人家的姓名吧，不要老这么刻薄下去。

最后想说一句，地震博物馆收藏“范跑跑”的眼镜，多少有些滑稽，甚至难逃噱头之嫌。而一个纪念地震灾难的博物馆哪怕只是有那么一点儿凭借噱头吸引世人的意味，则也难免稀释了它的严肃主题。

（2009 年 5 月 7 日）

让“跳桥”者知道该负什么责任

发生在广州市海珠桥上的“跳桥”闹剧，渐渐多了起来。今天刚刚统计过去若干天了发生了多少起，明天的数据可能又要更新。为了防止，有人大代表建议在桥上加装刺铁丝网，有市民建议在桥旁设一个信访工作点。一个是堵，一个是疏，可行与否，是相关职能部门论证的事。总之我们都知道，还是目前这种状况的话——已有了 12 名守桥人，则“跳桥”数字继续攀升是无疑的。

海珠桥上的“跳桥”，往往被缀以一个“秀”字，叫做“跳桥秀”。印象之中，这个说法开始时饱受一些人士的抨击，抨击者要这样说的人设身处地，不要站着说话不腰疼。但这个“秀”字，道得很分明，那些爬上海珠桥的人，并不是真的要自杀。也就是这个原因，使海珠桥与曾经自杀高发的南京长江大桥、美国旧金山的金门大桥毫无可比性，那里的防治办法不适用于这里。当海珠桥上的“跳桥”次数渐多，以前的抨击者不知道现在持什么立场，因为这有点儿像鲁镇的人们听祥林嫂讲阿毛，始而“倒颇有效，男人听到这里，往往敛起笑容，没趣的走了开去”，女人“还要陪出许多眼泪来”；不过久而久之，“便是最慈悲的念佛的老太太们，眼里也再不见有一点泪的痕迹。后来全镇的人们几乎都能背诵她的话，一听到就烦厌得头痛”。在海珠桥这里，虽然是“看”，恐怕也有“厌烦”的成分了。

北大教授吴飞有一本《自杀作为中国问题》，试图“理解自杀”并进行“文化反思”。他研究的虽然是真自杀，但对认识“跳桥秀”有一定启示意义。吴飞谈到，美国自杀学之父施耐德曼（Edwin Shneidman）和法博罗（Norman Farberow）共同给出了一个理解自杀问题的逻辑判断。他们认为，自杀这种看似非理性的行为，背后往往有这样一个三段论：自杀的人会获得重视；如果我自杀，我会获得重视；所以我自杀。然而这个逻辑推理的错误在于，自杀者把自杀的“我”和获得重视的“我”混淆了，人们“经常无意中以为自己在死后仍然有感知”。这个逻辑判断对我国的自杀现象适用与否又当别论，但是显然适用发生在海珠桥上的种种“跳桥秀”：跳桥的人会获得重视；如果我跳桥，我会获得重视；所以我跳桥。不同的是，“跳桥”的“我”与获得重视的“我”完全是一回事，因而也就不存在逻辑推理错误。新近的“跳桥”人郑龙就毫不隐讳自己的动机：希望引起社会的关注。

“跳桥”人大抵装着一肚子的冤屈，海珠桥于是成了他们眼里的“开封府”。从根本上杜绝“跳桥秀”，各级部门无疑要有“包龙图”般的敬业精神，不要像郑龙那样，无端挨了城管的打，却没地方讨个公道。治标的问题是，法律界人士应当释疑，似这样动辄导致交通严重拥堵的行为，制造者要不要承担相应的法律责任？该解决问题就解决问题，该对此行为负什么责任就负什么责任，两者应该并行不悖。因此当下重要的是，使“跳桥”者在行动之前清楚地知道该负什么责任，对减少“跳桥秀”可能有一定积极作用。

（2009 年 5 月 13 日）

希望冒名顶替不再是偶然发现

“罗彩霞事件”未平，“王俊亮事件”又起。那回发生在湖南邵东，这回发生在湖北孝昌。那回冒名顶替的王佳俊毕竟参加了高考，成绩比较差就是；这回的郑某干脆就还是个高二学生，连高考的面还没照。那回是王佳俊的镇委书记父亲王峥嵘操纵一切；这回就目前已知的情况看，就是王俊亮当时班主任的一个“暗示”，当然，郑家如何把“暗示”化为现实，必然还是要依靠权力的肆无忌惮。50 岁的老郑是何方神圣，过几天自然揭晓。

冒名顶替读大学，一则已甚，其可再乎？偏偏马上就有了第二起。就像刚刚曝出佘祥林冤狱，接着又曝出聂树斌被冤杀一样，极端恶劣的事件在我们国度总是不喜欢形单影只。想一想，冒名顶替者王佳俊们好像占了便宜，其实从一开始就非常可怜。不说别的，一直笼罩在别人的影子下，该是一种什么感觉？过的该是一种什么滋味的生活？就王佳俊来说我们已经知道，这个性情活泼的女孩高中毕业后就和学校、同学失去了联系，没有人知道她去了哪里；在大学期间，她从来不找同乡，也基本上没有电话打到宿舍找她。东窗事发之后，王佳俊更和家人失去了联系。事情至此，王佳俊的状况更要令人同情了。强调这一点，旨在为后来欲效仿王峥嵘者戒。别人家孩子的前途丝毫不在你们眼里，自家孩子的心理健康总要顾及吧？即便一直能够隐瞒下去，不担心自家孩子人格分裂吗？

《万历野获编》里有个纳粟监生的故事。监生乃纳粟而来，老底非常清楚，本“不能文”，就是买个文凭充充门面。然而不知哪个环节没有打点到，“司成勒其入试”，非要见识一下他的本领。没办法，这老兄就在卷子上写了16个字：“因怕如此，所以如此；仍要如此，何苦如此。”这几个“如此”，不难解读出相应的含义：因为担心考不上，所以花钱；既然还要考试，又何苦花钱。把这个“如此”用在王佳俊们的身上，却也浑然天成：因为考不上，所以冒名顶替；最终还是要败露，何苦冒名顶替。当然，王峥嵘们在关节之处如鱼得水的时候非常自信，认为根本不可能“仍要如此”，也就不会“何苦如此”。事发之后，王峥嵘不是还告诉罗彩霞，“认识我是你的荣幸”吗？

貌似严谨的高考程序能被王峥嵘这种芝麻小官捅得千疮百孔，那些权势熏天的人物就更加可想而知了。也正是因此，冒名顶替充其量只是小人物的伎俩，大人物要办的话，完全可以把事情办得名正言顺、堂而皇之，留不下丝毫破绽。进一步说，连小人物的伎俩也要靠被冒名顶替者自己在偶然中发现，而且，罗彩霞用了5年，王俊亮用了7年；偶然加上漫长，不要说他们本人对权力的监督、制约会失望至极，就是我们旁观的人也难免心生同感。失望归失望，必欲社会回归正常，还是要对制度寄予希望，至少希望冒名顶替不再是偶然发现。可以肯定，此类事件决不会仅仅这么两起，别的地方由主动出击而曝光，虽然迟到了，庶几也能挽回人们的信心。

（2009年5月14日）

实行高考加分还为时太早

高考临近了，若干省份的高考加分又成为争议话题。以我的有限浏览来看，反对的声音居多。即使不用浏览，大抵也知道这个结果。

高考加分政策的本意是鼓励特长生，实际效果却往往相反，为弄虚作假铺就了温床。所以如此，一个重要的原因在于：无论哪个领域，权力的行使都还肆无忌惮。前两天的消息就说，浙江高考航模加分者被指多来自权势家庭。

因而，现在实行高考加分，还为时尚早。按我的极端看法，不是应该怎么加的问题，怎么完善的问题，而是谈都不要谈，想都不要想，已有的也应当取消，在当前还是免了吧。不要因为出发点良好——姑且这样认为——便在竞争态势仍然激烈的高考领域人为地制造新的不公。据 2008 年高考成绩统计，浙江省考生成绩每增加 1 分就可以超过 200 多名竞争者，要是加上 20 分的话，无疑可超越“千军万马”了。苍蝇不叮无缝的蛋，高考开了一道叫做“加分”的口子，等于给权力找到了寻租的空间。有权的家庭可以直接使用权力，有钱的家庭可以购买权力。那份绍兴一中 2009 年参加航海模型加分测试的高二、高三学生家长资料显示得很分明：19 名考生中，有 13 名家长分别是各级官员和企业家，其余 6 名都是教师子女。

高考加分，给谁加分，为什么加分，前提肯定该是公开和公正。我们倘能用正视现实的态度看问题，就知道达到这样的目标要求，目前还远远不可能。所谓公正还局限于理论设计上，从一些地方实行的结果看，考生的真正特长已退居其次，在前台尽情表演的是考生家长。不要说加分这种先天存在人为痕迹的行为了，在新近发生的“罗彩霞事件”中，我们见识了一个小小的镇委书记如何无情地嘲弄了看似无懈可击的高考程序；在更新近的“湖北版罗彩霞事件”中，我们又见识了一个高中班主任如何把他那称不上权力的“权力”运用得淋漓尽致：被顶替者王俊亮原高三班主任邓金川是顶替者郑飞的姨父，王俊亮当年的录取通知书是由邓金川交给郑飞的，而且，“向郑飞提供王俊亮档案的最大嫌疑人便是邓金川”……

今日谈权力监督，不知是讲给谁听的，也不知还有几人能听进耳朵里。权力的握有者听得进去吗？权力隐而不发，是因为没到需要的时候；一己私利当前，它就会毫不客气。权力作祟已经渗入到了社会生活的方方面面，经济问题，女人问题，仅仅是比较突出的两个方面罢了，在报道贪官所以落马时属于值得一提的内容，其他的，大抵该算是“正常”了。那么，百姓听得进去吗？在权力监督在芝麻小官面前也不能奏效的情况下，当所有的落马官员身上都能同样地总结出缺乏监督的结论时，十几年前是这样，十几年后还是这样的情况下，谁还对监督抱有期望？长此以往，怎么得了，任何关心国家前途的人怕都难免做一回杞人了。

正是上述这些原因，高考加分之类目前应当免行。等到权力没有那么肆无忌惮了，实行之才能产生相应的积极意义，谈论之才称不上奢侈。

（2009 年 5 月 17 日）

“世界无烟日”与“戒烟一小时”

今天是第 22 个“世界无烟日”。记得往年，是以香烟禁售一天来响应，今年没这种要求。今年的主题是“烟草健康警示”，口号是“图形警示揭露烟害真相”，进一步强调危害。图形警示，不知是怎么个警示法。宣传挂图？老掉牙的一套了，产生不了警示的效果吧。据说有的国家把腐烂的肺部、骷髅的头像、漆黑的牙齿之类印在香烟盒上，是不是这种？搞不清。

一年尽管有 365 日，无烟一日无疑也是期望太高了，于是，不知哪里建议干脆把世界的“无烟日”变成中国若干城市的“戒烟一小时”。具体地说，从昨天下午 5 点 31 分到 6 点 31 分，抽烟的人暂时忍一忍，就一小时。饶是打了这样一个大大的折扣，广州还是没有参与其中。当然，不参与也是有其道理的，一方面，警惕的广州发现有家制药公司试图借机推广一种戒烟药品；另一方面，务实的广州表示宁可投入更大的精力到更实际的活动上。

想起了古代的一次“无烟”活动。《淡墨录》载，康熙皇帝“平生不好酒”，但他对喝酒的人并没有表现出什么，对抽烟的则不能容忍（那个时候的“烟”还不是鸦片）。他南巡驻跸山东德州时跟大家说：“诸臣在围场中看我竟日曾用烟否？每见诸臣私行在巡抚帐房偷吃，真可厌恶！且是耗气的东西，不但我不吃烟，太祖、太宗、世祖以来都不吃烟，所以我最恶吃烟的人。”《清稗类钞》的记载可以与此相互补充，说康熙是因为重臣史贻直、陈元龙“酷嗜淡巴菰，不能释手”，乃发此感慨。他还特赐二人“水晶烟管以讽之”，实际上是玩了一出恶作剧。因为用这种烟管抽烟，“偶呼吸，火焰上升，爆及唇际”，会令人“惧而不敢用”。康熙在捉弄了两人之后，“传旨禁天下吸烟”。

这样的强硬方式实现“无烟”，在今天显然行不通了；今天有今天的方式方法，而且“无烟”的努力也的确取得了不小的进步。与当年大街小巷举目可见“万宝路”那些英俊潇洒的牛仔相比，“腐烂的肺部”显然更传递了香烟的本质一面。但是也要看到，烟草界的反宣传显然也在加强，各种烟草集团不是都已经摇身一变为“文化传播公司”了吗？在我们这个讲“文化”的时代，这毫不足奇，但用赵本山的话说：“小样，穿上马甲我就不认识你了？”可惜，好多人还真的好像就不“认识”了。因此，从“吸烟危害健康”式的“忠告市民”，到可能出现“骷髅的头像”式的“恐怖恫吓”，委实大有必要。

“世界无烟日”既然存在，它就不该像任何一个别的世界或国际“××日”一样，热闹那么一天而已，甚者连那一天也懒得热闹。“××日”需要解决的问题，是长期的努力方向，然“不积跬步，无以致千里”。广州不参与“戒烟一小时”这样的活动也罢，就像它也不理睬“熄灯一小时”、“无车日”一样，但广州总得拿出一点儿自己的动作才行。今天广州市控烟协会给出数据说，广州高中女生尝试吸烟率高达17.2%，大学女生为14.0%。面对这么严重的现实，广州怎么办？所以在“戒烟一小时”之类看似花哨的问题上，还是省人大代表说得对，不要以为那只是单纯的形式，它表示一个城市的“态度”。

（2009年5月31日）

“限塑”之路委实曲折漫长

昨天，是“限塑令”走进市民生活整整一周年的日子。按照中国连锁经营协会的估算，“限塑令”实施后，塑料袋每年大概可以减少400亿个。马上有“乐天派”甚至精确地计算出：全国每年因此减少塑料消耗27万吨以上，相当于节约石油160万吨。这样辉煌的战果自然值得额手称庆，只是谁知道这些数字是怎么琢磨出来的。在“务实派”看来，虽然“限塑令”推行一年了，情形却并不那么乐观。

“限塑令”取得了一定成绩是毋庸置疑的，至少很多人包括笔者在内，养成了自带购物袋购物的习惯。但“限塑令”所要达到的目的，离沾沾自喜的成分还有十万八千里之遥。以我有限的耳闻目睹来判断，大的超市对“限塑令”的执行是不折不扣的。菜市场开始时做到了，但是虎头蛇尾。比如在笔者常去的菜市场，刚开始那阵，当真以为从此可以改变习惯。那时买把青菜什么的，你自己没带袋子，他都是用一小根塑料绳给绑着，虽然此塑料仍然是彼塑料，但造成的污染毕竟相对要小得多。后来就渐渐松了，检查的人来了，坚壁清野；检查的人前脚一走，该啥样还是啥样。再后来，检查的人来也懒得理这些，情形就跟“限塑令”之前完全一般无二了。几天前，有机构公布了一份调查报告，说“限塑令”实施近一年来，有95.7%的农贸市场继续全部或部分提供超薄塑料袋，至于商务部、国家发改委等官员就此表示，农贸市场“似乎忘记了‘限塑令’政策的制定实施”。

超市与菜市场，以及同样无视“限塑令”的杂货店、水果摊，前者所节约的，与后者所照旧“铺张”的，构成一个什么比例？对于我们周边的环境以及生活质量究竟能否产生改变，产生了多大的改变？不知道“乐天派”们会不会计算、如何计算了。

成绩是主要的，问题是次要的，一向是我们的惯性思维，大约属于李泽厚先生所言“乐感文化”的一种吧。什么时候我们把这种思维倒过来，变成在总结时总是把问题看成是主要的，成绩看成是次要的，可能激发出来的人们的危机感、责任意识才会更强烈一些。检讨“限塑令”的步履蹒跚，对生产源头的查处力度不够、持续性不强等等，肯定都是原因，但也都是表层的原因；使人们从心底里认识到塑料袋的危害，以及尽早开发出塑料袋的有效替代品，才是深层的要害。我想，商场、超市、菜市场“限塑”，应该仅仅是一个开始；将来，举凡食品的包装袋、餐馆外卖的塑料袋等，凡是涉及使用塑料袋的地方都应该成为监管的对象。但是现在，连出一本新书，甚至出一本新杂志也要套上塑料袋，似乎塑料袋的危害仅仅存在于被“限”的地方，可见“限塑”之路还委实曲折漫长。

即便参照多如牛毛的“××令”的命运，亦知“限塑令”达不到初衷，是完全“正常”的现象。但愿“限塑令”走到一周年之际为大家重新记起，把已经冷却了的热情重新激发出来。

（2009 年 6 月 2 日）

谁该是让“神医”现形的孙悟空呢？

6 月 13 日，央视《面对面》正面报道了一名“神医”。神到什么程度呢？只用手就可以让截瘫病人站起来。用主持人董倩的话说：“不用开刀不用吃药，只用他的双手，就可以达到消炎、祛痛、肌肉增长还有恢复功能的目的。”节目中还播出了一名患者当场治疗的情景。这名患者膝关节严重病变不能下蹲，经过“神医”一个多小时的按揉后，变得活蹦乱跳，还做了深蹲和高抬腿。虽然董倩用的字眼是“神奇”，但是显然太吝啬了，如此了得的功夫，难道还不该称“神医”吗？

有报道说，央视这期节目播出后，很多原本已经不抱希望的瘫痪患者及其家人用尽一切办法试图找到这名“神医”。在我们，则本能地想到桑兰姑娘。但是桑兰在她的博客里说话了，不仅对此“神医”表示不屑，而且表示拒绝一切“神医”，甚至于恳求“神医”们手下留情，不要让患者伤心；与此同时对央视这期节目也颇有微词，认为对“神医”的介绍“有误导观众的成分”。乍一看很难理解，桑兰为什么不“宁可信其有”呢，总是有一线希望的嘛，连我们也盼望着她能重新站起来呀？细细想想，其实也不难理解，在她不幸受伤这11年来，在漫漫的求医途中，想必她比我们见识过更多的江湖骗子，在她心灵上留下的创痛更加刻骨铭心！

前人是很重视医术的，我们知道，备受抨击的始皇焚书，也不是一把火烧个干净，“所不去者，医药卜筮种树之书”，医书还是留下来的。今天也是这样，中医还准备加入已经排了长长的申报世界遗产的队伍中。我们的洋洋五千年文明中也曾经有过神医，著名的就有不少，以元末明初吕复的评点最妙笔生花。他说扁鹊“医如秦鉴，烛物妍媸不隐；又如弈秋，遇敌着着可法，观者不能测其神机”；说张仲景“医如汤武之师，无非王道，其攻守奇正，不以敌之大小，皆可制胜”；说华佗“医如庖丁解牛，挥刀而肯綮无碍，其造诣自当有神，虽欲师之，而不可得”……这几位的成就和作为，就神得无法复制。但是那么多年过去了，我们唯有姑妄听之，究竟神不神，要由王立群先生等专业人士从历史的细节中发现问题，大才子司马相如不就被发现其实是个“骗财骗色”的流氓吗？不过，即使没有专家学者们的新发现，我们也知道现实之中还有一种只是号称神医的人物。清末有个这样的医生死了，不知谁作的祭文说得最绝：“公少读书不成，学击剑又不成。学医自谓成，行医三年，无问之者。公忿，公疾，公自医，公卒。呜呼！公死矣！公竟死矣！公死而天下之人少死矣！”

如今再出一些神医当然再好不过。忽然想到，“神医”的香火其实一直没断过。早几年不是就有个大名鼎鼎的胡万林吗？天南海北，上上下下，煞是风光了一阵，只是最终被打出了原形，但沦为阶下囚后，他还在声称攻克了癌症和艾滋。我们当然不能武断地认为不会有别的真正的神医存在，但前提是需要孙悟空用他的金箍棒鉴别一下，如此才是对公众负责的态度。否则，就如桑兰所希望的：广大的患者要“和那些虚假的医疗广告、软性广告斗争到底!”现在的问题在于：谁该是孙悟空呢?

（2009 年 6 月 18 日）

名牌大学何妨破格录取周海洋?

武汉市汉南二中考生周海洋在今年语文高考中，以 51 行 102 句的古体长诗写成《站在黄花岗陵园的门口》，被誉为“最牛高考满分作文”。可惜的是，这位“牛人”的高考总成绩不过区区 370 分，只能达到第四批高职高专（二）的录取资格线。报道说，二本学校三峡大学向周海洋伸出了橄榄枝，表示愿破格录取他就读本科，并给予他两万元特别奖学金。在此之前，海南、太原等地的几所三本院校先后和周海洋联系，表示愿意特招。

周海洋表示自己准备复读一年，“争取凭自己的能力考进三峡大学”，客套中能让人读出他的心有不甘。我想，名牌大学何妨来个破格录取？浏览了一下那篇作文，显示出对历史的稔熟、知识面的广博以及高超的文字驾驭能力。作为 90 后的一代，显然还受到了毛主席诗词的影响。看，起首的“赤焰难明赤县天，百年群魔舞翩跹”，显然是从“长夜难明赤县天，百年魔怪舞翩跹”中化来的；“悲歌一曲从天落”，则显然是从“国际悲歌歌一曲，狂飙为我从天落”中化来的。尽管周海洋的文字中还存在着不少可商榷之处，比如“百越之人总不忘，秋风秋雨湿黄花”中的“百越”，用法就不那么妥当，百越仅仅是岭南地区的原住民族，内涵太窄；黄花岗“三二九”起义，公历是4月，用“秋风秋雨”显得怪异，而“秋风秋雨愁煞人”又是秋瑾就义时的句子，因此这两句就给人以牵强、拼凑之感。又比如，“在人间”、“土坯间”、“蔓草间”（两次）、“覆墓间”、“一挥间”、“红旗间”等的叠用，韵脚相对贫乏。但老实说，这篇作文倘若不是事先精心准备，单单是在考场上剩余的85分钟时间内一挥而就，是不能不让人另眼相看的。而周海洋的博客告诉我们，那篇文章正是自己在考场上写出来的。

谈到破格录取，如今的人们总喜欢津津乐道“当年”吴晗如何、钱锺书如何，等等。既曰破格，就意味着突破现有条条框框的局限。名牌大学所以对周海洋“按兵不动”，自然有他们的考量，但以愚意度之，“分数线”这道硬杠杠恐怕是他们挥之不去的“心魔”。诚然，中国的事情最好不要随便破格，一旦破格开列出条件，便会有众多根本达不到要求而能量十足的家长能够满足这些条件。在正常的高考程序中，我们已经见识了相当多的丑陋，为了自己的孩子录取冒名顶替人家的，为了加分而改了孩子民族成分的，在我们中国的一些干部面前，干坏事不是能不能的问题，而是想不想的问题。但如周海洋类的考生不同，“硬实力”摆在那里，——相形之下，四川的那篇“甲骨文”作文在我看来属于剑走偏锋，“创意”而已，却是文不对题，难免有哗众取宠之嫌；听说最后得了8分，毫不冤枉，甚至可以说得其所哉！

想来当年拍板录取吴晗、钱锺书们，校方也是顶着极大的舆论压力的。新近复旦大学破格录取“三轮车夫”蔡伟为古文字学博士生，是一个活生生的实例，非议之声始终不绝于耳。但是，因为顾忌非议而裹足不前，就有检讨的必要了。名牌大学何妨自家“验证”一下周海洋的实力，使偏才不至于为了“全面”而沦为平庸？

（2009年6月29日）

为“最牛满分作文”说句公道话

湖北考生周海洋的“最牛满分作文”看起来还要继续占据公众的眼球。今天《南方都市报》报道，两名专业人士——一名古典文献学博士、一名古代文学教授，异口同声地否认了这篇作文。教授的观点尚承认周海洋有潜力，只是作文“漏洞百出”；博士就极端了，认为“该得零分”。

博士这样说，自然有其专业素养作支撑，但在我看来，却是非常不客观的。博士应该把他的“行家”看法运用于他教出来的学生，不能不问对象。掂两句具体的评语吧，意气用事的程度真令人匪夷所思。其一，周海洋“对历史的理解完全停留在教科书水平”。试问，他一个高中应届毕业生，刚刚从早已被无数人诟病的教育体制中脱胎出来，有什么理由对历史的见解能够超出教科书的水平呢？如果能，我们倒要奇了大怪了！追问一句：那些在社会上摸爬滚打了多年的人，对历史的理解又有多少不是完全停留在教科书水平上？其二，周海洋“有非常精深的老干体诗词功底”，也就是“在内容上都是歌功颂德，在语言上都是白话”。恕我直言，这样的评价完全可以和刻薄画上等号，给一个未出茅庐、未踏上社会的中学生戴上这么一顶大帽子，是不是过分了一点儿呢？

没有任何文字是无懈可击的，你极端说话，我也极端举例。陈寅恪先生对隋唐政治制度研究作出开创之功的《唐代政治史述论稿》，钱锺书先生荣获首届国家图书奖的皇皇巨著《管锥编》，都曾被别的学者“指谬”或“商榷”。相形之下，“最牛满分作文”即便在“行家”看来不堪一提不是也很正常吗？我们应该清楚，所谓“满分作文”充其量只是相对的，要相对于周海洋的那个“学力”层次而言。作文虽然“漏洞百出”，但博士的指摘要容我打个也许不恰当的比喻：

这是拿本该度量余秋雨先生的尺子，转去度量了周海洋。并且，所谓相对还要相对于不同的评卷老师，不同老师的“口味”不同，评判的尺度也肯定不同，作文毕竟不是涂抹答题卡上的 ABCD。现成的例子就是，碰到博士，周海洋“只能得零分”；但周海洋显然碰到了意气相投的评卷老师，这该是他的幸运，无比的幸运。

鲁迅先生在《集外集》序言中说：“听说：中国的好作家是大抵‘悔其少作’的，他在自定编集子的时候，就将少年时代的作品尽力删除，或者简直全部烧掉。”虽然先生自云“惭愧我的少年之作，却并不后悔，甚而至于还有些爱”，但毕竟承认“连我自己也诧异那时的我的幼稚，而且近乎不识羞”。“悔其少作”，或“毁其少作”，都是成熟了的自己对先前自己的证否，周海洋在日后也未必认识不到此篇作文的可笑。但专业人士在当下即断然否定之，很可能一棍子打死他那刚刚萌动的文字激情。因此，对“最牛满分作文”的争论，涉及教育的方式方法问题，粗暴还是平和。

倘若时间将证明周海洋的确是块璞玉，那他现在就还处在待雕琢的阶段，他不知道平仄、不知道转韵、句式也有问题，正有待师长们的耐心加工、打磨。否则，他还有什么必要跨进大学的门槛，聆听博士、教授的教诲呢?!

（2009 年 7 月 1 日）

“被就业”不过是数字游戏的一种

不仅前，网友“酱里合酱”一则愤怒的“庆贺”自己“被就业”的帖子，在网络上引起轰动，网友纷纷跟帖列举出自己或朋友“被就业”的经历。被就业，用“酱里合酱”的经历来说，就是他看到××工业公司的名称和大红章赫然签在自己的就业协议书上，自己却不知情。也就是说，事实上没有就业，但被人捉去在“就业率”的精确数字里占了一席之地。于是，在看到大学生就业率近80%的好消息后，“酱里合酱”忍无可忍了。

我对“被就业”倒不感到吃惊，相反，认为这是比较“正常”的现象。无他，社会的大环境使然。在数字游戏大行其道的今天，“就业率”不过就是其中的一个品种罢了。既然举凡关于数字（当然还有大量非数字）的东西都可以造假，为什么到了就业率这里就忽地正常了呢？没有这种道理嘛。有业内人士说了，“无论是上级主管部门对学校，还是学校对各院系，就业率的确已成为一个非常受到重视的指标”；不仅如此，教育部在审核新增硕士、博士学位授予单位工作时，包括审核新增学位授权点时，就业率都是重要依据。就业率承载了如此重要的使命，为了达到纯粹根据主观需要制订出来的某个百分比而造假，非但毫不足奇，而且必然如此！

高校毕业生如今就业难，则就业率越高，越能体现出高校以及当地的成绩。然国人喜欢在成绩上弄虚作假，实有一定的文化基因。最能跟今天“官出数字”画上等号的，该是战国时开始盛行的“上计”了。中央要对地方官员进行政绩考核，地方官员便“择便巧史书，习于计簿，能欺上府者，以为右职”，跟你玩数字游戏。还有一种貌似没那么严谨但异曲同工的吹牛方式，叫做“露布”。唐人封演说：“露布，捷书之别名也。诸军破贼，则以帛书建诸竿上。”为什么叫露布呢？因为要“露而宣布，欲四方速知”。跟就业率之类很有点相像了吧？宋朝的露布最不可靠，该是积贫积弱的他们迫切需要脸面上的荣耀之故吧。这个老底是清朝昭梿翻出来的，他毫不客气地说：“宋人战绩，每好夸张。”他先举了我们熟知的抗金名将韩世忠的例子，说他“淮阳之战，仅杀一太乙孛堇，不过与周人杀高敖曹相似，即矜为中兴战功第一。金山之战，乃金人不识水道，侥幸成功，其后终至败覆。况金山寺非中非鞍马驰骋之所，金梁王红袍落马，亦近粉饰”。接着说岳飞擒杨么，“与李临淮之擒袁袦何异？《唐书》寥寥数语，即了其事”；此外还朱仙镇之战，都没有张扬得那么神奇……

各行各业以各种五花八门的手段玩弄数字游戏，应了成语里的“自欺欺人”。不过，自欺是一定的，能不能欺人就难说了，比方如今谁还会对统计数据信以为真呢？让人担心的是，这种恶劣的风气到什么时候才能有所收敛？什么时候才能使数据回归正常，单纯地成为反映真实问题的媒介？“酱里合酱”的帖子引起轰动后，他曾就读的西北政法大学日前表示要对相应责任人作出处理。此举倒叫“酱里合酱”感到不安了，说“自己是个有错的孩子”。的确，如果大家都这么干的话，谁不好彩才处理谁，不仅很不公平，而且于事无补。

（2009 年 7 月 26 日）

不知该谁管，实乃不愿管

本埠媒体日前报道了广州一些闹市区的地铁口“最近涌出大量的‘走鬼’”现象。记者举的是“坑口”站人行天桥的例子，卖各种商品的“走鬼档”吆三喝四，令天桥堵得慌，行人连正常过路都困难。这则消息引起了笔者的共鸣，同时还想补充“霸住地铁口”的另一种现象，那就是搭客仔。

以笔者的目睹而言，新港路上的“中大”站和“鹭江”站出口，搭客仔们实在热情过度。一辆辆搭客车按照他们自己划定的秩序密密麻麻两字排开，仅仅留出一条窄窄的通道，乘客从地铁出来，如同享受夹道欢迎的待遇一般。当然，“欢迎者”嘴里喊的是“喂，喂，去哪儿”，或者“搭车了，搭车了”；不仅吆喝，甚至动手拉你。在这日复一日的拥挤、喧嚣之中，有天蓦地发现他们鸟枪换炮了：广州市禁摩禁电（电动自行车）之后，搭客仔的搭客工具一开始的确变成了自行车，现在基本上全都“恢复”成了电动的，而且升了级，由两轮变成了四轮，还人性化地加装了遮阳遮雨的棚子……

搭客仔的生存境况是可以推知的，这是他们谋生的手段，也可能是唯一的手段。而且，他们得以存在，也说明市民有这种需求——“中大”站的中大西门出口不见搭客仔就是明证，因为从这里出来的乘客抬脚就进了校园——毕竟广州的公共交通离无缝对接还有漫长的道路要走。既然搭客仔肯定要存在，就要进行相应的管理．让他们既能谋生，又能为市民提供方便，这是个两全之策，总之不要使之完全处于“丛林”状态。说心里话，如果现状就这么延续下去的话，我对搭客仔这种热情过火的服务就非常反感了。拥堵在地铁口仅仅是一方面，另一方面，他们走起来无所谓交通规则，想逆行就逆行，顺行只是凑巧而已；在人行道上更可以说是横冲直撞。

像“坑口”站那里一样，我们感觉上应该负责管理的部门，却各有各的难处。由此，电影《渡江侦察记》里的一句台词很自然地涌了上来。侦察员们发报告知指挥部“敌结合部以灯标为界，灯标以西归66师管，灯标以东归68师管”（大意），接下来我军渡江就选择了从两师“结合部”这个最薄弱的地带突破。敢是搭客仔们早已深谙此道，找到了各管理部门之间的薄弱命门？不至于吧。就算管辖的范围不清，禁电动车的条令好像还没有撤销吧？不知该谁管，说穿了其实是谁也不愿意管，因为管起来麻烦，大家都怕麻烦。但是，一开始不管，到形成一定规模了，“成行成市”了，管理起来又谈何容易！借助“运动式”执法？难免酿成群体性事件。这一点，已成为不少地方因为管理乏术而留下的深刻教训。

红绿灯不大起作用，我们聘用了大量吹哨子挥旗子的交通协管员，解决霸住地铁口的现象能不能借鉴这一根本不是办法却又不得不权一时之计的办法？至于地铁口的公共秩序究竟该谁管理，或许要等到制订或修改什么条例，点名道姓了！

（2009年8月5日）

“揭盖复涌”不一定那么急

广州市荔湾区准备在明年元旦前将荔枝湾路“揭盖复涌”，也就是说，让已经被路面覆盖了多年的荔枝湾涌重见天日。这则消息首先叫人长了知识，不了解广州历史的人如笔者，还真不知道那条古玩街的下面曾经是广州河涌水系的一部分。

再现“一湾青水绿，两岸荔枝红”的岭南水乡风貌，进而向打造水上“威尼斯”迈出更坚实的一步，这样的前景无疑是诱人的；关键是，如此诱人的前景就在不远的将来，报道估计是明年 6 月。不过区区几个月的时间，从荔枝湾河涌泛舟入湖出珠江就可能成为现实，相信谁都乐意看到，尤其是生活于其中的老街坊们。不过，按我的想法——须声明我无意泼任何冷水，“揭盖复涌”恐怕不一定那么急，我们只要决心在、肯投入，荔枝湾迟早会“重见天日”的。为什么不要那么急？因为眼下应该把现有河涌的问题先解决了。荔枝湾路现在是古玩街，就算漂漂亮亮迎亚运，至少也还是看得过去的。

为了整治河涌，广州市此番的气魄相当之大，准备投入近 500 亿元，举凡全市的 121 条河涌，悉数纳入整治范围，目标是彻底解决水体发黑发臭问题。对广州现实有一定了解的人们会感觉到，实现这个目标，难度相当之大。一方面，决心和投入先前也都有过，成效如何有目共睹，无须赘言；另一方面，离目标时间仅仅不到一年，不少地方还没动手呢。比如笔者居住的海珠区不算偏僻的某个位置，旁边就有一条臭不可闻的河涌，沿涌偏偏又有一段不短的路，不闻都不行，再是捏着鼻子也无济于事。昨天我从那里过，也没见丝毫开始整治的迹象。当然，这是海珠区的事情，不干荔湾区什么事，但不知同样的现象荔湾区存在与否，如果同样也有，“揭盖复涌”就更不用着急了。荔枝湾之所以变成马路，因为它当时变成了臭水涌，想象得出，跟北京当年的龙须沟差不多吧，覆盖乃诚不得已。

所以我想，当面前的河涌发黑发臭问题还没有得到解决的时候，就去开辟“第二战场”——复原旧涌，显得急了一点儿。我的意思是，先要兑现让现有河涌基本恢复原来样貌的诺言，百姓看到实效才能油然产生信心，进而才能有接受“新成员”的心理准备。这样想自然与我的思维不够开阔、气魄不够宏大有关，毛主席倘若在世，要被他老人家讥讽为小脚婆娘走路——慢吞吞的。但赞同我的人肯定是另外的态度，会认为这是一步一个脚印。

荔湾区祭出“揭盖复涌”这样的大手笔，自然是托了广州举办亚运的福。不仅如此，广州市大街上正在进行的各色建筑的“穿衣戴帽”，无一不是沾了亚运的光。正因为一切都是为了亚运，我们就更需要把视野延伸到亚运之后，尤其是河涌的命运走向。当然，这种不合时宜的想法又逃不脱杞人之忧。言者无罪，闻者足戒，仅此而已。

（2009 年 8 月 11 日）

“裸分”与“加分”状元之争的实质

“高考状元”又出了新话题。虽然没有明说，但此一番涉及的是状元的“真伪”问题。状元者，拔得头筹也，科举时代每三年一次，每次只产生一个；如今高考文理分科，所以应该是两个。这是全国范围来看，地方还有地方的，但浙江今年出了四个还是比较稀奇：两个是“实打实”的，两个是“加分”得到的；自然，“加分”之后超过了“实打实”的，于是催生了“裸分状元”与“加分状元”这两个新概念。

四名状元分别来自四所中学，四所中学乃各自开动了自己的宣传机器，大约因此而引起了媒体的兴趣吧，也让我们开了眼界。报道引用杭州某位知情者的话说，文理科状元出现双雄“争霸”的格局，认定谁是真状元还真有点难。的确如此，“加分”这里豪气地用“结果”亦即“事实”来说话，“裸分”那里呢？显然底气更足，就差没用个“伪”字来回敬对方了。不过，我们把视线放开一点会发现，与其进行无聊的状元归属认定，倒不如认识究竟什么东西纠缠于“争霸”问题的背后更有意义一些。

在我看来，“裸分状元”与“加分状元”之争，实质是社会上风靡着的“眼球经济”在本应“追求久远、必须冷静”（陈平原先生语）的教育领域的投射。人们有目共睹的是，文化作为软实力得到重视之后，各地都空前重视“文化”。但多数人理解的文化，却仅仅是能带来白花花银两的某些文化要素，而不是此文化所以区别于彼文化的精神内核。因此，争夺高考状元归属，委实跟新近的湖北安陆与四川江油争夺“李白故里”之类没有什么区别，大家眼睛盯住的是“故里”能够带来的效益。螳螂捕蝉，黄雀在后。倘若有人还记得郭沫若著作《李白与杜甫》的话，可知郭先生那里还有一种观点，却是与安陆和江油都不相干，开篇就是“唐代诗人李白，以武则天长安元年（701年），出生于中央亚细亚的碎叶城”。碎叶城唐朝时属于安西都护府，后来给人家弄去了，要还是咱们国土的话，李白故里之争肯定会更加热闹了。

无论“裸分”还是“加分”，四所学校都诞生了状元，这样的结果可以说是“四赢”。其实，那些热衷于靠历史名人往脸上贴金的地方可以遵照这个思路，况且古人早就给了提示。一下子记不得哪本笔记丛刊了，里面把本地的古名人分为几类，“所生于此”、“所居于此”、“所官于此”、“所葬于此”等等。这样一来，一个历史名人就可以大卸八块，沾点儿边的都分得一杯羹，没必要争得面红耳赤，甚至你死我活。何况，如本省的冼夫人一样，“所葬于此”还可以再分解为若干个地方，不妨碍大家共同依赖先贤的招牌吃饭。现在，“裸分状元”与“加分状元”之争混迹于故里之争其间，闹哄哄的，同样感觉到乌烟瘴气。教育不像教育，倒像是在赚吆喝做生意，庸俗不堪。当然，我们的各级教育早已难逃做生意的嫌疑，有识之士呼吁不已，决策人物充耳不闻罢了。

（2009 年 8 月 31 日）

径直就叫“广州电视塔”好了

广州新电视塔征集的候选“芳名”终于诞生了。虽然摆在我们面前的有 10 个，但也没有一点“惊艳”的感觉。不用劳烦那么多字的“创意说明”，全然一览无余。所以不少网友用“俗不可耐”来形容，这该是“爱之深而责之切”的缘故，应了清朝汪容甫说的：“人得吾骂，亦大难。”不过，像“碧海心沙”、“南国旋塔”之类，真的像是在评选“××八景”或者“十景”。

不知是谁、从什么时候开始说的，广东人会生孩子不会取名。三人成虎，众口铄金。讲得多了，连广东人自己也这样认为了，然广东人四两拨千斤，旋即将之转化为只知埋头苦干的同义语。其实，不会取名，在全国是一个普遍存在。比如说楼盘吧，哪里不叫“花园”、“花苑”？哪里不是挖个坑蓄点儿水就叫“湾”，堆个土包就叫“山庄”？就算是广东人不会取名吧，然此番却是全球征集，报道说共征集了 18 万个之多，可惜端出来的也还是这么几个。我想，要么借此可以为广东人不会取名说平反，要么就是其中评委的因素在起作用，因为他们的口味以及知识、思维的局限，本来可以入选的那些、可以当选的那个，变得和公众缘悭一面。

像广州新电视塔这样郑重其事地取名，实际上是给它取个“大号”，本地人都知道，它的“小名”早就有了，“小蛮腰”、“扭纹柴”以及略显恶俗的“羊颠峰”等等。这和从前人的取名倒是有几分相像。彼时——至少 20 世纪 80 年代有些农村仍然是这样，婴儿降生，都是先随便安个名字，上学时再请有村里文化的人郑重取个学名，酬谢是必要的，但不会付出 10 万大元之巨也是可以肯定的。“大号”诚然很重要，然也就是一个符号而已，“小名”若非“狗蛋”、“狗剩”等登不得大雅之堂的，流行叫开也未尝不可。“斜阳草树，寻常巷陌，人道寄奴曾住”，辛弃疾名篇中的“寄奴”，就是南朝刘宋开国皇帝刘裕的小名。提到《红岩》里的“宋振中”，好多人未必知道是谁，说“小萝卜头”，就会恍然大悟。而且，即便有“大号”遮掩，谁非要一味调侃、轻蔑也只能由他，历史上不少人称曹操时叫他的小名阿瞒，就有这样的成分。同理，央视新址无论将来“大号”叫什么，“大裤衩”都要和它形影不离了。

广州新电视塔的“大号”究竟该叫什么？从今天开始，公众可以通过网络、手机对10个候选者投票。倘若人们并不满意这些候选者，则投出来的充其量是“矮子里拔大个儿”。与其如此，不如径直就叫“广州电视塔”，至于“小名”，民间愿意怎么叫就怎么叫好了，还能给人继续丰富想象的空间。目前而言，相对于“扭纹柴”、“羊颠峰”，我猜，能够流传开来的可能还是“小蛮腰”，形象、亲切。就让时间来检验吧。

（2009年10月22日）

拷问“钩子”良心不啻缘木求鱼

随着上海浦东新区区长姜樑的公开道歉，“钓鱼式”执法确系“采用不正当执法手段取证”的真相终于大白于天下。所有报道都说，被“钓”的车主孙中界在喜极而泣之余，最希望能当面见到那个“钩子”，他只想问他一句话：“你到底有没有良心？”

孙中界对“钩子”拷问良心，不啻缘木求鱼。当然，不仅是我们旁观者，就是孙中界自己都很清楚，“钩子”良心的有无是一个无需由“钩子”来亲口回答的问题，他的所作所为已然给出了明晰的答案。如果一定要回答，我们可以代答，民间对气愤已极早有句众所周知的俗话，叫做“良心让狗吃了”。与此同时，孙中界一定要“明知故问”的话，就不该只问“钩子”，“钩子”是一枚棋子、一件工具罢了。一味地对准他，就会像马克思在《评普鲁士最近的书报检查令》中所说的：“事物的本质所引起的愤恨变成了对某些人的愤恨。”因此，孙中界还应当问问怂恿、唆使、安排、派遣“钩子”出击的人和部门，打着执法旗号却明目张胆行违法之能事的他们，又是良心安在?

“良心”问题，确是当下——所谓转型期社会——值得深切关注的问题。我们国土上发生的很多看上去难以理解、不可思议的事情，归其根本，往往都可以做“良心”的文章，也就是无不源于良心的缺失，我们甚至看到了极端者如“三鹿奶粉”等丧尽天良的实例。出了恶性事件，我们特别习惯于强调制度的缺失、不健全，把那些令人发指的事件简单地归结为钻了制度的漏洞，浑然不理会其行为与现有的制度究竟“对照”了多少。比如说，食品中不该、不能添加极度摧残人体的东西，任何一个良心未泯的从业者不是都应该心知肚明吗？同理，清廉乃为官底线，不能“伸手”，不能成“豆腐渣”，任何一个良心未泯的官员不是都应该了然于胸吗?

本月25日，人民网舆情监测室公布了“2009年第三季度地方应对网络舆情能力排行榜”，上海市因为交通行政执法部门的“钓鱼式”执法，成为榜上最有损政府公信力的事件。尽管浦东新区政府和闵行区政府现在已经分别为发生在本区内的“钓鱼执法”事件认错，上海市人民政府也于同日召开常务会议，承诺将对相关责任人问责，但是恶劣影响无疑已经造成了，这种卑鄙的执法手段无疑将极不光彩地“载入史册”。当政府的公信力一而再、再而三地败坏在这些宵小之“官”、之“部门”的手上之时，我们更应该思量什么呢？到处“救火”，还是拿出壮士断腕的勇气从根本上杜绝这些毫无含金量的闹剧重演?

孙中界何其不幸，因为好心搭载“衣服单薄而在冷风中站了一个多小时还没等到公车”的人而遭遇“钓鱼式”执法，为自证清白而险些付出一根手指的代价；然孙中界又何其有幸，仅以险些付出一根手指的代价就向世人揭开了龌龊不堪的“钓鱼式”执法的黑幕。后一句是黑色幽默吗？不是。因为我们完全有理由相信，没有发生在孙中界身上的惨烈，上海乃至全国其他地方的类似黑幕就仍然在密闭着！

（2009年10月27日）

我们也评评“最丑陋建筑”如何？

境外有个网站评出了第二届“全球十大最丑陋的建筑”，是由他们的网站会员和编辑投票选出的。我们的官方网站予以了推介。这种评选的权威性几何、“丑陋”的标准怎样，我们都不大清楚，但老外跟我们的思维模式的确不大一样，既捧“鲜花”，也扔“臭鸡蛋”，比方他们的电影界既有“奥斯卡”，也有“金草莓”、“金闹钟”。对于只知道一味鼓掌的我们，这样一种评选方式未必不值得借鉴。

“十大最丑”均有照片摆在那里，分属美国（两个）、捷克、新西兰、法国、澳大利亚、巴西、加拿大、科索沃和朝鲜，没有我们中国的，不知道我们对此应该庆幸，还是应该窃喜。因为比照“十大最丑”的“芳容”，客观一点儿的话，我们中国的不少建筑应该当仁不让，如版权属于孟夫子的“舍我其谁”。有种代表性的观点不是这样认为的吗？中国已经变成了外国建筑师的试验场，而北京就是这个试验场的中心。稍有自尊的人都能听出来这话决不是什么好话，等于在批评我们国土上的怪异建筑太多，实在太多。但是，为什么我们没有建筑当选？私下度之，要归结为评选者的“鼠目寸光”了。心态再“小人”一点儿的话，倘若我们有建筑当选了，则这条消息国人未必能看得到。

我们中国的丑陋建筑是可以用洋洋大观来形容的，到处都有。在我居住的中山大学校园内，建筑新旧杂陈，建筑水准也由此泾渭分明。旧的已经以建筑群的形式荣升了省级重点文物保护单位，新的每为人们愤愤地指着说早晚得拆。这肯定不是因为人们的恋旧情结作怪，也不是老建筑承载着许多人文内涵，而是老建筑的确有建筑艺术的成分，看起来赏心悦目，至少顺眼；而新时期的建筑的确乏善可陈，安然处于校园中心位置的某座建筑，居然状类坟墓！剔除这些极端的东西，相对于属于艺术的老建筑，新建筑基本上就是一个窝，装人的窝，能不能遮风避雨还要看是不是“豆腐渣工程”。其实，这倒不是广东特色，放眼全国新旧建筑并存的高校校园，堪称一个普遍现象。

建筑是百年大计——当然对如今老是炸楼的我们这样说还合不合适又当别论。既曰“百年”，我们总要让立起来的东西像点样子，问世之日就是人们纷纷戳脊梁骨之时，总不太好。那么，我们有没有勇气各地从上到下也都评它一个“十大最丑”？当然我们不可能借此杜绝丑陋建筑的诞生，但有一个耻辱柱在后面等着，庶几可以让当时拍板的人芒刺在背。我们太喜欢评选“优秀的”，至于评比表彰泛滥得要从中央到地方不断发文禁止；评评“最丑”，也算换换口味，且未尝不是一种制约和鞭策。推而广之，在各个领域都不妨这样试一试。

（2009 年 11 月 24 日）

年度单个汉字已经力不从心

从前几年开始，我们有了评选年度汉字的习惯，印象中，好像是从别人那里学来的吧。转眼到年底了，网友顺理成章地提出本年年度汉字：具。为什么是这个字？有一大堆理由，“杯具”谐“悲剧”之类，同样不懂且又有兴趣的人可以自己检索去看。

所谓年度汉字，就是年度最有影响力的字，它应当具备高度的概括性。倘若“圈子”内的人对这个字谈论得眉飞色舞，而“圈子”外的人却不明所以，需要琢磨跟在后面的那些密密麻麻的注脚，一定程度上就意味着评选的失败。毕竟这不是一场急于出新、出奇的表演。恕我孤陋寡闻，在看到今天的报纸之前，真不知道这个“具”字已然流行到了这个程度。去年的年度汉字是什么早成过眼云烟，至少在于我没留下任何痕迹。印象最深的是前年的那个“涨”字，所有人都一望而知，感同身受，无需任何引导。那该是最成功的一次评选了。

年度汉字变得不那么触目惊心了，认真想一想也可以释然。我们那么多的权威评选都没什么公信力可言，评了也就评了，除了被评上的添了点儿一时的、旁人未必艳羡更谈不上以之为榜样的风光，剩不下什么。在这样的背景之下，指望网友自发的这一个必须站稳脚跟，经受住检验，有一点儿求全责备，实属不该。但评选年度汉字，恐怕还不能单纯依赖网友，套句俗话说，得动员全社会的力量。如果年度汉字不能赢得社会共识的话，还不如不评，还不如平心静气地把年度事件来个梳理、总结，而不必像前些年热闹一时的新编三字经之类的做法那样，把一句好端端的话掐头去尾非要截成三个字不可。

从实际生活来看，用单个年度汉字来“统领”五花八门的社会现实，也有些力不从心了。2009 年发生的许多事情都称得上是“焦点”，左一个右一个，“乱花渐欲迷人眼”，试图用一个汉字来概括何其苍白！此一番，在“具”字之外，网友不是也罗列了“陪衬”汉字达 11 个之多吗？黑、雷、门、房、被、哥、爱、马、长、流、最，每一个，后面都伴随着一串事件。有人说，看懂了这总共 12 个字，就看懂了 2009 年的网络。本人接续一下，看懂了这其中的大部分，也多少可以看懂 2009 年我们的社会，除了那几个被硬生生简成一个的字。年度汉字强调的是“最”，最能看懂，如此来衡量“具”字，恐怕“盛名之下，其实难副”吧。

网络喜欢制造流行字、流行语，从前的词汇大有一概推翻，以新的“约定俗成”的新词取而代之的意味。这未必是一种正常现象；然这种现象之所以产生，为什么网民喜欢抛弃“现成的”，非要去“另起炉灶”，需要专业人士作答了。我只知道，其深层原因显然已经超出了网络范畴。

（2009 年 12 月 8 日）

校庆“圈钱”，当为后来者深戒

河源市和平县和平中学在即将举行 90 周年校庆之际提出了“指导性捐款”思想，当地政府要求校友及财政统发人员给予捐款，如有人不捐，则要求各单位将名单上报。那么，这种所谓“指导性”，其实就是“强迫性”。从连日来此事备受当地关注与争议且被认为“圈钱”来看，此举很不得民心，不是有人给市委书记信箱发信质问了吗？

把校庆当成变相“圈钱”的良机，肯定不是和平县的发明，也不是只有他们才这样做。但是，他们那里续出了一点“新意”，一个是政府出面，再一个就是把“圈钱”的圈子加大了直径，蔓延到了“财政统发人员”，并且“胃口”太大。看看他们制订的“两类五个级别”，级级加码，一般人员还只是“捐”100 元以上，校友 200 元以上；到副处级干部，就要“捐”3000 元以上，校友 5000 元以上。这就是城中欢庆，同样“殃及池鱼”了。印象之中，和平县还属于经济欠发达地区，则一个校庆就要掏出三五千，对那些虽然处级但两袖清风的干部来说，不啻于被摊派的一笔巨款。这样来看，他们的做法不受到舆论抨击才怪。

即便是对待曾经学习、生活、成长于斯，与母校情愫深厚的校友，也不应该搞什么“指导性捐款”。上个月，陈平原先生在参加母校中山大学 85 周年校庆时论及了“校友与大学文化”，很值得一读，尤其是已经操办或准备操办“指导性”的后来者。陈先生一针见血地指出：表彰杰出校友、建立校友网络、募集办学经费，这些都是校友会活动论及的多个层面，但不能仅仅停留在此，对校友的定位也不只是成为“募捐的对象”；否则，“人家会说你这大学太没理想，嫌贫爱富。爱富可以理解，但嫌贫不应该。那些没钱没力的校友，关键时候能为母校叫声好而不是踩一脚，那也是一种贡献”。这里的“大学”，置换成“中学”未尝不可。自然，倘若来个“我没理想我怕谁”，属于问题的另外一个方面。

上个世纪末的时候我就写过一篇文章，某初三学生在《下个世纪回母校》的命题作文中写道，那时的他成了大款，坐着豪华轿车回到母校，“校长、老师夹道欢迎，漂亮的女秘书为我打开车门，我昂首阔步走进校门”。这学生当时被校方怀疑是在开玩笑，其实，这正是我们的校庆风气在他心灵里留下的阴影。不少校庆时风光无限的人物，要么是有钱的，要么是有权的，校友相聚被异化为“资本”的炫耀。对这个问题，陈平原先生借用了毛泽东的诗句“风物长宜放眼量”，重视著名校友与冷落非著名校友，不应该截然对立起来。而把校友划分成三六九等“捐钱”，功利性显然升了一级。

国家重视教育，各级学校的硬件上去了，但诸多教育界奇闻显示，软件还差得很远。学校一旦变成以功利衡量校友，势必会极大地伤害校友对母校寄托的情感。政府插手和平中学校庆的“圈钱”做法，当为后来者深戒。

（2009 年 12 月 16 日）

“最具幸福感”与“最具愤怒感”

20 个“2009 中国最具幸福感城市”刚刚出炉，10 个“2009 中国最具愤怒感城市”尾随而至。比较尴尬的是，20 个“最幸福”的与 10 个“被愤怒”的，不是楚河汉界，泾渭分明，而是你中有我，我中有你。就是说，有几个城市既“最幸福”同时又“被愤怒”。当然，这尴尬来自不同的“评委”，前一个是着眼大局的具有官方色彩的机构，后一个是不知躲在哪些角落而共同特点是口无遮拦的网友。

网友的反其道而行之，偏激固然偏激了一点，但这样一种“评选”思路，我们得承认是具有国际化视野的，时尚说法叫做与国际接上了轨。因为无论评选什么，我们从来都是评好不评孬，但求其乐融融。关于城市的，我们在“幸福感”之外，就还有“最美丽”、“宜居”、“卫生”、“文明”等等，一会儿一个，眼花缭乱。而貌似添堵、破坏气氛的事，都是老外们干出来的。瞧他们，每一个响当当的“好”奖背后，往往都伴随着一个“孬”奖，手还每每伸出国界。陈凯歌的电影《孩子王》，早些年戛纳电影节就给了一座“金闹钟”。陈先生的国籍问题现在需要慷慨陈词地澄清，彼时绝对是中国人无异。就城市评选而言，美国的《读者文摘》前两年也把我们的两个顶级大城市弄成了“全球72城市调查”的最末两名。不过，他们调查的范围包括“饮水品质、能源利用、废气排放、医疗保健、绿地面积、废物处理”等多方面，并非一定要跟那两个城市过不去。

古人就城市的由来说过：“筑城以卫君，造郭以卫民。”评选城市“好”的一面，大抵相当于“卫君”，给管理者描眉画眼；而盯住“孬”的一面，就相当于“卫民”了，给这个城市或前来这个城市的人们一点儿警醒。今年第一期《南方人物周刊》刊载了去年十大民间语文，其中一则是说各色人等不能输在“××线上”，结句告诫行人“万万不能输在斑马线上”。调侃吗？但这的确是建立在杭州“斑马线”上行人被接连撞飞这一事实基础上的“黑色幽默”，“最幸福”又“被愤怒”的某个城市，去年不是发生了好几起这样耸人听闻的恶劣事故吗？

“好”的一面关注得太多——至于国家对取消评比表彰不知有了多少令、多少申，“孬”的一面也未尝不可出来亮一回相。况且，既然我们的各种评选早无信誉可言，添一个不多，减一个不少，换换口味庶几可以避免审奖疲劳。更重要的是，网友们“愤怒”，决不是鸡蛋里挑骨头。至于“最具幸福感”与“最具愤怒感”尖锐对立，想一想亦可释然。早两年，“最美丽”的“不宜居”城市也是有过的。延伸看看更不得了，不少落马的贪官身上，都背负着一大堆炫目的光环，优秀、最佳，乃至全国“十大”之类……

不难发现，某个城市当选了最“好”那一面之时，无不大肆张扬；面对“被愤怒”，我们倒很想知道他们的态度：不屑一顾，还是自己也愤怒起来。苟如两者，都没有必要，就当成一种鞭策吧。

（2010 年 1 月 6 日）

南海焚烧项目不可一意孤行

广州市番禺区垃圾焚烧事件风波渐息，佛山市南海区准备上马的焚烧污泥项目波澜再起。二者的共同点是，人们担心焚烧产生的二噁英等有毒气体，给自己的身心健康带来极大危害。不大一样的是，番禺那个暂时流产的项目，涉及的还只是本区居民；南海的这一个则波及了“邻居”，筹建中的西樵太平江南发电厂与人家高明区中心城区仅一江之隔。

番禺垃圾焚烧项目的流产，实际上是一种警示，事关民生的决策必须听取民意，反之，政府的行政权威就会受到挑战。如果我们仅仅认为这种警示在事件的发生地才能为后来者戒，那么，政府的公信和威信就只能是愈发受到伤害。而我们国土上大量从缘起到结局都何其相似乃尔的同类事件，表明后来的行政者都漠视先前的警示。番禺之前，厦门 PX 项目在强大的民意反对声中易地而建，其谁不知？但是，轮到番禺了，有关方面仍然我行我素，那个跳在前台的头面人物声色俱厉：要坚定不移地推进垃圾焚烧！结果呢？在公众舆论的强大威力面前，很快就灰溜溜地败下阵去。现在，番禺正在为事件造成的不良影响积极善后，南海就不必要也不应该覆辙重蹈了。

不错，负责对项目进行环境影响评估的华南环科所已于上月 1 日发布了有关公告，所谓“对周围环境的影响可控制在环境功能允许的范围内”。在方方面面诚信极度欠缺的今天，这种结论能产生多大的公信力是完全可以预知的，不必计较；而公告中特别提到的“公众调查表明绝大多数人同意本项目建设”，很值得一议。因为它可能是事实，也可能正是对民意的公然侵犯。说可能是事实，前提取决于他们调查的范围。打个比方说，前一段不少地方都在似模似样地搞水价听证，听证“代表”却干脆全都是利益方的各色人等，要他们表决提价与否，自然是“一致通过”。环科所公告所说的公众怎样构成，我们不好妄猜，但从高明区市民的强烈反应来看，显然不包括他们。而高明区环保局有关负责人表示，该厂处于区域主导风向的上风向，意味着其排放的污染物大部分将排入高明区。从这些情况来看，征求公众意见，不可以不包括高明区市民；倘若没有征求他们的意见而声称“绝大多数同意”，就是对民意的粗暴践踏。

在公众环保意识越来越强的今天，生存质量已经成为民意表达的重要范畴。行政者的环境意识无疑也增强了，知道顾及辖区百姓的利益了，但不能只是在自家这里强调环境保护，而有意无意地让污染向邻居那里转移。这样的话，就如各地此起彼伏的“大树进城”一样，你这里诚然绿化率提高了，却把移来大树的地方的生态完全破坏了，玩儿的只是掩耳盗铃的把戏而已。涉及到高明区那么多人的生活质量，南海这个项目的决策称得上是重大决策，那么，在本地区“绝大多数同意”的同时，还须人家那里也有个“绝大多数”，切不能掉以轻心，更不可一意孤行。

无论什么事情，当公众理性参与，政府就要积极回应，这种良性互动是公众有序参与所具备前提条件。把眼光从这个事件上移开我们会看到，有些决策显然做到了，有些——酿就了事件的那些——还根本没有做到。笔者希望，类似焚烧污染这种明显可能诱发群体性事件的事情，就不要在努力当好推动科学发展、促进社会和谐排头兵的广东继续重演了。

（2010 年 1 月 10 日）

“煮”锄头不仅是行为艺术

《南方农村报》今天头版头条报道了化州同庆镇村民搞的一项行为艺术：“煮”锄头、“吃”泥土。那还是今年1月7日，几十位村民围坐在几张凳子旁，一副即将开饭的架势。而凳子上的三个碗中分别盛着石头、沙子和泥土；一旁临时搭建的灶台下稻草正在熊熊燃烧，灶上的铝锅里却放着几把下田用的锄头。

这两年艺术家之类搞的行为艺术屡见不鲜，因为“很爱拿裸体和鲜血来说事”，每每要吓公众一跳，虽然与他们想要宜人的出发点正好相反。也许诸多行为艺术“审美”过于超前的缘故，令人难免感到哗众取宠的成分居多。农民搞行为艺术，听着很新鲜，读罢方知其中的沉重。他们是在抗议，抗议村里的耕地被学校违规用于建设。当然，他们的抗议无效。2月21日，新校区照样举行了落成庆典。并且，镇委、镇政府不计前嫌，大度地邀请“搞事”村民前来参加，却令村民感觉“就像强抢了我们的女儿，还要请我们喝喜酒一样”。不知道，镇委、镇政府的好心被“当成了驴肝肺”，还是他们有意再现当年淮阴侯韩信未达之时所受的“胯下之辱”那一幕。

韩信被刘邦杀头之前，曾经慨叹“飞鸟尽，良弓藏”；化州农民显然受此启发，慨叹“良田尽，锄头亡”。人们也许都还记得，在去年岁末闭幕的世界粮食安全峰会上，联合国粮食及农业组织总干事雅克·迪乌夫主动发起的24小时绝食行动，他是要以此警示人们关注饥贫，吸引得联合国秘书长潘基文也加入进来。对比一下，绝食这种常见的俗套子显然不够化州农民创意。“食”，一味地“绝”总是不行的，除非学定了饿死不睬周粟的伯夷、叔齐，否则终归得“吃”。而没地种庄稼了，吃什么呢？“煮”锄头、“吃”泥土吧？这种抗议，“此时无声胜有声”。

“煮”锄头、“吃”泥土式的抗议，具有相当的警示意义。放眼全国来看，随意占用耕地而以冠冕堂皇的名义扩建学校、另辟新城，是一种极其普遍的做法。根据“十一五”规划纲要，到 2010 年末全国耕地面积必须确保不低于 18 亿亩这条红线。对这条红线，杞人们莫不忧心忡忡，当然，著名的茅于轼先生在此之外，他的三个观点一度引起轩然大波：一、现代中国，基本上不会发生粮食安全问题；二、粮食安全与耕地保护没有必然关系；三、18 亿亩耕地红线没有必要。再当然，人家不是这么武断的三句话，而有一套学说来支撑。可以肯定，和这种超大牌专家进行理论，横竖我们要败下阵来；况且我们只是凭耳闻目睹来说话，眼见得耕地被肆意祸害而已，像中药的成分那样，缺少“科学化”作支撑。但如果我们的耕地就这么锐减下去，茅先生所相信的“市场会进行调节”，恐怕只能是国际市场了。相形之下，我倒更愿意相信同样著名的袁隆平先生的一句话：“谁能养活中国？我们只有靠自己！”粮食安全对我们来说，完全是一场输不起的战争。

明天的粮食在哪里？也许轮不到我辈忧天，但这样的杞人多了，对社会来说肯定不是什么坏事。

（2010 年 2 月 23 日）

“城更静”在当下怕是奢求

广州市市长张广宁昨天来到市信访局接听了市民热线。自他上任以来，这已经是第五次。一市之长与市民直接通话，很需要一些勇气。因为我们都知道，领导的各种热线大抵都是反映问题的，投诉乃至控诉之类还可能不乏尖锐之词，这一点，张市长比我们更清楚得多，但是，他显然也具备这种勇气。

在总共 2 小时 40 分钟的时间里，张市长接听了 21 位市民的来电，其中5位反映噪音扰民的问题。在广州市“天更蓝，水更清，路更通，房更靓，城更美”的目标之外，有先生还提议加上“城更静”，要设置噪音测量仪、提供公共音箱、建造社区半封闭舞台，等等。应该说，这位市民的着眼点是比较“狭窄”的，看到的只是但有一块较大的空地往往就集结一定人群“锣鼓喧天”而已，实际上，广州城中还有大量的吵的内容。好端端的马路动辄开挖，每一拉开“拉链”之时，“哓、哓、哓”锤砸水泥路面的声音就令人发躁；机动车鸣喇叭罚款200元，人所共知，但现在拼命按喇叭的似乎越来越多；“穿衣戴帽”拆除脚手架，金属的家伙居然从楼上径直扔将下来……

如张市长所说，城不静，说明政府部门在管理上还存在问题。细细看去，的确如此。多少年内路面不准开挖，开挖要经过哪里批准，以杜绝“拉链路”，如此信誓旦旦不知已经听了几回，这就是最典型的管理问题了。应该承认，广州现在的吵，有为亚运赶各种工期的因素。沉寂了一阵子的马路牙子更换，在一些路段又悄悄开始了，施工嘛，总要有噪声。问题是，此施工是否必要，属于必要的施工过程中是否能够尽量不吵？比如你把脚手架的管子一根一根递下来，可能麻烦一点，但噪声就会小一点。不记得哪个领导说过，为了迎亚运市民要暂时克服一下，我认为做到城更静，这不是主要因素。亚运还没影子的时候，难道我们的城市不吵吗？一样的吵。而且，亚运过后，也还不断会有为了这个、为了那个的工程。李泽厚先生说我们中国是乐感文化，总喜欢乐观地眺望未来，一针见血。我们每每认为，之后就会怎样地好了，然而，“之后”之后还有“之后”，像愚公的子子孙孙，“无穷尽也”。

虽然我没做过考察，也相信城不静不是广州独有的问题。吵，可能是我们的文化特质之一。在《丑陋的中国人》中，柏杨先生把国人公共场所的大声说话更当成问题提了出来，记得当时吓了自己一跳。他还举了类似笑话的极端例子：有人报警说有两个中国人在吵架，但这二位却对警察申辩说，他们只是在耳语……

对“城更静”的问题，张市长表示尽快出台可行方案。恕我悲观地看问题，在相当长的一段时间内，“城更静”恐怕还只能是一种奢求。一方面在于上面说的“文化基因”，另一方面管理水平不可能一下子好转起来。但职能部门还是可以有所作为，那就是能否保证不要一天到晚老在吵，在可以不吵的地方不要吵，在不该吵的时候更不要吵。苟如此，百姓庶几可以心满意足了。

（2010 年 3 月 24 日）

对“最牛乡村学校”的管见

网上一篇题为《中国最牛乡村学校》的帖子引起了不少争议。争议的焦点不在于该校建筑很有特色、非常漂亮，而在于其 4000 余万元的投资。在赞同者看来，这是政府很重视教育投入的表现，比建设豪华办公楼要强多了；而在反对者看来，按通常标准，建这个学校的钱能建 200 所希望小学。

正反双方都有一定道理，但我还是倾向于站在反方一边。这种状况早些年出现过，不少地方都骄傲地宣称当地最好的建筑是学校。现在的动辄“最牛”，已无须自己表白，自有网友毫不吝啬亦恰如其分地奉送桂冠。不过，早先在骄傲的背后，人们往往会发现徒有其表的另一面。对教育究竟重视与否，软环境就不用说了，单是硬件方面大抵也“金玉其外”。现在这个“最牛”如何，还要深入进去观察，还要假以时日。

“作兴学校，本是善政，但今之所谓作兴，率不过报选生员，起造屋宇之类而已。”倘若不交代出处，读者未必想得到这句话会是明朝陆容说的吧。在陆容看来，学校多招点儿人，多盖点儿房子，“此皆末务，非知要者”；教育的真谛“在振作士气，敦厚士风，奖励士行”。可惜，“今皆忽之，而惟末是务”。当然，这个“今”不是指摘我们，而是指摘他所处的时代。陆容这人想是偏激得很吧，他非但不对“起造屋宇”唱点儿颂歌，反而认为“尤为害事”。为什么呢？“盖上官估费，动辄银几千两，而府县听嘱于旁缘之徒，所费无几，侵渔实多。”他肯定那里面会有腐败。这虽然是他的诛心之论，但一条高速公路通车便倒下几个官员在今天的确早不是什么新鲜事了。并且，他的教育本末说，也很值得我们玩味。

明朝还有个叫余继登的写了本《典故纪闻》，记载了成化皇帝时学校唯利是图的一种倾向。礼部进言：“学校端本澄源之地，孟子切于义利之辨，诚恐学者利蠹其心也。”可是现在呢？“学校生员，听令纳马纳牛纳草纳米入监”，什么人都混进来了。本来，明朝也有“纳粟补官”，但是“不用以补士子”，因为怕把学校弄成做买卖的地方，于是，“视经书为土苴（垫鞋底的草垫），而苞苴是求；弃仁义如敝履，而货财是殖，士心一蠹，则士气士节由此而丧，他日致用，何望其能兴治有补于国家哉！”所以礼部提出：“自今伊始，虽有边事紧急艰难之处，亦不许以监生生员纳粟纳马等项出身。”国家即便缺钱，也不能在卖官鬻爵之外搭上卖文凭。我不知道，关心我国高等教育的人们会怎么想。

就“最牛乡村学校”，笔者虽然站在反方一边，但绝无反对把学校建得漂亮的任何意思，只是别那么走极端吧，凡事要么不做，要么发狠得让人目瞪口呆。陆容还说：“今学舍屡修，而生徒无复在学肄业，入其庭，不见其人，如废寺然，深可叹息。”当然，他此番“预言”错了，至少今天的寺庙里那是人头攒动，香火鼎盛，但“见其人”又如何呢？教育的得失早有无数人等痛陈、疾呼、呐喊，不用再啰嗦了。“但欲刻碑以记作兴之名，而不知作兴之要故也”，还是别让他的这一句点中我们的软肋吧。

（2010 年 4 月 1 日）

大家都误读了“屏蔽”吗？

广电总局开始否认其“屏蔽缩略词”的做法了，说是被大家误读了，其本意是要规范外来词的使用。没有人怀疑他们的出发点，笔者曾经是反对缩略词的，2003 年发过一篇东西，白纸黑字，不想抵赖。但是，笔者的反对不像劫法场的李逵，李逵抡着两把板斧前面开路，“不问官军百姓，一概排头砍去”。而广电总局的做法却正如李逵这个莽汉，因为连大家耳熟能详的 GDP、WTO 之类也在他们的“规范”之列。

大家都误读了吗？权且算是，但如果一个禁令能引起那么多 IQ——对不起，先跟你“作对”一回——不能算低的人误读的话，足见这规定本身大有值得检讨之处。印象中，这个禁令是悄悄出台的，央视播音员道及 NBA 时换成了“美国男子篮球职业联赛”字眼，令大家感到莫名其妙，接着对谁的主意还很是猜想了一番，然后广电总局才出来“认账”。不像别的禁令那么堂而皇之，昂首阔步，想来他们预感不妙，有试探一番的味道。我们想问的是，央视上下一概“改口”，解说体育的主持人明显不习惯而口误频频，甚至韩乔生等都在讨论说漏嘴暂时不会扣钱这样的实质问题了，既成事实如此鲜明地摆在那里，所谓误读之“误”究竟体现在哪里呢？

我也记不得自己对广电总局的禁令究竟“数落”过多少回了，人家好赖也是个级别不低的国家部门，如此“犯上”，实在不好意思。但本人并非存心和他们过不去，鸡蛋里挑骨头，而是“小骂大帮忙”，站的还是维护他们的立场。正因为他们这个单位级别不低，自己说话更得慎重，不能但凡出台什么，有点儿 IQ——又来了——的人听着就不对劲。广电总局喜欢下禁令是众所周知的，下的禁令之多也是大家有目共睹的，倘若哪位有心人汇集一下，一定蔚为壮观。但还需要有心人比对一下哪些曾经一时生效，哪些出台之后就连他们自家其实也不闻不问，哪些干脆他们就不曾指望过生效，又有哪些如“屏蔽”一类令人哭笑不得。就我的有限观察，电视挂角广告、名人医药广告之类，眼下就仍然大行其道，不曾暂避一时。不刹车，继续这样下去的话，广电总局就该直追先前的中国足协了，每每成为被攻击的靶子。当然，如果他们认为再开垦一块言论充分自由的土地该算他们的一大贡献，那么我们无话可说。

广电总局毕竟是国家一个级别不低的行政部门，它的禁令要么不出，要么令行禁止，不该有第三条道路可走。出台个东西，好像就是给人们增添笑料，增加指指点点的素材，它的权威性在哪里？真正该严肃的时候又怎么严肃得起来？时下有个热词叫“审丑疲劳”，应该是从电影《手机》里的“审美疲劳”借用来的吧。今天早晨的手机报上说，“审丑疲劳”所表达的意思是，人们对现实社会生活中存在的丑恶现象越来越麻木淡漠。广电总局的禁令可能还谈不上丑，但他们至少应该注意，举手投足不要形同儿戏。毕竟，一旦审他们的禁令疲劳，对国家形象来说肯定不是什么好事。

（2010 年 4 月 15 日）

广州新电视塔该如何重新征名

广州新电视塔要重新征名了！暨南大学新闻与传播学院舆情研究中心近日进行了一项电话访问调查：75.2%的市民认为应该尽快确立广州新电视塔的名字。市委书记张广宁亦明确表示，欢迎为新电视塔重新起名。

新电视塔原本是征过名的，也产生了结果，还花了 10 万大元之巨。可惜的是，那个征来的名字因为着实其貌不扬，大家都不买账，问世之际就是备受争议之时，赢得了一片嘘声。原以为这种争议只是局限于在本土，顷见有报道说，国内多个地方甚至知名大学教授也向时任市委书记、市长发来反对信，建议千万不要用那个名字。所以，那个名字的夭折属于“水到渠成”，虽然它很无奈，却也不失为正途。不难想见，一个城市的标志性建筑，如果人们提到它的名字就觉得别扭，宁愿在它亦庄亦谐、亦严肃亦恶搞的众多“乳名”中随便拎出一个来叫，而对其“大号”简直羞于出口，“大号”再不消失就显得不那么知趣了。

广州市决定重新为之征名，其顺应民意的做法不言自明。而这种做法倘若普及开来，普及到其他地方，抑或普及到广州今后所有涉及民生的较大决策上，则决策的科学程度如何、民主程度如何委实不言而喻。重新征名，怎么个征法呢？暨南大学的那项调查显示，近七成人赞成由民众投票选出。不过，倘若还是海选的话，评委的构成就显得十分重要。上一次，不是征集到了十几万个名字吗？但是候选的那10个甫一亮相，不仅毫无惊艳之感，而且让大家觉得没一个看得顺眼的。我们不用也不该怀疑参与者的智慧，问题不会出在民间这里，很有可能出自评委，因为他们自身学识、审美情趣等的各种局限，导致从皇皇十几万个名字之中偏偏遴选出了蹩脚的10个！

当然，这只是我的一番胡乱猜测，但我是想说，本次海选不应该是上一次的简单重复，吃一堑必须长一智。那么，能不能就给那十几万个名字再过道筛子，从而挑选出一定数量比如1000个候选者、再由大家投票呢？本次准备投票的人可能上次也投了票，庶几可以避免他们重复劳动，本次海选因之也有了相应的范围，避免完全“重新打鼓另开张”。更重要的是，让始终对那十几万个名字不明所以、怀有好奇心的我们有个机会见识见识，如果比对之后发现发现那10个果然最好，也免得让上次评选的专家无端背口黑锅。

为新电视塔取名，已然成为了广州市民文化生活的一部分，这该是新电视塔先期作出的一大贡献了。有广州市政协委员建议，新一轮征名应设置高额奖金，上回不是10万元吗，这回至少100万元，“以此吸引海内外更多的专家学者、社会大众来参与”。对此，暨大的调查显示，63.9％的市民表示反对。本人也不赞成动辄重赏的办法。诚然，前人说重赏之下必有勇夫，但这是比拼文化，不是比拼性命，涉及文化的事项还是尽量远离铜臭吧。试想，无论是谁，倘若新电视塔最后以其人所取的名字命名，还有什么比这更值得自豪的？

（2010 年 4 月 22 日）

创新的“广利门”须尊重传统

广州市上下九广场要加建的南牌楼“广利门”，引起了较大争议。消息说，它将不再延续上下九原有骑楼风格，而设计成一座近 4 层楼高、跨度长达 27.9 米的红色门形钢结构。钢门和骑楼会协调吗？相信这会是听到方案、看过效果图后众人的本能反应，但设计者硬邦邦地掷来的一句“我凭什么要跟它协调”，让人有挨了闷棍之感。

报道说，这句近乎蛮横的话，实际上出自英国设计师 Zaha 之口，但报道没有告诉我们他讲这话时的语境。有时，语境是很重要的，十分重要。唐朝杨国忠的儿子杨暄考贡生不及格，取还是不取，令礼部侍郎达奚珣很为难。刚好儿子达奚抚随玄宗驾在华清宫，就赶快让他当面探下口风。看见达奚抚来了，杨国忠认为一定是报喜的，“意色甚欢”。不料达奚抚说：“相君之子试不中，然（我父）不敢黜退。”杨国忠回答：“我儿何虑不富贵，岂借一名，为鼠辈所卖耶？”达奚抚一听，赶忙跑回家正告父亲：“国忠持势倨贵，使人之惨舒，出于咄嗟，奈何以校其曲直？”达奚珣于是“致暄于上第”。达奚抚就是从杨国忠的语境中听出了玄机，他哪里是不在乎，分明是很在乎！Zaha 为何有此一语？相信会有人揭晓答案，或者已经揭晓了，本人没有看到吧。

业界人士说，采用红色门形钢结构，不拘泥于“纯仿古”，是一次创新。在这个强调创新的时代，任何创新的举措无疑都值得推崇。但是如上下九这种历史文化比较特殊的地方，创新的设计只有专业人士力挺还不行，或者说还不足够，那里可能要出现的建筑，什么模样还须尊重大众的文化心理，还要赢得大众的普遍认可。我们看到，上下九路早几年已经给个什么广场、近两年又给个什么酒店大煞了不少风景。前人的愚蠢决策自然要由后人来吞咽苦果，但后人哀之要能鉴之，否则“亦使后人而复哀后人也”。创新的“广利门”还是不要雪上加霜了。北京城早已沦为外观新奇建筑的试验场，广州若要步其后尘，也请远离历史文化街区吧。

上下九路是全国第一条商业步行街，以我客居广州四分之一世纪的亲身经历以及有限的视野来打量，大概这是广州这个繁华的闹市中唯一能够比较整体地体现原有城市特色的所在了，因而要请设计师、规划部门高抬贵手，慎重动土。当然，“广利门”的方案“仍在斟酌之中”，给我们保留了一点希望。广州新电视塔征来的名字因为不能代表民意而重新征集，这个才栽的跟头不要紧接着就覆辙重蹈。对设计者来说，新的东西“凭什么要跟它（旧的东西）协调”？就凭对广州建筑文化传统的充分尊重！

不久前，《广州市公共场所控制吸烟条例（草案）》二审稿因为删除了“办公室禁烟”条款，遭到了舆论几乎一边倒的反对。而今天上午提请广州市人大常委会第三次审议的该《条例》，又将二审删除的该款“捡”了回来，这显然也是尊重民意的一个具体体现。属于法规的《条例》尚且如此，属于公众审美情趣的“公共家具”，又有什么理由一意孤行呢？

（2010 年 4 月 27 日）

由罗彩霞案看无奈“息讼”

轰动一时的罗彩霞被冒名上学案立案近一年了，居然开庭时间还未确定！看到这则消息，很有一点吃惊。罗彩霞说：“很多人问我怎样打官司，我的意见是‘不鼓励’，等的时间太长了，或许私下解决更好。”无独有偶，今年全国两会期间，全国人大代表、最高人民法院副院长张军在回答网友提问时曾经说过，普通老百姓生活中发生一些矛盾很正常的，能不打官司尽量不要打官司，更不要敢于打官司。

但罗彩霞与张副院长的“异曲同工”，各自基于的前提显然有本质区别：后者是把案件越来越少作为“社会越来越和谐的一个表征”，前者则是等怕了。由此想到了从前倡导的“息讼”。孔子任鲁国大司寇时就非常明确地宣称：“听讼吾犹人也，必也使无讼乎。”把国家治理得没人告状是他的最高追求。当代瞿同祖先生说，后世真有奉此为圭臬而近于迂的。他用晋朝的一件事为证：贾混以讼事示邓攸，使攸决之。邓攸搬出孔子的教导，对讼牍看也不看，结果，“混奇之，以女妻焉”。前人阐释说，孔子那句话的意思是“圣人不以听讼为难，而以使民无讼为贵”，哪里是有讼而当没有？现在，负责罗案审理的那个法庭，大抵得了邓攸的真传吧。

从前倡导息讼，是片面夸大了教化的功效，以为“导之以德，齐之以礼，务厚其情而明则务义，民亲爱则无相害伤之意，动思义则无奸邪之心”。有多少人笃信之姑且存疑，但历史上的确刻意记载了很多以德化人的实例。然而一旦拿捏不好德化的界限，同样“近于迂”。比如西汉韩延寿，“出行巡县至高陵，有兄弟因田争讼”，他很伤心，说自己官儿当着，却“不能宣明教化，至令民有骨肉争讼”，问题出在我这里呀。于是，“是日移病不听事，入卧传舍，闭合思过”。他这一检讨不要紧，“一县不知所为，令丞、啬夫、三老亦皆自系待罪”，都跟着纷纷检讨。这一来，两兄弟被感动了，“髡肉袒谢，愿以田相移，终死不敢复争”。扯淡归扯淡，官员能从中检讨自身，亦可令百姓感到慰藉了，而罗案的事实如此清楚，迟迟不审理给她的生活和工作带来极大困扰——银行身份信息即不能恢复，却没有官员流露出些许歉意。

清朝的陆陇其“两治剧邑，几于无讼”，他有什么办法呢？也是大讲道理：“健讼之风，最为民间大患。欲争气，则讼之受气愈多；

欲争财，则讼之耗财愈甚。即幸而胜，亦成一刻薄无行之人，况未必胜耶？且如有一事，我果无理，固当开心见诚，自认不是；我果有理，亦当退让一步，愈见高雅。与其争些些之气，何如享安静之福？”道理诚然没什么毛病，然必欲息讼乃至社会和谐，其根本前提在于保证社会公平，而保证社会公平的利器舍法律别无其他。罗彩霞曾经萌发撤诉念头，却是因为无奈，明明权益受到了侵害，讨回公道却有漫漫长途。

宋朝范弇写过一首《戒讼》诗：“些小言辞莫若休，不须经县与经州。衙头府底陪茶酒，赢得猫儿卖了牛。”今天打官司难，每每正有“赢得猫儿卖了牛”的因素，罗彩霞就只是赢得了社会舆论而已。由罗案看出去，掌握法律武器的人们恐怕要检讨一下自身究竟出什么问题了。

（2010 年 5 月 6 日）

“宋山木楼”冠名去留不是个问题

“山木培训”总裁宋山木涉嫌强奸罪被批捕后，华东师范大学闵行校区以“宋山木”命名的一栋教学楼顿时显得尴尬起来。楼体西侧墙面镶刻着醒目的中英文字体的“宋山木楼”，究竟是撤销冠名还是不撤销，该校师生议论纷纷，观点不一，校方目前也未明确表态。

这个态比较难表，大楼该是学校拉来的吧，人“罪”茶凉？宋人张邦基《墨庄漫录》记载，扬州大明寺平山堂前，有一棵欧阳修手植的柳树，他自己有“手种堂前垂柳，别来几度春风”的词句留世，很得意，人们也亲切地称之为“欧公柳”。后来有个叫薛嗣昌的来这里当官，东施效颦，“相对亦种一株”，没人叫不要紧，自己取名“薛公柳”。然百姓并不买账，他在的时候，虽不至于怎么样，但“人莫不嗤之”；而“嗣昌既去，为人伐之”，前脚离开，后脚树就被砍倒了。记得江西省原副省长胡长清落马后，省城南昌也是马上掀起了“铲字潮”，铲掉胡某人留下的大量“墨宝”。但“宋山木楼”冠名去留这样的问题，显然远远要比伐倒一棵树、撤换一些店铺招牌要复杂得多。

按照《华东师范大学校报》当时的报道：“宋山木楼”既显示了学校对校友成就的充分肯定，也是校友对母校深厚感情的体现，是校友对华师大认同感的物化。意义重要得很。宋山木犯案，是对自己公司的员工作孽，兔子吃了窝边草，但对母校的这种“深厚感情”想必还在。这是留的道理。但是，留呢？因为人已经“黑”了，那几个字也就会像苍蝇一样叮在那儿，让华东师大的师生添堵。用该校一个热门帖子的话说，看到这几个字，“就联想到强奸，为富不仁的淫狼”。对“薛公柳”的命运，张邦基“不度德者有如此者!”这样的感叹，如今可以移之于“宋山木楼”了。

现在的学校都愿意重视富豪校友或结交什么富商，有那么点儿走极端的趋势。所以陈平原先生去年在母校中山大学演讲时指出，说毕业生是我们的“最大财富”，那是文学语言，不是经济学术语，不能仅仅坐实为“募捐对象”。然而，对大师与大楼的辩证关系，谁讲起来都是一套一套，但因为没有大楼毕竟不成样子，况且大楼建设比大师出世更容易着手、更容易见成效，所以实际中大楼重要过大师得多。说来也不能怪学校，国家公款吃喝每年都是一个让人咋舌的数字，偏偏给学校建大楼没钱，让大家像叫花子一样四处去化缘。而既然让人家捐了，自然谁都不肯让钱打水漂，“雁过留声”是人的一种本能。关键是学校也从来没觉得是个问题，且上上下下还能拿出那么多“国际惯例”之类的佐证。在宋山木之前，好像也的确没成其为问题。但在宋山木之后，这个问题需要考虑一下了。国外不知怎么处理类似事件的，当然前提是须有此类事件发生。

“宋山木楼”冠名去还是留，真不是个问题。建筑肯定还是要留着，不像有些学校的建筑真如“嗟来之食”，本身都该拆掉。但“宋山木楼”这四个字横竖得铲掉。虽然此楼与“宋山木”千丝万缕的关系是斩不断的，但“眼不见为净”正是没有办法的办法。

（2010 年 5 月 24 日）

“悟本堂”拆起来很容易

位于北京奥体中心南门的“悟本堂”半夜里悄悄地被拆了，原因是属于“违章建筑”。当然，不是建成之后才发现违章，而是建设之时就违章，但对方“一直在夜间偷偷施工”，于是，与作为现代体育场馆的奥体中心体育场风格极不不符的“这座小庙”，就堂而皇之地落成了。此说荒谬与否这里不去追究。

物质的“悟本堂”拆起来很容易，精神层面的“悟本情结”拆起来却不那么容易。不错，历史上我们就是个盛产神医的国度，正牌的有扁鹊、华佗、张仲景、孙思邈等，莫不神乎其神。因为他们的形象是正面的，所以在行医过程中越是运用令人瞠目结舌的手段，反而越是令人对其钦佩不已。惜乎古代无方舟子先生一类的打假人物，否则我相信神医历史会一定程度地改写。《水浒》一百单八将里也安排了一个神医安道全，除此之外，属于旁门左道的其实更多，谁有兴趣翻开《太平广记》，看看卷二百一十八至二百二十，就会发现那里净是以稀奇古怪手法治疗稀奇古怪病症的“神道”人物。

讲究科学之后，神医少了，“神医”却仍然不乏。早几年不是就有个显赫一时的“神医”胡万林吗？一把芒硝，包打天下，硬是可以全国到处吃得开。如今的张悟本，比胡万林进了一步，绿豆萝卜茄子，三管齐下，正如程咬金一样，招数有了“三板斧”；而且，张悟本比“胡大师”更聪明的地方在于，人家并不打着行医的招牌，而号称“营养专家”，害得卫生部门很有点儿无奈。因为他们实地调查“未发现悟本堂内存在诊疗行为的证据”，虽然人家300元的号已经排到了后年、1800元的号已经排到了明年，是明摆着的事实。就像“悟本堂”建筑本身，明知其违章，却坐视其建成、使用。张悟本最超越胡万林之处，更在于胡万林招摇撞骗的大本营还只是躲在陕西长安县一个镇的医院里，张悟本则干脆把老巢设在中华人民共和国的首都！

骗子的胆子无疑越来越大，而戳穿骗子的伎俩究竟有多难？好像很难，央视《面对面》都察觉不了，还给人做了回免费大广告；而张悟本一夜之间就被打出本相，身份、学历什么的尽皆造假忽地可以全部证实，好像又很容易。可怪的是，张悟本在神坛上眉飞色舞、唾沫横飞之时，几乎所有可以听到的声音都是为其摇旗呐喊——说是为虎作伥也不过分；而张悟本被打下神坛之后，舆论又开始另一边倒地挞伐之，连卫生部也知道召集包括院士在内的专家批驳其错误的养生法了。骗子在招摇过市之时任其招摇，垮台之后众多事后诸葛亮莫不信誓旦旦地指出此种骗术何其幼稚，是我们的一道常见风景，也许这是文化习性使然，而这却是一种极其不良的习性。

张悟本的老窝被端了，张悟本的各种养生"著作"在许多书店下架了，可以说，不得不做的功夫我们做了，做足了。但是，这充其量是一种表面功夫，以我们现在的心态和作为，可不可能杜绝下一个"张悟本"？不可能。因为我们没有从根本上检讨问题出在哪里的勇气，所能消除的也就只有是表面上看得见的东西，也就不可能真正吸取教训。这是我的未必正确的结论，就让时间来进行检验吧。

（2010 年 6 月 2 日）

用什么来吸引高考优秀生源

本埠一间高校开出 12 万元高额奖学金悬赏各省高考总分"状元"，同时免去四年学费。去年这个价码是 10 万元，没悬赏到，今年加了码，大概是重赏之下，必有"状元"的思路吧。当然，这不是此间高校的独家行为，且休去放眼全国，即在本埠，也还可以举出数间。

“高考状元”的称谓无疑脱胎于科举状元，谁都知道两者并不存在承继关系，然而挡不住人们滥用这一称谓的热情。不过，从前的科举三年一度才产生一个状元，现在是不得了的，每年都多如牛毛。县里的、市里的、省里的，单科的、总分的、专业的……央视的主播队伍里都给揽去了 4 个，他们属于哪一种，有兴趣的人可自去查看。2005 年底的数据表明，全国有 2862 个县级行政单位、661 个建制市，每年会产生多少“高考状元”？不算不知道，一算会吓一大跳。

为什么要抢“高考状元”呢？似乎没有见到哪间学校开宗明义，就是抢，为抢而抢罢了。有必要吗？在他们看来自然是有的。众所周知，科举“末代状元”刘春霖是沾了名字的光才成为状元。时逢大旱，急需一场春雨，慈禧太后看到这个水淋淋的名字后，很高兴，乃大笔圈定之。今天“高考状元”的产生虽然不会这么荒谬，但偶然的成分仍不能排除。当然，他们的实力超一流是可以肯定的，但在这超一流的群体中，谁都有可能成为“状元”。而成为“状元”的那些人，不过是在一次考试中占了上风而已；而我们都很清楚，在应试教育屡遭诟病的大背景之下，考分与能力与素质不一定能完全画上等号。那么，单单瞄准偶然的那一个或那些给予重奖，除了制造噱头，实在想不出还有别的什么。

无论哪间学校，肯定都希望延揽到优秀的生源。但是，用什么来吸引？见仁见智，显然，金钱不是有效乃至唯一的手段，“掐尖式”的做法只能会助推应试教育继续向畸形发展。因此，与其把注意力过于集中在所谓“高考状元”身上，不如营造“人人都能成才”的良好校园氛围。中国工程院原院长徐匡迪曾经说过，我们只拿文化考试的分数这一把尺子去考核、衡量所有的学生，而从根本上忽略了智力类型的差异，显然是不公平的，也是不科学的。然而，道理归道理，现实归现实。说到这里不由得还要发问，如果悬赏的这笔巨款并非来自企业或个人的捐赠，而来自国家下拨的教育经费，掌管者凭什么想怎么用就怎么用，只是用到极少数人的身上，是否有违教育公平？

按说，10 万元的价码已经不低了，为什么去年还是没有抢到“高考状元”？是不是恰恰可以说明金钱的诱惑其实非常有限？去年没抢到，今年加了码；以愚意度之，今年如果还没抢到的话，保不准明年还会继续加码。终究有一天，奖金高得超过了“状元”承受的底线，有那么一个或若干个抵挡不住诱惑，投奔而来。即便如此吧，则除了表明你这个学校财大气粗，广告营销做得不错，究竟还能表明些什么，要交给有兴趣的人们去思考了。

（2010 年 6 月 21 日）

一边要干预，一边还要松绑

国家广电总局电视剧司司长李京盛近日表态：广电总局会对题材过度拍摄的电视剧进行管理和播出上的干预。因为不少影视制作单位变得十分功利，什么题材火就拍什么。比如《金婚》热播了，荧屏上一时间到处充斥着夫妻携手数十年的故事；《潜伏》成功了，硬把去年弄成了“谍战年”。

稍微关心时事的人都知道，广电总局隔三差五就会传出一些引人关注的声音，官员放言之外，还有 N 多禁令，虽然发出之后，那些很有道理的也不去真正落实，泥牛入海，不了了之。但李司长的此一番表态，我是拥护的，拥护之余还想续一回貂：他们应该再禁止一下肆意翻拍所谓“红色经典”。首先，有不少原来的东西“红色”不假，“经典”则未必，不过是钻了当年全国人民精神食粮极度匮乏的空子混了个脸熟、混成了“集体记忆”而已，根本不值得重拍。其次，所谓重拍，不过是挂了原作的“羊头”，贩卖自己的“狗肉”罢了。有个关于红岩的重拍电视剧，江姐她们居然在女牢地下发现了一条暗道，然后三挖两挖就通了出去，要不是她们品格高尚，想着全体难友，自己早就可以逃掉了。胡编乱造已经到了令人难以容忍的地步！

但是，话说回来，广电总局一边要进行必要的干预，一边也要进行必要的松绑，首先得松题材的绑，至少不要吹毛求疵。唐朝魏元忠说过：“何代而不生才，何才而不生代？”今天自然不会例外。但是，那么多影视创作人员一窝蜂涌来涌去，题材扎堆，就要反思何以至此。除了创意缺乏这个硬伤，是否还存在干预过多的因素呢？比如电视剧《蜗居》那么受到观众的欢迎，而正是上面这个李司长，去年年底曾经兜头泼下一盆冷水，点名直批该剧“有很大的负面社会影响，靠性，靠荤段子，靠官场腐败，靠炒作来吸引眼球”。他的身份决定了他的观点不可能仅仅代表个人，而是一个信号。有没有触及现实弊端的影视题材因此而胎死腹中呢？有没有本来可以呈现优秀作品的创作人员懒得去惹现实的麻烦而涌向“红色”、涌向“古装”呢？须知，清朝的经学、训诂学兴旺发达，前提就基于文字狱淫威的震慑。

在今年全国两会期间，有记者问上海市委书记俞正声是否看过电视剧《蜗居》。俞正声回答称，他不仅看过，还在干部会议上推荐大家都看，以体验住房困难状况。优秀影视作品的社会影响力正在于此。欲其源于生活又高于生活，必如刚刚落幕的广东省委十届七次全会所明确，不能给艺术创作设禁区、不能划“斑马线”，这不准，那不行，要使不同风格的学术、艺术自由发展。我们常说现在是转型期社会，转型期社会必然存在种种弊端，影视作品关注现实、干预现实，为社会敲响警钟，不是能够起到良医的作用吗？

不知怎么，至今仍然清楚地记得上世纪80年代初赵丹先生在逝世前发表过的一篇文章，叫做《管得太具体，文艺没希望》。彼时尚无社会阅历，对这个问题体会着实不深。今日，NO，早几年开始就已经感慨系之了。当然，不是文艺圈的人，想的不是文艺界的事。大家都不难想到，岂止文艺才因为管得太具体而没有希望？

（2010年7月22日）

今日欢呼孙大圣

“金猴奋起千钧棒，玉宇澄清万里埃。”文章由领袖的诗句起兴，是特定历史时期的一道习见风景。然而此中并无怀旧的任何情愫，而是现实已然如此贴切，因此，“今日欢呼孙大圣，只缘妖雾又重来”。

今年以来，媒体已经连续放倒了几个无限风光的人士。他们的共同特点是，一度都神乎其神，名声响彻神州大地，但是很不禁打，一棒下去，就原形毕露。方舟子开炮，应声倒地的那个禹晋永当然还算不上数，但他对准的“打工皇帝”唐骏，其披着的“学历”画皮以及种种谎言被剥了个一干二净。唐骏之前，有“养生专家”张悟本，经过这个“神医”的聒噪，连原本寻常的绿豆也神了起来，身价倍增竟有“登天”之势。新近则又添了个“道士李一”，这个用电疗癌、水下憋气的“魔术师”，在正规出版社的正规出版物里甚至被捧为神仙。

我想，就目前的状况而言，年底评选年度汉字，非“打”字莫属了。

三个“神人”中，有两个涉及养生。近年来形形色色的“神医”——大陆本土的，宝岛登陆的，乱哄哄你方唱罢我登场，大抵都身怀千奇百怪的治病、养生绝技。当代法国一位作家说过，有史以来，人就有三种梦想，“长生不死”是为其一，另两种分别是“飞行”和“预知未来”。虽然这属于人类的“普世”观念，但在我们的文化基因中似乎尤甚。秦皇汉武诸如此类的故事已经众所周知，实际上连英明盖世的唐太宗在这个问题上也同样不能免俗。《资治通鉴》载：“王玄策之破天竺也，得方士那罗迩娑婆寐以归，自言有长生之术。”唐太宗很相信，“深加礼敬，使合长生药”，且“发使四方求奇药异石，又发使诣婆罗门诸国采药”。

“僧是愚氓犹可训，妖为鬼蜮必成灾。”今年上半年，我们的

GDP已经把日本甩在了后面，以这个增长速度，年底经济总量跻身世界第二顺理成章。经济发展似乎没得说了，但是，生活中群魔公开乱舞的乌烟瘴气现象，难免让人担忧社会的跛足而行。不过，改变文化意识深层里面的任何东西，都有漫长的道路要走，而对付挟各种骗术招摇过市的家伙的最简洁办法，就是“打”之一途。像孙悟空那样，“定睛一看”，看准了，一棒下去，再看妖怪的本相究竟为何。大圣初打白骨精，那妖怪装扮的模样，“柳眉积翠黛，杏眼闪银星”，看上去简直“月样容仪俏”的漂亮女儿家；毙命之后，不只是“一堆粉骷髅在那里”吗？

何况，当今的好多骗子，并不需要我们有孙悟空那样的火眼金睛。在现象与本质之间，往往只隔着一层薄薄的窗户纸，手指上蘸点儿唾沫，一捅就破。可惜，在许多时候，我们非但没有去捅，反而又给糊了几层，甚至助纣为虐。这可能是我们反思“神人”何以兴风作浪时，最须检讨之处。

（2010年8月20日）

讨薪拜河神，不如拜钟馗

报道说，30多名农民工代表日前在郑州北郊花园口景区门口的河神将军像前杀鸡摆供烧黄纸，焚香跪拜。干什么呢？他们是想让河神显灵，帮他们讨薪成功，回家种秋。有图为证，农民工们看上去一脸虔诚，一脸迫切，显见此情此景不属于行为艺术范畴。

语云“冤有头，债有主”，而当下发生的许多奇奇怪怪的事情要颠覆这句俗话，叫做“冤无头，债无主”。就拜神的这些农民工而言，他们还是在2005年至2007年做了黄河大堤某段的“放淤加固工程”，而应得的675万元工钱却被拖欠至今。其间，2009年1月，他们曾将拖欠的当事单位告到了新乡市中院，“但直到现在，只开了两次庭，还没宣判”，这可谓之“冤无头”吧？工程的中标方、建筑方对于何以拖欠的解释，各说各的理，听上去都充足得很，责任推来推去，问题出在哪里竟然变成了一笔糊涂账，这可谓之“债无主”吧？“冤无头，债无主”，便有了黄河岸边令国人也许还会令世人不能不瞩目的一幕。

必须要说的是，农民工代表们显然有一点儿病急乱投医。也许西方的上帝是万能的，什么都管，但在咱们这里，各类神祇其实都有精细的分工，“各扫门前雪”，赵公元帅管发财，灶王爷管饮食，秦叔宝、尉迟敬德等门神化身管保卫，如此等等。那么，人家河神也有河神的职责范围，并不负责追讨欠薪这种事。河神嘛，顾名思义，管水的。江河肆虐，洪水泛滥，今天我们知道账要记到台风“凡亚比”之类的头上，实在不行，一句“百年一遇”也可以从容脱身；从前的人们则认为那是河神不高兴了，所以平时得哄它、讨好它。西门豹治邺中的最著名故事，就是打击为“河伯娶妇”，河伯就是河神。西门豹之所以痛下杀手，未必是他的世界观超前，主要还是因为巫婆神棍勾结土豪劣绅把事情做过火了，“常岁赋敛百姓，收取其钱得数百万，用其二三十万为河伯娶妇，与祝巫共分其余钱持归”。河神是管发大水还是不发大水的，让它来保佑讨薪顺利，肯定是拜错了神。也许农民工代表们对此清楚得很，乃由此不是行为艺术的行为来唤起社会的关注、使问题的解决有个出头之日罢了。

时下里振兴传统文化很吃香，“私奔圣地”的招牌都可以堂而皇之地亮相。从前的人们诚然凡事拜神，但是 21 世纪发生在黄河岸边的拜神，绝对不能看作是对传统文化的继承和弘扬，而是面对现实流露出的一种极端无奈。今天我们的部门分工，大抵要直追神主们的精细了，至于饱受冗员之诟，要进行一轮又一轮的精简。然而，这么多人干事，却没有收到“力量大”的效果，反而一遇到具体问题，大家都不用负责。前两天央视《焦点访谈》想弄清能令“清水变高汤”的“一滴香”真面目，卫生部的，国家食品药品监督管理局的检测中心，乃至国家食品质量监督检验中心，居然都声称自己管不了。于是，在我们看来很容易弄清楚成分的“一滴香”，仍然不清不楚。

没别的，诸多职能部门把自己当成了高高在上的神。所以，农民工一定要拜神讨薪，与其拜河神，还不如拜拜钟馗，钟馗不是专事打鬼驱邪的神吗？拜拜钟馗，让承担相应职责的“小鬼”们不能不行动起来，于讨薪可能会更管用一些。

（2010 年 10 月 12 日）

人民币冠字号码本不该引起虚惊

市场上出现的“A0A0000001”一类冠字号码的人民币百元大钞，因为央行的出面澄清而免除了一场虚惊。此前，不少市民担心这种编码的人民币是假钞。央行必须承认，这种担心是有充足理由的。不要说“英文字母”＋“数字”＋“英文字母”冠号的人民币市民见所未见进而不能不起疑了，就是以“HD90”为首那类编码面貌极端近似的货色，不是一段时间也曾草木皆兵了一回吗？

报道说，人民币纸币冠字号码是中国人民银行人民币印制生产管理控制的措施之一，根据人民币印制生产管理的需要不断调整变化。这没有问题，也可以理解。记忆中，机动车的车牌号码从前就根本没有英文字母的影子，车辆增加了，阿拉伯数字不够用了，就引进来了。人民币冠字号码的调整当然自有其道理。有问题的是，不可理解的是，人民币的使用牵涉到我们国土上的每一个公民（视野权且狭窄一点），公众真正叫做与之息息相关，那么，人民币的印制生产管理无论有怎样的变化，尤其是此番的这种革命性变化，先得广而告之才行啊！收到一张面额稍大的人民币，人们都要仔细捏一捏、对着光线照一照；银行过了点钞机之后还要手工再点一遍；“一看，二摸，三听，四测”，那是鉴别真假人民币的必备学问……在这样的现实背景下，新的冠字号码排列方式以悄没声息近乎偷偷摸摸的姿态面世，说得严重些，不是存心要引起恐慌吗？这个过于浅显的道理央行那些精明人士应当认识得到，而且“昭告天下”也是他们起码得不能再起码的职能。倘若央行辩解说他们做了宣传工作，那只能说宣传得还远远不够，从市民的对新编号的狐疑反应来判断，效果几近于无！

从每天发生的颇为相同的新闻中放眼望去，社会生活中的许多事情，相关部门中存在两种亟待克服的倾向。其一，尸位素餐。不少没有曝光的问题无论有多么严重，他们都视若无睹，平日里都当甩手掌柜，推他，他才挪动一下。其二，埋头在干，但把正常工作弄得神秘兮兮，并不顾及公众是否理解以及是否会因此产生误解。两种工作效果往往殊途同归，就是陷于“被动应对”的尴尬境地。不仅“负面”问题上如此，在所谓“制度”“新规”出台问题上同样如此或曰尤其如此，在凡事人们已经关注公开、透明、听证的今天，依然我行我素，要求公众的多，约束自己的少或者干脆没有，至于经不起舆论的稍稍反诘。这种例子隔三差五就会有一件令人瞩目的，还用得着列举吗？

就人民币纸币增加了新的冠字号码而言，本来是一件再正常不过的事情，至少不必引起公众的虚惊，而事实上，不该引起虚惊的事情引起了虚惊，这就值得央行深思。以愚意推测，根子里欠缺的还是“服务”公众的意识；如果你硬说你有，那我只好补充再说：还差得远。当然，如前所道及，这种状况不仅仅是央行才存在的问题，许多与公众利益关联密切的职能部门都没有可以暗自窃喜的资本。

（2010 年 12 月 8 日）

前度“涨”字今又来

2010 年度汉字公布，“涨”字以绝对优势当选。综合所浏览到的新闻，好像是几个地方都在评，至少天涯社区在评、海峡两岸首度联手也在评。前面这个总共只有区区7563票，其中“涨”字以2993票居首，“怨”字以2484票居次；后面这个则不得了，有56万人次参与（但不知大陆网友所占比重如何），其中“涨”字以9.1万票夺魁，比第二名多出3万多票（又可惜的是不知这里的第二名是哪个字）。总之，“涨”字的当选虽然“殊途”，但是“同归”，来点儿黑色幽默的话，或可名曰“众望所归”。

“涨”字当选已是梅开二度，2007年的年度汉字就是它。前度“涨”字今又来，一如当年的“刘郎”，并无任何区别，但却昭示着控制物价的道路决非坦途，当真“尽是苔”，不小心就会滑倒。即将成为历史的2010年，发生了许多注定让后世回首时不能不提及的事件。地震、矿难、溃坝、大火，养生大师、神仙、“西太”校友相继现形，光是拆迁导致的悲剧就又增添了几起？“我爸是李刚”、“二姨夫”、“为领导服务”、“知识分子吃什么”……一单接一单，好像就没有片刻安宁过。就在人们以为岁末这几天可以平静之际，又有校车坠河、“村官”车祸等备受世人瞩目的不幸消息接连传来。去年此时我就写过，面对纷繁复杂的社会现实，年度单个汉字已经力不从心；今年再扣顶帽子，颇有些削足适履，有点儿像鲁迅先生诟病的国人“八景”癖好，一与八的区别就是。

但连鲁迅先生也是说说而已、丝毫起不到规劝作用的事情，也只能顺其自然了。众所周知，物价上涨有经济规律的因素使然，国际市场的走势、纸币发行量的多寡等等，然前后两次的“涨”，显然都超出了百姓的承受能力。温总理前几天给出的数据是，在物价上涨的构成当中，74%是食品、粮油、蔬菜、水果，18%是住房。但这种超出，与其说是物质层面，不如说是心理层面。“蒜你狠”、“豆你玩”、“姜一军”、“苹什么”云云，虽然体现了国人乐天知命的谐谑一面，但个中蕴藏的苦涩还是不言而喻，苦笑的成分终归居多。物价上涨这种不可承受之重，使百姓对未来的生活感到扑朔迷离，不知道明天会发生什么。因此，在十几亿人口面前，56万人次虽然算是微乎其微，但正是这微乎其微的人群，拈出这个“涨”字引发了百姓的共鸣。

民以食为天，这是古话，如今，随着生活指数要求的提高，外延要扩大，比方民还以住为天，以生活质量为天。“涨”字“二进宫”将成历史，防其“蝉联”，防其赖着脸皮不走，更该为今后所关注。温总理前几天在中央人民广播电台公开表态：“在我的任期内，一定要使房价能够保持在一个合理的水平，我有这个信心”；“我们一定能够使物价保持在一个合理的水平，我作为政府的主要负责人，我有责任，我也有信心”。但我们都知道，各级领导干部还得觉得自己有责任。总理不是坦陈了吗？“今年我们采取十条措施和五条措施，现在看落实得还不够好”。这是比较隐晦的批评吧。

（2010 年 12 月 29 日）

第五部分

“黄金周”似是畸形儿

所谓“黄金周”，就是把原本三天的公共假期前拉后拽双休日，硬生生地凑足七天。原来有三个：春节、五一、国庆。在一片反对声中，五一那个被取消了；取消了，马上又被怀念了。“黄金周”到来之前，对长假的调整方式往往首先引来诟病；到来之时，人山人海往往引来诸多抱怨；过了之后，则每每伴随检讨。“黄金周”不仅属于鸡肋，而且似乎就是畸形儿。

营造放心的消费环境

每逢节假日期间，一些商家为了争夺消费者，都要搞促销活动，打折啦、返券啦、赠品啦、中奖啦等等，名目繁多。在当下这个国庆“黄金周”也不例外。为此，工商行政管理局有关人士提醒消费者要小心价格“陷阱”。

这样一个提醒当然不是空穴来风。因为每到年节的时候，往往也是不良商家以为机会来了的时候，他们凭借各种花里胡哨的手段，坑蒙拐骗消费者。为市场提供商品，少不了商家；商品从潜在的功用转化为现实的功用，则少不了消费。而消费环境好不好，决定了百姓是不是乐于掏腰包，这实际上就对商家的信誉及市场管理提出了很高的要求，既强调自律，也强调他律。换言之，自律与他律，缺一不可。缺了前者，不良商家会千方百计地钻空子；缺了后者，商家会愈发肆无忌惮。

宋人野史笔记里有两则小故事。一则说京师当时卖熟食的，都喜欢“为诡异标表语言”，就是说什么能打动消费者，他就说什么。比方有个卖环饼——一种油炸面食——的他不说自己卖什么，到了人多的地方，担子一撂，就在那里叹气：哎，亏就亏我吧。那口气大抵跟今天不少店门前的“跳楼价”、“出血价”差不了多少。虽然“人莫不笑之”，但是他的东西很好销，因为他不欺人，自己当然不会真的亏本，东西可也确实便宜。另一则说，南唐张宣为鄂州节度史，一个大雪天在炭肆上看到两个人打架，上前一打听，原来是买炭的说卖炭的欺秤，一称，果然。张宣于是杀了那个卖炭的，并“取其首与炭悬于市”，让还敢缺斤少两的人都看清楚。

这两则故事，可以说是古代自律与他律的一个侧面。张宣的本意是要维护市场秩序，可惜做过了头，结果连李先主都觉得“置刑太过”。但是显然，对不良商家，光是提醒还不行，必要时应当“问斩”——不是像张宣一样杀人，而是对那些严重坑害消费者的商家，不妨取缔其经营资格。这一点，倒不独节假日为然，有关部门应当时刻放在心上。通过消费来拉动经济增长，前提是必须为消费者营造一个公平、公正、安全的消费环境。

（2003 年 10 月 3 日）

“黄金周”的“四劫”

每个长假“黄金周”之后，非议之声四起几乎成了一个规律。昨天香港《文汇报》的国庆“黄金周反思”有一篇《七天“黄金周”，酿旅游“四劫”》，归纳了“黄金周”带来的“四劫”：生态劫（对自然生态）、文化劫（对文博单位）、游客劫（花钱买罪受）和劳动劫（对交通、运输、服务等特殊行业）。国内媒体纷纷予以转载。

不过，“黄金周”的“四劫”话题，却并非香港《文汇报》“细细数来”的新话题。早在今年五一总结“黄金周”的时候，内地媒体已经说过了一轮，完全一模一样；而且，由于许多媒体都在说，至于搞不清原出处究竟是哪里的了。一篇旧报道无须改头换面而能再次成为新闻，并为其他媒体当作新“成果”，说明已经实行了数年之久的长假“黄金周”，其“盆满钵满”的另一面——亦即后果是非常严重的；更为严重的是，这些后果并没有随着时间的推移而呈现出有望改变的迹象。

“黄金周”实行以来，笔者从未有过贡献——不知道当贬还是当褒，站在不同的立场结论肯定不同。没别的，想起来人潮汹涌都眼晕，凑不起那份热闹。今年国庆“黄金周”因为探亲，又因为家里的老人恰巧迁到了一座旅游城市，而自己还没有到过那城市，算是加入了旅游大军，对“四劫”（劳动劫似可除外）也终于有了一定的感性认识。在我看来，“黄金周”劫的毕竟只是“瞬间”，可怕的劫还在于

“常态”，那就是门票。门票价格的制定似乎是没有谱的，比如说，为什么登天安门城楼只要15元，而登山海关的“天下第一关”城楼就要40元？谁都知道，这几年各地景点门票的“噌噌见长”早已成为众矢之的。

有人说了，提高门票价格正在于限制人流量，起到保护景点的作用。北京故宫门票新一轮提价的时候，这也是充足的理由之一。理论上虽然如此，实际上涨价的真正动机却未必。9月25日在北京八达岭长城上，游客过度集中曾导致严重拥堵约30分钟，性急的索性爬上墙垛“借路”，险象环生。但有文物保护的意识，何至于对游客如同开闸放水？这种情况哪里只是第一次发生？又哪里只是在仅仅在八达岭发生？我想，这就是利用得天独厚的资源在趁火打劫罢了。比较而言，“四劫”中的游客劫和劳动劫还是次要的，生态劫和文化劫一旦造成，那可真是万劫不复了。那么，有关方面在总结“黄金周”的时候，不能轻描淡写地以为只是“还有一些”不尽如人意的地方。

“黄金周”的“四劫”凸显了集中休假制度的尴尬是确凿无疑的。我赞同一种说法，国内旅游市场已经启动，不再需要长假和大旅游概念来刺激，旅游消费总量也不会因为“黄金周”的取消而下降，相反可能更健康、持续地发展。然而忽地又见消息，国家旅游局负责人说，根据调查显示，64％的被调查者认为“黄金周”制度利大于弊。这其实是在表明，“黄金周”长假制度在一段时期内不会改变，但是怎样正视绝非空穴来风的“四劫”问题，更考验决策者。

（2005年10月10日）

虎落园中被人欺

国庆“黄金周”期间，《南方日报》有一篇《善待小老虎，吁停六“招式”》的报道，讲的是广州动物园虐待小老虎的行为。为了让两只小老虎能老老实实地与游客合影，园方对走神的小虎采用高举下摔、揪耳上提、鞭抽虎鼻等残忍手段。画面中执行“园法”的那对男女，面目冷峻，大有包龙图面对陈世美的态势。

然而，人们对此举的谴责声言犹在耳，昆明野生动物园又传出了类似的消息：有一只专门被锁在床上与游人合影的一岁半大的华南虎，竟然被人把满口牙齿齐刷刷地锯断，“露出了令人震颤、想起来都很疼的牙髓”。这真是有过之而无不及了。虽然我们不敢以偏概全，但如此残忍的举动显然不会只是局限于广州、昆明两地。这两起，不过是被看不过眼、爱心尚存的游客偶然拍到罢了。

老虎是大型猫科动物，辞书上说它“性凶猛、力气大”。瞧那些由它派生出的词语，就能够形象地说明问题，虎背熊腰、虎跃龙腾、虎口拔牙、虎视耽耽、虎穴龙潭等等，莫不跟生猛、气势、危险关联。刚开完全运会的南京，自古号称“虎踞龙盘”之地，是说那地势像有个老虎在蹲着，险要得很。史上的老虎也的确如此。想当年在景阳岗，好汉武松听到声音，知道老虎真的来了，吓得刚刚喝下的十八碗酒，“都变成冷汗冒了出来”。我们人类炫耀祖先的“威水史”，靠族谱，靠口头传承，靠史书（真的或伪的）为证，因此，即使后代不济，根本提不上台面，但也能产生阿 Q 式的聊以自慰；我不知道，本领的自然示范因为人为而断裂，且被人类生擒活捉到动物园中——即使是在某些号称“野生”的动物园中——繁衍的老虎，还知不知道它们祖先的风光；知道的话，还幻想不幻想有朝一日能够重现旧时的辉煌。现在显然，即使被人锯断了牙齿，也只能往肚子里吞了。

老话说：“虎落平阳被犬欺。”时代变了，老话跟不上发展，也得改了，得改成“虎落园中被人欺”。琢磨一下，游客喜欢跟老虎合影，未必是真心喜欢它，恐怕正有阿 Q 式的“精神胜利”因素。你不是号称“万兽之王”吗？还不是老老实实地趴在旁边，这就衬托了人自己意淫出来的“高大”。据说，从 18 世纪世界第一个动物园建立开始，其宗旨就确立为“对动物进行研究的公园”。上世纪 80 年代末，国际上对于动物园主要功能的定位是：异地保护、宣传教育、科研、娱乐，并且后者要以前三者为前提。而到了21世纪，国际学术界更进一步明确了两个主要标准：宣传教育、野生动物异地保护。总之，虎落园中，不是为了便于人欺。

学会和动物和谐相处，是国人面前的一道难题。我极端地想，不妨取缔所有的动物园，让动物们真正回归到属于自己的领地，自由自在地生活。如果办不到的话，也不要把动物园的娱乐功能过分强化，一举一动盯着效益，离不开个“钱”字。欺负不会说话的动物，让它们丧失尊严地活着，我们人类应当感到羞愧才是。

（2005年10月28日）

不文明，“黄金周”盘点的一道例牌

游客的种种不文明现象，基本上是每个“黄金周”过后“盘点”的必然项目。刚刚过去的国庆“黄金周”，这个问题尤其受到关注。因为在此前不久，如何避免国人出境游的丑陋，已为中央文明办所关注；“黄金周”期间的10月2日，国家旅游局还公布了《中国公民国内游文明公约》，以及《中国公民出境旅游文明行为指南》。

尽管有这些前提因素，“黄金周”结束后的盘点仍然让我们不敢乐观。不用说别的地方，光是天安门广场——祖国心脏的心脏，每天清运的垃圾就是平时的20余倍。一位广场的清洁工说，每天下午3点左右就有不少游客找好地方，铺好报纸，坐等着看降旗；而每每降旗完毕，80%的游客都是拍拍屁股走人，留下一地的报纸等着他们打扫。这种切身体会最有说服力。我们旁观者还可以按照“惯例”推理，过几天，广场恐怕要进行大规模的清理口香糖残迹行动了——几乎每个“黄金周”过后都是如此。神圣、庄严的天安门广场尚且如此，怎么敢冀望其他地方收敛一些呢？在广州，有记者撰文谈到隐性不文明现象增多，那是在走访了黄花岗公园、广州购书中心等地方得出的结论。还有人气愤得把“黄金周”期间拍到的丑陋一瓣，直接贴到了网上，不啻为生动的“教材”。

“黄金周”的历史已经有好几年了，内涵不断在变，从刺激消费到使百姓消费方式趋向多元化、理性化，从简单的观光和购物到注入更多的文化内涵；而不变的，似乎只有陋习。国人难道天生具有劣根的一面吗？柏杨先生是这样认为的，并且他还认为劣根是国民灵魂的桎梏。柏杨先生偏激了一点吧，但也不妨理解为大爱若恨。在笔者看来，国人出行时发生的一些不文明行为，归根到底可能还是意识问题；或者说，是意识与行为脱节的问题。国家旅游局新颁布的那两个公约，该遵守的条款其谁不知？但是不文明的游客没有意识到，自己的举手投足正是一种不文明行为，养成的习惯在旅游时仍然忘乎所以就不足为奇了。如何解决“脱节”问题，该是解决不文明旅游问题的主要发力点。

不要说“黄金周”熙熙攘攘之际更需要爱护旅游环境，即使在平时，不文明的旅游行为，同样值得声讨。它不但污染了美丽的景区，也给旅游的欢乐气氛加入了一份不和谐；带到海外，更要令民族蒙羞。因此，国家准备用3年左右时间实施“提升中国公民旅游文明素质行动计划”，借以维护国家的荣誉和尊严，增强国家的“软实力”，实在是必要之举和及时之举。

（2006年10月9日）

公共假期时间应遵从民意

今年的春节假期“循例”是从农历初一到初七，共7天。这是已经宣布了的。当然，这连续7天“循例”也是“腾挪”出来的，法定的假期是3天，还要加上前后的两个双休日。这也意味着，国人在即将到来的大年三十还将“循例”正常上班，那么，质疑声音“循例”

响起也就不足为奇。实际上，这种声音不仅在年关将至时才响起，在每逢“黄金周”的前后都会出现。人们莫不以为，现行这种放假时间的摆布令人匪夷所思，很难理解和接受。

公众的质疑并非没有道理。有专家认为，这样安排春节假期的情况说明，职能部门和官员对中国民俗文化的理解不深，在进行宏观决策时往往忽略了对传统文化的弘扬和保护。在我们看来，这话只说对了一半；这种毫不“通融”以及“拼凑”所谓长假期的做法所折射出来的，未尝不是一种僵化的工作模式或者说思维模式。否则，在舆论呼声如此强烈之际，不至于没有人站出来对为何如此放假予以解释，也不至于每当长一点儿的假期临近，冷冰冰的就是抛出一个无须宣布早已尽人皆知的时间表。

我们一点儿也不能理解的是，有关方面为什么那么喜欢“人为”而不喜欢“自然”呢？比如今年元旦假期的“拼凑”堪称一个笑柄。本来12月30日、31日、1月1日已经非常“自然”地连在一起了，非要“人为”地挪成1月1日到3日；结果前一个星期要上7天班，后一个星期则只上两天班。如此调整不是完完全全的多此一举吗？今年的除夕，本来“自然”也是周六，该休息的时候，却硬是给挪后面去了。死板板地，不管“风吹浪打”，春节就是要初一到初七，元旦就是要新年的头三天，五一节、国庆节就是要1日到7日，且到如今也没有一丝松动的迹象。

国人最注重过年。所谓年，又最注重除夕。不难想象，在中国最重要的节日这一天仍然上班，即使人来了，如果不是迫在眉睫的事情，也未必能够安心工作；来还是不来，并没有实际的意义。更何况，尽管每年公布出来的春节假期是从正月初一开始，在许多似乎更显得“人性化”的单位部门，往往事实上已经提前放假，充其量也就是年三十上午来点个卯。于是，“理论”上的假期与事实上的假期，仿佛约定俗成，并行不悖，默契得很，犹如“皇帝的新衣”。有人可能要说，如此放假不是更加“人性化”？默许你多放一天，偷着乐去吧，质哪门子疑？得了便宜还卖乖，真有点儿“狗咬吕洞宾，不识好人心”了。不过，我们由此生出的忧虑是：政令的严肃性究竟何在！

这几年，关于传统节日振兴的话题一再进入公众视野。所以如此，或因为“洋节”抢了我们的风头，或因为我们认为“本来”是自己的节日却给人家拿去申报世界遗产。我们的节日如何与“洋节”抗争，如何振兴？专家们开出的一个重要药方就是在诸如中秋、端午之类的重要传统节日应该放假，春节应该早一天放假。假期与振兴传统节日有没有逻辑关联，当然是一个令人生疑的问题；但是，从公众的强烈呼声来看，有关方面难道一定要充耳不闻到底吗？以人为本，在节日放假问题上，就应该以公众呼声为本。

（2007年1月12日）

从春节中的不文明行为说起

“黄金周”假期过后，对游人的种种不文明行为进行曝光就几乎成了常态，根本算不上新鲜事。刚刚过去的春节“黄金周”再一次验证了这一点。有记者在广州最繁华的几个商业区和白云山风景区采访时发现，出乖露丑的行为比比皆是。有些游人为了玩得高兴，不惜破坏景点环境和公共利益。从新华社记者摄自郑州、贵阳等地的照片可以“进一步”发现，其他地方的状况也没好多少。在安徽蒙城，两名游客居然安坐在万佛塔的层檐上悬空休息，自己危险尚且不说，身临其境的他们不会不知道万佛塔是安徽省重点文物保护单位吧！

我们的社会一直在倡导文明，呼唤文明，而现实之中，文明与不文明屡屡发生剧烈碰撞；碰撞的结果，又总是文明灰溜溜地败下阵来。当然，“乐天派”们并不这样看，他们总是认为这样的人属于少数，极少数。然而，少数或者极少数人能够把属于公民基本道德的东西恶化到如此严重的地步，至于在国内丢人现眼尚且不算，还要采取国家行动以谢绝公民在出国旅游时把“丑陋”带到境外吗？这在逻辑上恐怕是不成立的。在国家行动那里，“丑陋”的概念正是指那些在国外旅游期间因行为不文明而给国家形象造成了损害的人。

当社会一片文明呼声，举措数不胜数，现实中却仍然屡屡呈现令人汗颜一幕之时，需要对我们的国民性进行深刻反省，尤其要正视其中“劣性”的一面，不要单纯地讲什么春节中的不文明行为与喜庆和谐的气氛不相符，这种不文明在一年中的任何时候都不适宜。对“丑陋”的东西，不承认存在是不行的，它并不因此而偃旗息鼓；硬不承认的话，掩耳盗铃罢了。“冰冻三尺，非一日之寒。”梁启超在《论公德》中早就说过：“我国民所最缺者，公德其一端也。”虽然这个“公德”与现在所说的公共道德并不完全等同，但我们有必要先放下多少有些属于自我标榜的自古乃“礼仪之邦”的大架子。如果我们曾经是的话，也应该检讨一下是怎么失去这个“雅号”的，外力压迫还是自我放弃？一些所谓专家归咎为社会转型期的结果，思维意识何其简单！我们势必得明白，现在培育文明意识，决不是“回归”那个文字记载上的所谓传统，而是要适应活生生的现实世界！

文明是一种“软实力”，在今天已经众所周知。“黄金周”一旦成为不文明的集中“汇演”，蒙羞的当然不仅仅是“黄金周”。针对春节期间的不文明行为，广州有市民建议借鉴香港的经验，立法重罚。的确到了下猛药的时候了。但是也要警惕一种趋向，在不文明还处于“上风”、所谓法不责众的情况下，重罚非但解决不了问题，还可能损害法律的严肃性。有一点可以肯定的是，国民素质决不与文化程度成正比，正像罗伯特·路威的著名“定理”所说：有些野蛮的人可能很文明，而有些文明的人可能很野蛮。

去年年底，国务院公布了2007年的长假安排，春节、五一、十一这三个“黄金周”保持不变。“黄金周”旅游已然为塑造文明的国民素质敲响了警钟。既然如此，“黄金周”就不要单纯地成为新的经济增长点，而更应该成为社会文明进步的新起点。可惜，在今年的第一个“黄金周”我们发现，这种状况并没有得到好转。

（2007年2月26日）

“黄金周”的不变话题变不了吗？

从2000年国庆节正式启动“黄金周”制度以来，刚刚过去的五一“黄金周”已经是第20个“黄金周”了。差不多整整7年以来，每个“黄金周”过后乃至还在进行期间，都有一些不变的话题，听得了无新意可言。新近的这次毫不例外。撮其要者，大致有以下这么三个。

一曰各大景点人满为患。“黄金周”期间全国各地人挤人，人挨人，大小公园的游客接待量都远远超出平常，造成了相当严重的环境破坏，已是一个习见的现象。那句“动物园里最多的动物是人”，说得最形象。人满为患，引发的是连锁反应，在失于有效管理的地方，所有的消费都疯狂涨价，所有的既定秩序都被打乱，因之还有住宿难、吃饭难、返程难。

二曰游人文明素质堪忧。“黄金周”设立以来，客观上相当于每年对国人旅游文明素质进行了三次考试。很遗憾，考试结果没有一次不令人感到尴尬。不文明现象比比皆是，有增无减，天安门广场清理了多少吨垃圾，节后如何费劲地清除口香糖残迹，成为例牌的报道之一。可以说，每一次“黄金周”都为塑造文明的国民素质敲响了一次警钟，但是，每一次，钟声就嗡嗡那么两天而已。

三曰呼吁弹性休闲时间。“黄金周”把人们的消费集中在一个有限的时间段里，突然爆发的人流放大了原本的一切细小缺陷：交通、住宿、环境、餐饮、娱乐、公共设施等等。以我国现在的服务来看，远远应对不了这种大规模的人员流量。因此，在“黄金周”的生活质量、旅游质量和休闲质量大大降低的同时，每次过后，有关弹性休闲、带薪休假都成为反思得失的一个话题。

有关方面传递出的信息说，“黄金周”仍将继续。那么，这些不变的话题是不是也将继续呢？就现状分析，很有可能。因为有关方面在盘点“黄金周”的时候，盯住的只是喜的成分；从来自全国假日办的统计，也读不出些许的忧。他们发布的数据往往是这一个“黄金周”期间，全国共接待了多少亿人次的游客，实现了多少亿元的旅游收入，以及与去年同期相比分别增长了多少个百分点，炫耀的是“黄金周”如何拉动了需求。也就是说，“黄金周”过后主流声音盘点的往往是“黄金”，算得更多的是经济账。至于“黄金周”暴露出来的问题，只当作前进中的问题，似乎可以自然而然解决的问题。这样继续下去的话，“黄金周”的话题改变不了，基本上是可以预期的。

但“黄金周”的不变话题终究又是可以改变的。首要一点，亦即前提，就是在盘点“黄金”的时候，真正盘点一下问题和不足。所以强调“真正”二字，在于不能轻描淡写，一笔带过，相反，对来自全国两会代表委员的意见建议、对来自民间的种种智慧声音得认真对待。比如说巨大的人流和景区有限的接待能力之间的矛盾如何化解？游人的文明素质培养如何与“黄金周”的设置有机融为一体？“黄金周”集中消费、集体休假导致的公共资源配置失衡、服务供求矛盾突出等难题是否的确该别寻解决出路？对这些问题不能掩耳盗铃，更不能讳疾忌医。倘若“黄金周”之后只是片面地盯着其中的财富数字，则与经济发展中的唯GDP是从并无二致。

“黄金周”次复一次，今后继续重复不变的车轱辘话并没有丝毫意义。对这些绕不开的话题不能拖一时算一时。可以想见，只有对“黄金周”进行全面、通盘的统计评估，才能对其综合成果作出真实、准确的评估，在此基础上也才能直面“黄金周”带来的种种问题。否则，“黄金周”的不变话题一定会继续不变下去。

（2007年5月7日）

千山“买路钱”令“黄金周”蒙羞

每个“黄金周”期间或之后，都能看到某些旅游景点门票变相提价的新闻，尽管新闻早已新不起来。然而，刚刚过去的这个五一“黄金周”，辽宁的千山风景区似乎走得更远，他们干脆就是强收“买路钱”。

原来50元一张单独的门票，“黄金周”期间变成70元一张的“通票”，也就罢了。关键在于“通票”不“通”，游客进入景区后，真正上山还得买票。看他们干得多绝，就在上山的咽喉之处——无量观设卡，那是唯一的必经之路，来了，不上去，可能吗？上，则要在4个彪形大汉的监视下花5元的“上山钱”。尤为恶劣的是，在下山的必经之路——龙泉寺，游客还必须同样要花5元的“下山钱”……

这不是彻头彻尾的“买路钱”吗？亏他们还好意思在路旁竖着“游客是上帝，诚信是宗旨”的标语牌，口头与实际，真是构成了绝妙的讽刺！

“此山是我开，此树是我栽，要想从此过，留下买路财！”伴随着一声高叫，再加上“镗”的一声锣响，跳出一群持枪弄棒的强盗……这种《水浒》里的经典野蛮情节，被真真切切地复制在了现实社会中的特定时段；而这个时段，正是国家鼓励人们走出家门休闲、领略祖国美好河山的时段。那么，我宁愿把千山这种收取“买路钱”的行为，像他们对游客在著名景点拍照留影即便自带相机也要交钱一样，理解为所谓“承包”之后的承包者的个人行为，但是不管怎么说，千山方面唯利是图的“管理”方式还是难逃其咎。因此，千山此举完全可以作为“黄金周”暴露出的种种问题的其中一个标本来解剖，有许多地方，不就是平时磨刀霍霍，惦记的只是“黄金周”如何宰人吗？

千山风景区我曾经光顾过一次，还是在上世纪80年代初。那时候无所谓旅游，更无所谓“黄金周”，全无“挨宰”之类的心理预期与实际后果，因而游得心旷神怡。犹记得在龙泉寺对面的半山坡上，与友人躺在松林里感受“狮吼钟声”的美妙。前一段看崔永元的《电影传奇》，知道“文革”前的反特电影《古刹钟声》就是在千山拍的，电影里的寺庙就是取龙泉寺作为外景。前人留下了这么宝贵的自然和文化遗产，千山应当珍惜才是，坐落在你那里，是你的福气，却不意味着你对它的占有，可以任意摆布，更不意味着你可以把它当成摇钱树，不择手段地攫取不义之财。这个教训不独千山需要吸取，但凡拥有祖宗遗产的地方都应当明确。从最浅显之处来说，此山非你开，此树非你栽，怎么能像强盗那样蛮不讲理！

千山的“买路钱”足以令“黄金周”蒙羞。只是不知，千山的人们有没有意识到这一点。而他们自己的意识，对于问题的改进显然才更加重要。“黄金周”期间周而复始的种种怪现象，往往都与景区的一些人先黑了心、再铁了心“趁火打劫”密切相关。

（2007年5月8日）

由“黄金周”中的动物罢工而想

每个“黄金周”，都有一些地方跟动物“过不去”。或者说，每当人的节日到来的时候，动物沦为牺牲品的程度都要甚于平时。兔年到了，有的地方搞“捉活兔”乐园，让人们在一个不大的范围里捉兔取乐。猴年到了，有的地方就把猴毛染成五彩颜色，让人们欣赏那些滚动的“彩球”取乐。人，肯定达到了愉悦的目的，但动物呢？

在这个刚过去的“黄金周”，武汉动物园的动物因为超负荷表演，

“不堪重负闹罢工”；杭州野生动物世界的大明星——6岁的“三毛”硬是给“累趴下了”。早两年，还有极端的，武汉九峰动物园的一只“千年神龟”还被十一“黄金周”的游客活活踩死，因为不少游客认为“踩千年神龟可以沾仙气”；其实在那个“黄金周”之前，这只龟的龟壳就已经破裂，而动物园方面为了吸引所谓人气，黑着心肠让“神龟”带伤继续“上岗”，终于导致了悲剧的发生。

报道说，十一“黄金周”期间，武汉动物园的小狗每天要跳绳400下，小黑熊每天要在双杠上玩40个动作，海狮每天也要顶数十次皮球……因为10月4日恰巧是世界动物日，园方才想到降低动物表演难度，并让动物轮流休息。为什么要给动物规定这么多动作？应该是客流量的需求，肯定不是建立在科学计量动物运动量的基础上。我想，为了体验动物的感受，不妨按比例把这个运动量设定给人，动物不会说话，最多趴下被动地“罢工”，人则肯定能谈出个一二三四。司马光说，范仲淹“出题使诸生作赋，必先自为之”，让人家写什么之前，自己先写写看。这样做的目的，就是“欲知其难易，及所当用意”。通俗地说，也就是设身处地。再套用伟人的一句名言说，动物园方面欲知动物们“黄金周”期间的滋味，自己应当先变为动物，亲身试一试。

杨绛先生有一本新著《走到人生边上》，粗粗浏览了一遍，对里面那些关于神和鬼、“肯定地说”人有灵魂的章节等不甚理解，是不是当一个人行将走到生命尽头之后必然产生此类想法、只是由杨绛先生确切表述出来了呢？我不知道，但我认同她的“禽兽都有良知良能”的说法。就是说，禽兽的天性不仅有食欲、性欲，而且都有良知良能，“连虫蚁都有，例如蚂蚁做窠、蜂酿蜜、鹊营巢、犬守门，且忠于主人”。既然如此，人就应当把动物首先当作一个生命来看待，对它们的生存就不能显得漠然，对它们也不能十分随意地为了取乐而加以伤害。甘地说：“一个国家的伟大可视其如何对待动物加以衡量。”我不大清楚这句话的确切出处，也不大清楚上下文都是些什么，但这句话本身还是非常值得咀嚼。

时下我们处处在讲和谐，和谐社会的和谐，仅仅着眼于人的自身肯定是不够的。现在，人和自然的和谐我们渐渐注意到了，人和动物的和谐显然还远远是个缺环。但我们必须得明白，善待动物就是善待人类自已。今后的“黄金周”应该避免成为动物的“受难周”，问题的关键可能在于动物园方面，他们不能见钱眼开，在打着让人们亲近动物的幌子下，把动物当作纯粹赚钱的工具！

（2007 年 10 月 8 日）

“黄金周”似是畸形儿

12 月 14 日，温家宝总理签署了国务院第 513 号令：《国务院关于修改〈全国年节及纪念日放假办法〉的决定》已经 2007 年 12 月 7 日国务院第 198 次常务会议通过，现予公布，自 2008 年 1 月 1 日起施行。对照新的《全国年节及纪念日放假办法》不难发现，“黄金周”似乎是个畸形儿，因为《办法》上根本没它的“名分”。

其实，在修改前的《办法》上，也同样找不到“黄金周”的字样，但却并不妨碍这个品种横空出世，也不妨碍它堂而皇之地昂首挺立于人们的生活现实中。而且不来则已，以前一来就是三个；新《办法》里把五一假期减少为 1 天，还惹来一些人嘟嘟囔囔，老大不高兴。看媒体上的讨论，主要是因为减少了五一那个“黄金周”，不知道是“黄金周”的情结已然难以割舍，还是假日“化整为零”之后，尽管多出一天，也觉得不够过瘾。不论是哪一种情形，人们都已经当然地认为 3 天假期必有“黄金周”了，彷佛它早就名正言顺。

《办法》上根本没有的“黄金周”，又是谁告诉我们一定要过？全国假日办。于是，3 天那种假期快到的时候，他们就例行发出通知，告诉我们届时要从 3 天的前面扯上来两个双休日、从后面再拽上来两个双休日，拼凑成 7 天的“黄金周”。与此同时，告诉各省、自治区、直辖市假日旅游协调机构：认真做好××年××“黄金周”的各项工作。而这一切，毫不理会《办法》上怎么规定的，更不会理睬我们愿意不愿意。当然，假日办也是为了大家好，“集中起来办大事”，历来是我们的一个工作思路，“闲散”的休假时间为什么不可以集中起来？只是这样一来，有时把大家弄得都不太舒服，像一个星期要上 7 天班，长休一阵之后，接着的这个星期又只需上 3 天班，反而把人的生物钟搞乱了。

假日办不要怪包括笔者在内的百姓对“调整”出来的长假不“领情”，实际上，这两年来，他们也应该倾听一下，每一个“黄金周”过后，对之诟病之声、呼吁取消之声都不绝于耳。概因为在所谓“黄金周”，除了淘得“黄金”的地方和部门，多数人大抵都是花钱买了个罪受；各种运输工具饱和，各个景点饱和，对这里造成了破坏，对那里构成了摧残，比比皆是。比如从照片上看，“长城是人头铺的”这一说法，就是毫不夸张的写实。如何避免国人像“黄金周”这样休假过于集中？一个普遍的看法是推出带薪休假制度。好，12 月 14 日，温总理同时签署的另一个国务院令（第 514 号），就是同样于明年元旦起施行的《职工带薪年休假条例》。然而，这个《条例》可能对“黄金周”构成“冲击”吗？不太可能，因为方方面面根本没有放弃“黄金周”的任何打算。

孔夫子早就说过：“名不正则言不顺，言不顺则事不成。”不过，衡之以“黄金周”现象，老人家的话只说对了一半。“黄金周”之名虽然不正，但事照成。倘若想让“黄金周”坚持下去，为什么不给它个名分呢？想到一个很有趣的关于乌龟屁股——龟腚（规定）的段子，其中说道：乌龟驮乌龟——龟腚（规定）上面还有龟腚（规定）。《全国年节及纪念日放假办法》之外还有“黄金周”的《通知》，这究竟算是怎么回事，要就教于方家了。

（2007 年 12 月 17 日）

“史上最折腾假期”完全是庸人自扰

今年中秋节和国庆还没到，放假安排的复杂程度先夺了人们的眼球。网友们有个很不客气的说法，称之为“史上最折腾假期”。概因为从9月18日至10月15日，不到一个月的工作日和休息日被“分割”为8个部分，其中放假12天，工作日16天。

的确，即使有了“搜狐新闻”绘制的那张图表，清楚地表明了哪天“休”哪天“工作”，看得还是眼花缭乱。届时，大家工作的案头或家里的床头，必要各备一张这样的明细表，缺一不可，否则，很可能会“休”错了或者“工作”错了日子。中秋、国庆的到来，人们期盼之旨在享受公共假期带来的乐趣，现在倒好，先要认真钻研假期的时间。明明是件好事情，偏要与糊涂为伍。《旧唐书》记载了时人陆象先说过的一句话：“天下本自无事，只是庸人扰之，始为烦耳。”检索《辞源》，“庸人自扰”的成语正滥觞于此。这里自然不敢随便给谁扣上“庸人”之类的大帽子，但“自扰”二字大概不会用错。

民间还有句俗话叫做“众口难调”，比喻人多意见多，不容易使所有的人都满意。如何休公共假期？肯定会有人希望把假期前后的双休日利用起来，尽量“拼”长，集中时间“干大事”，但同样也肯定有人没有这种希望。这就是假期长短上的“众口难调”。既然难调，最简单的办法就是按规则办事，何况早就有了现成的法规。2008年1月1日起施行了《全国年节及纪念日放假办法》，这是经过国务院常务会议通过的，全文不长，很容易发现对所谓放假时间长短的调整并无任何授权，只在第六条中这样规定：“全体公民放假的假日，如果适逢星期六、星期日，应当在工作日补假。”此番中秋国庆假期，也有记者从国家旅游局获悉，该放假方案原则上是不允许私自更改的。然而，还是更改了，只是私自与否尚未知晓。那么，尽管实在不愿说出口，这个“史上最折腾假期”横空出世，还是称得上典型的庸人自扰吧！

我们都知道，不独今年中秋国庆的假期如此，但凡公共假期来到，有关方面大抵都要大行调整之能事，似乎上了瘾，很有点儿越俎代庖还当仁不让的架势。这里兼并两天，那里补上两天，前拉后拽，东拼西凑。于是，人们根本不能根据权威的《全国年节及纪念日放假办法》规定的时间掌握哪天“休”还是“工作”，而要紧盯着媒体的公布，看有关方面“次生”出来的另行安排。如前所述，他们的做法其实也简单得很，倘若只是一天的假期，就抓一个或两个双休日的差，拼成三天或者五天；三天的假期同理，拼成五天或者七天，制造出个什么“黄金周”。折腾来折腾去，未必是从公众休息的角度考虑问题，倒很像惦记着他们荷包里的几个钱，琢磨如何让他们掏出来，最大程度地消费，满足扩大内需的渴望。因此，早些年“黄金周”不知被诟病凡几，排浪式消费的破坏性如何之大，认识很到位。然而，怪异的是，五一的那一个“黄金周”取消之后，不少地方却又对它念念不忘，时刻想着让它“复辟”。这就助长了“史上最折腾假期”的出笼，可以说完全是必然的结果。然而，折腾的累，看折腾的也累，简直是“双输”，何苦呢？

严格地说，调整一下假期也没什么大不了的，令大家的生物钟混乱一点儿而已，但其中多少折射出我们对法规的漠视态度。法规明明摆在那里，偏要另作安排。这样来看，这个没什么大不了的事情就值得重视。所以，笔者要对“职司”调整的部门建一回言，还是等到非要调整不可的时候再调整吧。该哪天放假就哪天放假，该哪天工作就哪天工作，不要连大家休息的事情也要由你摆布一番，更不要让一目了然的公共假期硬是糊涂起来。

（2010年6月24日）

后 记

在前册《那点儿政事》后记中，我曾经说到自己尚有“民事类”的文字如何。现在呈现在读者面前的，正是这些。当然，得以面世，要衷心感谢南方日报出版社洪威社长兼总编辑的厚爱，山丹编辑的辛勤付出。

民生的事情，大抵可归属于鸡毛蒜皮一类。刘震云先生有篇小说《一地鸡毛》，我非常喜欢，就像读林斤澜先生的《一九三七和十三》，时时“披阅”。共同点是：虽然白描，却意味绵长。《一地鸡毛》通过市井小人物生活状况来直面现实人生，开篇以“小林家一斤豆腐变馊了”起兴，说小林起个大早到副食店排队，好不容易买到了豆腐，却因为急着赶公共汽车上班，忘记放进冰箱，天又大热，晚上回来，就馊了。接下去我们看到，“馊豆腐”其实只是文化意象的一种，小林家的日常生活，包括夫妻关系、家庭气氛，乃至各自在单位的工作状态，无不鸡毛蒜皮。所以，就像我们常常听到的：鸡毛蒜皮没小事。而与刘震云另一篇小说《单位》合成的电视连续剧《一地鸡毛》，我更视为当代不可多得的优秀剧作之一。

进入新闻界 14 年来，自己较可欣慰的，是像在工厂、在机关时一样，没有辜负时光，年复一年，月复一月，在两耳但闻窗外事的同时，读书不辍，笔耕不辍。然写新闻时评，有时诚然以为“代言”了什么而快慰，有时也觉得应了雪芹公的“觅闲愁”之谶。个中甘苦，以身心投入者才能自知。只是想到“使命”，倘若把整句“何必觅闲愁”移来一用的话，觉得还是改作“何妨觅闲愁”更合适一些。

陆放翁诗曰：“遗簪见取终安用，弊帚虽微亦自珍。”这也是虽然议论的事情以及议论本身都鸡毛蒜皮，自家仍然比较看重的“理论依据”吧。

田东江
2011 年 4 月于广州